科学传播的科学

The Science of Communicating Science
(The Ultimate Guide)

[澳]克雷格·科米克（Craig Cormick）著

王大鹏　王憨超　黄荣丽　译

清华大学出版社

北　京

北京市版权局著作权合同登记号　图字：01-2021-5825

Originally published in Australia in 2019 as:
The Science of Communicating Science: The Ultimate Guide
by Dr Craig Cormick
Copyright © CSIRO Publishing Australia 2019
This edition published with the permission of CSIRO Publishing, Australia
Simplified Chinese edition copyright © 2021 Tsinghua University Press

图书在版编目（CIP）数据

科学传播的科学 /（澳）克雷格·科米克（Craig Cormick）著；王大鹏，王慧超，黄荣丽译 . —北京：清华大学出版社，2021.11
书名原文：The Science of Communicating Science（The Ultimate Guide）
ISBN 978-7-302-59427-7

Ⅰ. ①科…　Ⅱ. ①克…　②王…　③王…　④黄…　Ⅲ. ①科学技术—传播学—研究
Ⅳ. ① G206.2

中国版本图书馆 CIP 数据核字（2021）第 221472 号

责任编辑：刘　杨
封面设计：肖东立
责任校对：赵丽敏
责任印制：曹婉颖

出版发行：清华大学出版社
　　　　　网　　　址：http://www.tup.com.cn, http://www.wqbook.com
　　　　　地　　　址：北京清华大学学研大厦A座　　　邮　　编：100084
　　　　　社 总 机：010-62770175　　　　　　　　　邮　　购：010-62786544
　　　　　投稿与读者服务：010-62776969, c-service@tup.tsinghua.edu.cn
　　　　　质量反馈：010-62772015, zhiliang@tup.tsinghua.edu.cn
印 装 者：三河市君旺印务有限公司
经　　销：全国新华书店
开　　本：165mm×235mm　　　印　　张：19.25　　　字　　数：323千字
版　　次：2021年11月第1版　　　　　　　　　　　　印　　次：2021年11月第1次印刷
定　　价：98.00元

产品编号：093852-01

鸣　谢

特别要感谢那些以锐利的眼光审阅本书初稿并提出了深刻见解的人，包括安德鲁·迈纳德，布莱恩·齐克蒙德－费舍尔，伊丽丝·奥尔巴赫，苏珊娜·艾洛特和安娜－玛利亚·阿拉比阿。尤其要感谢凯蒂·普拉特，为让这本书能够顺利地呈现在各位读者的面前，她做了很多艰辛的工作。

引 言

在我为撰写本书而阅读几百篇期刊论文、媒体报道、调查和博文的过程中，有一段引文非常引人注目，我把它放在了引言的部分，因为我认为它最能体现我想要实现的目标。

英国诺丁汉大学的教授布里吉特·内利许在一篇名为《科学传播：它曾经是什么，现在是什么，以及应该是什么？》的博文中如此写道：

> 整个学术产业正在蓬勃发展，需要有人告诉科学家们应该传播什么、怎么传播以及为什么传播。对这些问题的研究方兴未艾（我对此也有所贡献）。不幸的是，那些研究的结果很大程度上仍然发表于那些科学家不会去造访的学术期刊上，所用的也是科学家并不真正理解的语言。因此，在从事传播的人与那些想告诉他们如何去传播的人之间存在着某种隔阂。

简而言之，我们需要对这个问题采取一些措施。如果这些研究成果在很大程度上是难以获取的，怎么可能让所有这些研究成果去指导如何更好地传播科学呢？

越来越多的科学家都注意到了美国国家海洋和大气管理局的前局长简·卢布琴科所做的呼吁，并且也承认在向社会传播科学方面有一个社会契约，但问题是到底该怎么做呢？

忙忙碌碌的人们都在各自的领域尽最大努力从事着他们自己的工作，他们甚至没有时间环顾四周，更不用说发现那些可能有助于他们更好地传播科学的至理名言和研究概述。

但总要有人来做这件事，不是吗？

克雷格·科米克博士

目　录

当情况变得困难时　/　175

基本原则

第1章

言简意赅，什么才是好的科学传播？

在某处，那些不可思议的事物正等待着被发现。

————卡尔·萨根，天文学家、科学传播者

当被问到什么才是好的科学传播时，我回答：**"实际上只有三件事情——了解你的受众，讲一个好故事。"** 我的回答如此言简意赅，你都可以发条推文了。

然后人们说："但你只说了两件事情啊！你是不是忘了一件？"

我说："是的，绝大多数人都会忘记第三件，那就是明确你想达到的目标。"

"就这么简单？真的吗？那么我只要记住这些，就可以丢下这本书接着去网飞（Netflix）上看节目了？"

然后，我不得不接着说："不是的，当然不会这么简单！你想啥呢？如果这样简单，你就能从推特上而不是书本中学到你需要知道的所有东西了！你需要知道信息、信任、不同的价值观，以及很多其他东西。"

但是记住这三点并且展开更深入的探讨是一个好起点，这就是我们要做的。

首先，我来讲个故事吧。

记得几年前，我在一次会议上给满满一屋子人作报告，当时刚吃过午饭，我正用一些数据来解释为何不同的人对技术有不同的态度，外面开始下雨，雨非常大，屋内的人能听到雨点敲打屋顶的声音。

酒足饭饱后，听着雨敲击屋顶的声音，人们昏昏欲睡（对这些农艺学家来说，我的演示文稿中的数据有点儿太多了）。我看到他们的眼皮开始下垂，有人开始看手机，于是我停止了发言，向前倾着身体，不再看我的备忘录，说道："给你们讲个故事吧。"

突然，报告厅里的每个人都抬头看向了我。他们期盼着我即将脱口而出的内

容会比他们的邮件或脸书账号或打个小盹都要有意思得多。我不知道我的故事是否满足了他们的期望——但是我从来没忘记从中得到的经验：讲故事有一种令人着迷的力量。

借助故事，我们可以让受众参与进来的形式各种各样——可以是一篇博文、一个现场试验、一场演示、一档电视节目或播客。至少从理论上来说，大多数人都明白了讲故事的作用。

其次，了解你的受众可能会稍微有一些困难。

一个古希腊的德尔斐神谕（oracles of Delphi）（某种很古老的搜索引擎，在吸入从地球的深渊中升起的含有酒精的蒸气后，她可以说出某些名言）说："认识你自己……"虽然随后的蒸气让她神魂颠倒，没有把这句话说完，但这句话却成为先知的箴言，并被刻在了德尔斐阿波罗神庙的前庭上。自此，这句话有了多种阐释，包括认识你自己，你将会了解神；认识你自己，认识你的敌人；认识你自己，你将会了解他人。

但事实却是，在乙烯或乙烷蒸气让先知过于兴奋之前，她可能想说的是：如果你认识了你自己，你确实只是认识了你自己而已。这是向他人传播科学的一条根本原则。

的确，你知道自己喜欢什么，但绝大多数人跟你完全不同。不论你有什么想法、感受以及喜好，他们在自己的所思所感、所好所恶上，以及在如何看待科学上都与你存在差异。

> 虽然我们的存在非常多元，但是我们都喜欢徘徊在相似的思维和行动的"部落"之中，这有时会让我们漠视其他人的观点。

很多人都知道，科学通过分析数据、测量影响以及从循证思维中得出结论来获得发现，帮助我们理解周围的世界。但是也存在着另外一些人，他们把科学看成一种相当有限的解释世界的方式，他们认为科学是精英主义的，并且执念于可获取的资料，这让科学被蒙蔽，裹足不前。

同时，还存在着很多其他相互矛盾的世界观和视角以及偏好，不同类型的人会对不同的故事给出各自最好的回应。这就使借助正确的故事向未知的受众群体传播科学变得非常困难。但是我确信你已经知道这些了。

在什么是好的科学传播以及什么是不好的科学传播这两个问题上还存在着

很多不同的、相互竞争的观点。我不想把任何一种方法、模式或理论作为德尔斐神谕给我留下的印象，而是把它们都看作一个更大的拼图的组成部分。虽然每一个部分都在力争让自己成为最重要的一块拼图，但是在拼图真正完成之前，你根本看不出任何一个单独的部分与其他部分的关系。作为科学传播者，你的工作就是找到即将放到一起以组成拼图的各个部分，并组成你想要的画面。你可能不需要看到整个画面，而只是找到在工作或研究或所做的任何事中与你相关的部分，而且你确实需要找到这些部分。

> 好的科学传播是什么样的？

> 要用对一致性的指标予以支持的主观中立的方式来界定"好的"

科学固有的复杂性

好的科学传播具有一定的专业属性，虽然可以从媒体研究或者一般的传播学中借用一些技巧，但是在科学传播中存在着很多特质。例如，科学本质上是复杂的，找到一种方式对科学知识加以简化，但又不能把它"弱智化"到被曲解的程度是一种挑战。

再讲一个故事吧。

诺贝尔奖得主、美国作家约翰·斯坦贝克（John Steinbeck）在 1940 年参加了一次为期 6 周的海洋科学标本采集探险活动，并且把他的经历写在了《科特兹海日志》（*Sea of Cortez: A Leisurely Journal of Travel and Research*）中。他还对好的科学传播阻滞剂发表了看法：

> 通常人们会发现，只有那些比较古板的人才会反对所谓的"普及"，在他们看来，"普及"意味着用某种可理解的清晰性给那些不熟悉这个行当的诀窍和准则的人写东西。

十年后，临床心理学家安妮·罗伊（Anne Roe）在《一个科学家的诞生》（*The Making of a Scientist*）中写道：

> 如果不能被传播，那么科学中的任何东西对社会来说都是没有价值的，科学家正在开始了解自己的社会责任。

这些观点写于 1941 年和 1953 年，几十年过去了，这些结论仍然符合实际情况。诚然，虽然那些枯燥乏味的男人（和女人）远未灭绝，但却变得越来越罕见了。在好的科学传播方面很多阻滞剂可能是制度性的，仅仅对科学传播者进行教育，而不教育他们的老板，就会减弱科学传播所带来的良好效果。

科学传播这个领域还存在着一个麻烦事，那就是界定它处于这个景观中的何处。有时候它带有公共关系的标签，随之而来的是某种消极的内涵；而有些时候它又被放得距离指挥系统太远，以至于无法产生太多的影响。

但有时候——比有时候略多一点点——科学传播面临着一个特别困难的挑战，那就是要找到一种方式与受众建立联结，并把科学的某些神奇和魅力带给对此频频点头并了然于胸的受众。这里说的是那些真的明白这些内容的受众。我们需要从那些实例中学习，并且考察它们为何奏效，以及如何利用我们所学到的经验。什么才是好的科学传播？要用主观中立的方式来界定"好的"，而且这种方式要支持始终如一的指标。

艾伦·艾尔达（Alan Alda）（影视明星）是一个伟大的科学传播倡导者，他认为，所有好的传播，核心是感同身受并学会分辨其他人在想什么。

是什么塑造了未来？

在预测科学传播会出现什么新议题方面，领先的科学传播研究者马修·尼斯比特（Matthew Nisbet）和迪特姆·舍费尔（Dietram Scheufele）写了一篇题为《科学传播下一步路在何方？有前途的方向与挥之不去的干扰》（*What's Next for Science Communication? Promising Directions and Lingering Distractions*）的文章。他们认为好的科学传播会以几件事为基础，其中就包括更好地研究以及更好地理解我们的受众。

在这篇文章中，我最喜欢的两句引文是**"数据应该打败直觉"**，以及**"有效的科学传播不是猜谜游戏，而是一种科学"**。

他们指出，好的科学传播的阻滞剂是某些科学传播者自己（或者是他们就职的机构），是那些没有机会抓住出现在这个领域之中的以高质量研究为基础的人；是那些不知道如何讲述一个精彩且相关的故事的人；是那些不理解作品受众的人。

或者是那些只是知道而没有深入调查的人。

或者是那些只是教育而没有参与行动的人。

又或者是那些……

……为了遵循"科学传播三原则"模式，我们需要一些其他的东西，最好是一些能够表达强烈效果的以相同英文字母开头的关键词。如果你足够聪明，那么毫无疑问你也可以把这种叙事技巧用到实践中，自行决定这第三点……

无论如何，尼斯比特和舍费尔还强调需要有更多的科学传播行动，这些行动要涵盖多元的媒体平台和受众，以及"促进与公众的对话，以找到并尊重在知识、价值观、视角和目标上的差异，并对它们进行融合"。

理解了这一点，就是理解了在科学传播时存在着一种以研究而非直觉为基础的新方式（这是我对"科学传播三原则"的第三点所给出的建议）。

应对策略
需要看看你是否能够回答一些非常重要的问题。首先问问自己，你为何渴望进行传播，并且仔细思考一下答案。你需要明确为何要做这种被称为科学传播的事。 　　其次再问问自己，你是否明确地知道自己的受众是谁，以及一些与他们有关的重要的事，比如他们喜欢什么类型的信息，他们相信谁。 　　一旦把这些搞清楚了，看看自己能否把关键信息提炼成与那些受众产生很好共鸣的几个要点。 　　最后找一个好的故事，把它作为向你的受众传递消息的介质。

要点

- 知道你的关键信息，并通过一个好的故事把它讲出来。
- 知道你的受众，并知道你在接近他们时想达到什么目的。
- 知道自己喜欢什么与知道他人喜欢什么是不一样的。
- 科学传播在本质上来说是困难的。
- 就像好的科学一样，最好的科学传播实践要以研究和数据为基础。

第 **2** 章

为何我们要更好地传播科学

"如果你具有科学素养，世界对你来说就会非常不同。"

——尼尔·德格拉斯·泰森，天体物理学家、科学传播者

你正在阅读本书的事实表明，很可能你已经确信，我们需要更好地传播科学——你只需要证实这种信念。（详见第 17 章。）

不过，如果是有人给了你这本书并让你阅读，那么像阿尔伯特·爱因斯坦（Albert Einstein）以及尼尔·德格拉斯·泰森这样的人所给出的以下理由可能要比我自己说个不停会更令你信服：

1. 不管你信不信，科学对于我们的生活来说是重要的。

2. 有时从事科学并不是出于我们可能喜欢的某些理由或方式。

3. 对科学以及为何要从事科学的理解，有助于我们理解科学及其目的。

4. 科学家日益看到让公众参与到他们的科学活动之中所带来的好处，并且获得了科学应该走向何方的反馈。

5. 有点科学素养有助于我们对科学做出更好的决策，这要比对科学做出不好的决策好很多。

好吧，我坦白，实际上这些既不是尼尔·德格拉斯·泰森说的，也不是阿尔伯特·爱因斯坦说的，而只是我自己给出的令人信服的理由（但我是借他们的嘴说出来的，不是吗？）这就是"框架"的一个例子，为的是让你更相信这些陈述。我们会在第 12 章更多地讨论框架。

不过，我们为何需要更好地传播科学？真实答案要比你通过几个要点加以总结的答案更复杂一些。这个答案包括我们与科学相关的历史、科学和社会之间的复杂性、谁掌握着科学的工具，以及当谈及收益与风险时的成功者或失败者，它关乎

不同的人看待科学的不同方式以及谁应该对科学做出决策。而这仅仅是开始而已。

我们可以通过一个类比来尝试着证明如何让复杂的事情可以变得容易一些。

试想有这样几位教授：

X教授。他（她）做了几十年的科研，并且坚信公众在科学中的角色就是支付税金，这样他（她）就可以继续从事自己的研究。

Y教授，他（她）认为如果每个人都能理解他（她）正在干什么，那么人们都会喜欢他（她）的研究。

Z教授，他（她）认为每个人都应该像自己一样对他（她）的研究感到兴奋，只有大家理解了那种兴奋，才能成为铁杆粉丝，并且在很多方面支持他（她）的工作。

A教授，他（她）正致力于研究一种存在争议的科学，比如合成生物学，非常重要的是，他（她）知道通过公众支持来获得社会的许可能够吸引到资助，从而让自己继续有能力开展研究。

还有5个公众：

B女士是一个真正的科学迷，但总不满意，她只是希望自己周围有更多好的科学传播。

C先生并不真正地了解科学，他认为受到了科学的威胁，并且被科学所疏远了。

D女士喜欢科学，但是却认为科学被有钱有势的人控制了，她对此感到十分忧虑。

E先生并不相信科学，对世界如何运转有自己的另一套信念。

F女士忙于自己的孩子和工作，还要还房贷，因而甚至没有时间过多地思考科学。

这些人在科学及其传播上有着这么多不同的看法，并且所有看法都应该被视为需要加以考虑的有效看法。

鉴于上述看法，我们该怎么做呢？

对于初学者来说，我们当然可以让Z教授与B女士搭上线，让他们继续维持对科学的共同爱好。但是你需要问的是，剩下的人怎么办呢？当科学变得有争议时，比如在气候变化、演化、胚胎干细胞、婴儿疫苗接种、转基因食品等方面，这通常不是B女士及其朋友所忧虑的事情。它更多地可能来自不相信科学的E先生，对谁控制了科学表示担忧的D女士，以及觉得受到了科学威胁的C先生。

作为科学传播者，我们真正需要做的不仅是让Z教授与B女士搭上线。我们需要有一些策略，以触及所有不同类型的人，而不仅是那些最容易触及的人。很有可能的是，用来触及那些我们所熟悉的人的策略在那些我们不熟悉的人身上不会奏效。

《牛津科学传播的科学手册》(*The Oxford Handbook of the Science of Science Communication*) 这部巨著的作者们认为：

> 具有讽刺意味的是，不仅在确定有效信息是什么样的，而且在决定如何让不同的受众参与到新兴技术中来以及让科学的声音被听到时，那些对科学进行传播的人通常依赖的都是直觉而非科学探究。

很多事会让科学传播脱离原来的轨道，并且仅凭直觉不能非常好地把所有因素都考虑进来，这是一个问题。科学传播会突然遭遇到错误信息、无知、故意否认、政治上的权宜之计以及许多其他问题。想想有多少利益群体的成员对科学发动的战争，这导致政府根据劣质科学做出可疑的政策决定，或者主观上不信任他们自己的科学机构和科学顾问。

经过一个科学传播者的介绍，Z教授在与B女士的婚礼上给了她一个行星环

其他的选择？

然而，我们需要在艰难的时刻传播科学，因为我们已经看到了不传播科学这种选择（所产生的后果）。我们如今的工作环境变得日益复杂——对机构信任的日益减弱、对新媒体的使用日益上升、"假新闻"的数量日益增加等。这些都导致我们生活在一个我所谓的后真相、后信任、后专家的世界中（见图2.1）。看看那些非洲国家正在遭受的干旱吧，他们因为食品来自被告知不安全的转基因谷物而禁止进口美国食品。或者看看地方市政局吧，他们因为担心氟是一种毒素而禁止在饮用水中添加氟。或者再看看那些家长吧，他们因为不信任背后的科学而拒绝让孩子接受免疫接种。

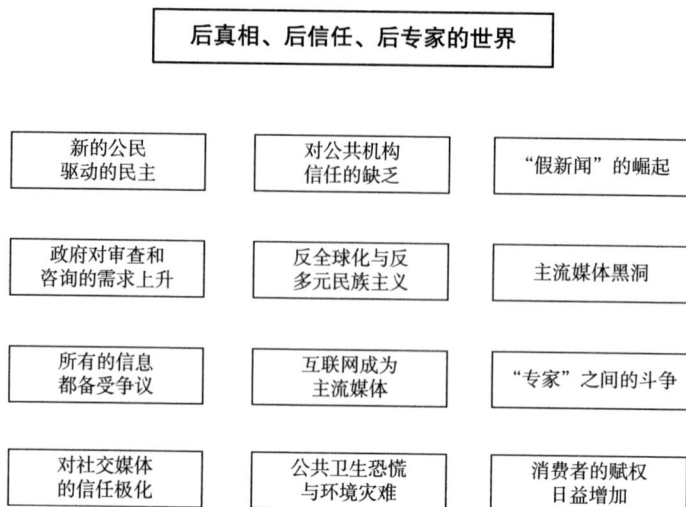

图2.1 后真相、后信任、后专家的世界是复杂的，持续变化的

当然，个体有权拒绝这些东西，但是当你做出一个会影响大量人群的决定时，把个人的信仰或意识形态作为这种决定的基础是远远不够的。亚利桑那州立大学（Arizona State University）一个颇有成就的科学传播者、风险创新实验室（Risk Innovation Laboratory）主任安德鲁·梅纳德（Andrew Maynard）说：

> 当决策以误导或公认错误的信息为基础时，会发生什么？答案非常简单——飞机会变得不那么安全，医疗不那么有效，经济不那么具有全球竞争力等。

美国科学院、工程院和医学院发布了一篇题为《有效的科学传播：研究议程》（*Communicating Science Effectively: A Research Agenda*）的报告，给人留下了相当深刻的印象。该报告认为，有效的科学传播面临着一些关键挑战，包括科学信息的固有复杂性、人们现存的偏见和态度，以及快速变迁的媒体景观。

安德鲁·梅纳德是这篇报告的作者之一。他曾经说应对这些挑战并不容易，但是另外的选择正在"不声不响地进一步陷入后真相世界之中，这个世界对如何避免风险产生的证据不屑一顾"。这让我们别无选择，只能转向科学传播的科学，以便在所有层面上能让科学证据更有效地融入决策制定当中。

我们需要做的不仅是简单地把它们推翻并举杯庆祝，数一下出现在活动中的人数，跟皈依者交谈，谈论需要有更多的参与以及提高科学素养是一件好事，**我们需要知道我们正在做的事真的会产生影响，并且知道它是如何产生影响的。**

> 进入科学传播之中的任何人都需要知道，为在我们生活的这个令人焦虑的时代中产生影响，我们需要做得更好。

好消息是，过去几十年里人们对科学是如何被传播给不同的受众开展了大量的科学研究。我这里所说的大量，是指来自心理学家、社会心理学家、统计人员、媒体分析人士和很多其他社会科学家和研究人员，他们就多元且细微的话题发表了成千上万篇学术论文——其名录要比这整本书还长很多。

科学传播者的角色也在发生变化，他们很少是作为面向公众的科学的翻译人员，而更多的是作为一个知识经纪人，或者一个牵线搭桥的人，因为越来越多的科学家变得越来越能够自己开展传播工作了。

所以再次重复上面提到的那个问题，我们该怎么做呢？

作为阅读成百上千篇研究论文的一个替代品，你可以阅读像本书一样的一本著作，它努力地总结了这些论文中最优秀的内容，并努力用通俗的语言来解释我们知道了什么，以及你如何使用我们的所知来更好地对科学进行传播。

应对策略

有证据表明，对科学进行传播的最佳方式就是更多地了解科学传播，然后"起而行之"，付诸实践。如果你非常清楚为何想要传播以及想要向谁传播，会对你有所帮助，因为能够缜密地回答这些问题有助于界定你的传播活动的形态。

如今正在发生很多非常诚挚的科学传播活动，通过更好地理解有关科学传播的研究能够强化这些活动，把其从一种相当粗钝的工具变成可以实现更好结果的一种非常锋利的工具。

所以继续读这本书吧，然后行动起来，用你学到的东西去实践。

要点

- 公众非常多元，并且他们不会都对同一条信息做出反应。

- 对科学进行传播是重要的，因为不传播科学就会导致做出通常以错误信息、偏见或伪科学为基础的不好的决策。

- 更好地对科学进行传播的最佳方式就是更多地了解科学传播，并"起而行之"，付诸实践。

第 **3** 章

埋葬缺失模型

> "对某些主题的兴趣是令人神魂颠倒的，但这也是彻底地令人可怕的……"
>
> ——埃德加·爱伦·坡，《活葬》

在更深入地了解科学传播之前，我们必须埋葬一个被称为缺失模型的东西，而这需要一个背景故事。

18 世纪和 19 世纪的人们有两个担心，一是担心自己会死于某种疾病而非死于针对这种疾病的疫苗，一是担心被活埋，这在埃德加·爱伦·坡的短篇故事《活葬》中有精彩的描述。在这个故事中，故事的叙述者萦绕于心的担忧就是被活埋。在记载了发生在人们身上的一连串可怕事件之后，这个故事的叙述者在充满恐怖的黑暗中醒来，觉得自己已经被活埋了，但事实证明他只是在一艘小船的卧铺中逍遥自在地睡了一觉而已。

这时，有些人竭尽全力去做的事就是确保自己被活埋时，能发出自己处于困境的信号，然后得到拯救，这也导致人们设计出了安全的棺材。绝大多数棺材都会临时安装一个铃铛，以便躺在里面的人可以拉铃铛另一端的绳子，铃声会通知某个人过来，把他们挖出来。所以才有了绝处逢生（saved by the bell）这个说法。

这是千真万确的事实。

据说普鲁士（如今已是德国）的布伦瑞克公爵费迪南德（Duke Ferdinand Brunswick）的棺材上有一个可以让光投射进来的窗户，以及一个可以提供新鲜空气的空气导管。他没有在棺材盖上钉钉子，而是订做了一把锁，并且把钥匙放在了棺材里。费迪南德死于 1792 年，没有记录表明他使用了这个棺材的任何一个机关来让自己逃出生天。

另一个有进取心的德国人阿道夫·古斯穆思医生（Dr Adolf Gutsmuth）设计了一个无危险的棺材，为展示其安全性，他把自己埋葬了好几次。没有记录表明他在最后一次被埋葬之后（他那时已经死了）又回到了人间。

顺便说一下，很多无危险的棺材的一个缺陷是随着尸体的腐烂，尸体通常会膨胀并移位，进而改变绳子的张力并拉响铃铛。这着实会让挖掘棺材的可怜的家庭成员或者墓地工人吓一大跳。

无论如何，这些故事的要点在于，与绝大多数无危险的棺材的发明者所不同的是，无论人们宣称过多少次缺失模型需要被埋葬，缺失模型就是拒绝被埋葬，有些人认为他们听到了铃声，所以它被不断地挖了出来。

为什么要埋葬缺失模型?

缺失模型这个术语可以追溯到 20 世纪 80 年代，它是由英国的社会科学家布莱恩·温（Brian Wynne）首先杜撰出来的，在研究科学与社会关系的学者中，他的地位接近于一个摇滚明星。你可能读过几十篇有关缺失模型的科学论文，简而言之，它是这样说的：

> 缺陷框架意味着公众缺乏有关科学的精确知识，改善公众对科学的知识可以增加他们对科学的态度，比如公众对科学的支持以及对科学家的积极评价。

简而言之，这个模型意味着人们之所以对科学做出"错误的"决策或者持有"错误的"态度，只是因为他们没有正确的信息。只要给他们提供正确的信息，他们就会更积极地对待正在考虑的科学。他们在正确的信息方面存在着赤字。

但这个模型是错误的。

人们有自己的思想、信念和知识，他们不是等着被科学信息填满的"空瓶子"。《有效的科学传播：研究议程》把缺失模型斥为：

> ……当人们需要决定是否要采取行动以及采取什么行动时,（缺失模型就变得）尤其不足。该模型假设：如果某个受众不能以某些人所认为的与科学证据相一致的方式采取行动，那么原因不是传播

> 的信息需要更好地打磨或传送,就是受众在知道足够的科学或者充分地欣赏科学方面存在着错误。……然而,人们在做决策的时候,不是单独地依靠科学信息,而是会把价值观和其他考虑纳入进来。

> 不能只是因为你觉得缺失模型应该发挥作用,它就会发挥作用。

缺失模型可能出于很多原因而失灵了,包括导致人们关注科学和技术的起因并非是缺乏信息,另外,提供替代信息很少会改变一种忧虑的看法,再者,我们都认为自己的信息要比其他人的信息更有价值,此外,信息很少会凌驾于情感之上,最后,如果人们对科学有很大的忧虑,那么他们就尤其不太可能信任一个科学家或一个科学传播者。

下一次当你与你的父母或配偶、孩子、同事,或者任何人就他们十分在乎的一个话题进行激烈讨论时,你可以测试一下上述观点。给他们提供你掌握的事实,看看是否会改变他们的想法。试着说服他们改变投票或者对体育团队的忠诚,或者抛弃他们不中用的男朋友或女朋友,或者停止使用苹果计算机转而使用 IBM 计算机,看看你能否奏效。

待在那别动!

安息吧,缺失模型

但也许只有吃了苦头你才会对最困难的结果是什么样的幡然醒悟。

然而,对很多人来说,缺失模型的观念在直觉上是合理的。相信这一点与埃德加·爱伦·坡的故事中的叙述者相信自己被活埋一样容易。唯一的麻烦在于,和我们的很多直觉一样,它得不到证据的支持。我知道很多新时代的网络权威可能对直觉的信任大加赞美，每个人都能说出一两个故事，以表明何时直觉是正确的，但是我们不要忘了它让我们失望的那些时刻：

比如信任非常漂亮的销售员。

比如就是知道这次你会中头奖。

比如认为手机交友软件 Tinder 上的某个人跟你真的很配。

比如相信汽车会运行得很好，并从来不会让你失望。

比如（加入随机的直观信念）而实际上（加入了灾难性的后果）。

所以简言之，当谈及对科学进行传播时，如果你的所作所为没有任何有效的科学数据予以支撑，那么就要稍微谨慎地对待你本能的直觉。当然绝对不能从样本中的孤例（尤其是当这个样本是你自己时）推导出一个好的传播方法论和信息，并试图触及更广泛且多元的受众。

因为很有可能你会挖出缺失模型，到处炫耀，就像一个散发着恶臭的有感染性的僵尸一样。来自耶鲁大学的丹·可汗（Dan Kahan）（另外一个摇滚明星般的科学传播者）针对我们的文化偏见如何影响思维开展了大量的研究，本书后面会提到他几次，他在下面这一点上的看法更强烈：

> 不仅非常多的科学传播者确实忽视了什么有效以及什么无效的证据，而且太多人在构想科学传播战略时还以完全枉顾事实、任由想象力天马行空的方式信口开河。
>
> 如果他们不能完全依赖于与同内省混合在一起的个人经历，他们只是把手伸到决策科学机制的口袋中，挑挑拣拣，混合搭配，并最终对"问题"是什么以及如何"解决"提供了一个其实不过是精心构思的假设的故事。那不是科学，而是伪科学。

应对策略

要知道，同你自己所从事的传播工作相比，你在其他人的传播工作中更加容易找到的事情之一可能就是缺失模型。但如果你的前提是，在自证清白之前，采用缺失模型的绝大多数的科学传播都是错的，那么这会敦促你更近一点观察你在做什么，并且更批判地考察你的活动是否真的以试图让你的受众稍微有点儿像你一样思考（而非让他们像自己想的那样思考）为基础。

要努力对你正在做的事保持极诚实的态度，如果你发现了一丁点儿缺失模型的迹象——很有可能那里确实有相当一部分缺失模型的存在——那就重击它的头部，挖个坑，把它埋了。

另外不要忘了对你接下来的行动保持同样坚定的批判性眼光！

要点

- 真心希望可以让科学传播奏效的缺失模型方法并不再发挥作用。
- 不要设想你会通过更多的信息来改变人们的想法。
- 在没有用证据对你本能的直觉进行核查的情况下，不要相信它们。
- 不要用从样本量中的孤例（尤其是这个样本是你自己时）得出的推断去证明任何事情（尤其是当你试图向自己证明时）。

第**4**章

客观点！阁下！

"不确定（用什么）的时候，就用 C4！。"①

——杰米·海纳曼，《流言终结者》

"让我们建个网站吧。我们真的需要一个。等等！我们拍个视频会更好吧。我们可以把它放到油管（YouTube）上，让它像病毒一样扩散。是的，那就是我们需要的。不，等一下！我们夸张点，每个人都喜欢你搞砸点东西，不是吗？"

谁有这样的老板？（或者谁是这样的老板？）

这些方法描述了两种司空见惯的科学传播类型：即信口开河的传播和把什么都搞砸了的传播。

虽然这两种传播类型没有缺失模型那样糟糕（它已经被真真切切地埋葬了，不是吗？），但它们仍然不是最好的，因为任何好的科学传播都应该开始于一个明确的目标。幸运的是，管理学家们已经在实验室和野外花了很多年时间来分析目标，并且提出了一些好的模式（formula）来解释他们的行为。

我们都知道成功的管理模式需要一个朗朗上口的缩略语，来为其提供可信

---

① 《流言终结者》的主持人杰米与亚当测试《百战天龙》中的主角马盖先用钠（Na）加入水中爆破墙壁来逃走的方法是否可行。但他们想尽办法甚至连钾（K）都用上了都没法将墙壁炸毁，只好动用 C4 炸药，把墙炸掉前杰米说"出现任何问题，C4 炸药都能搞定。（When in doubt, C4!）"——译者注

性，比如 CLEAR[①]、HARD[②]、DUMB[③]、ACTION[④] 和 QUEST[⑤]。我最喜欢的一个是乔治·T. 多兰（George T Doran）在 1981 年杜撰出来的 SMART。这个缩写语代表着具体（specific）、可测量（measurable）、可实现（achievable）、相关（relevant）和及时（timely）。

设定目标的真正秘诀在于能够测量你是否达到了这个目标（应当承认，这有时非常困难）。让我们测试下面两个情景。

目标 1：拍一个像病毒一样传播的油管视频。

具体。虽然这个目标对于你想做什么来说已经非常具体了，但为何要这样做，就不那么具体了。这个视频到底是关于什么的？通过制作这个视频你到底想实现什么？用它来教育公众？用它来鼓励人们参与辩论？还是只是用它来提升人们对某些东西的普遍认知？在 SMART 这个缩略语的所有字母中，如果你不能保证 S（具体）的正确，那就是在为自己的失败做准备。所以，我们可以说这是一个科学家在谈论纳米技术的视频，他解释了为何世界不会被灰尘（grey goo）（可自我复制的纳米大小的机器，失控并消耗了地球上所有生物质）所控制。

可测量。油管用强大的分析工具来计算视频的播放量，这是一个加分项，但只是说"像病毒一样传播"并不够具体。你应该总是能给自己的目标添加数字和指标。到底什么才是像病毒一样传播？油管上的名人凯文·纳尔蒂（Kevin Nalty）（又叫纳尔茨）认为这个标准通常是 100 万次的播放量，但是到 2011 年这个数据已经被提升到了三天内 500 多万次的播放量，并且从那时开始这个数字只能继续增加。其他人认为你需要至少在一天内达到 1000 万次的播放量才能算是像病毒一样传播。所以要选择一个非常大的数字。

---

① CLEAR 原则分别是：control（控制）；listen（倾听）；establish（建立）；apologize（道歉）；resolve（解决）。另外还有：challenging（挑战性的）；legal（合法的）；environmentally sound（环保的）；appropriate（适宜的）；recorded（可被记录的）。——译者注

② HARD 原则分别是 heartfelt（真心实意的）；animated（有画面感的）；required（要求明确的）；difficult（有难度的）。——译者注

③ DUMB 原则分别是 doable（可行的）；understandable（可被你以及其他人达成共识的）；manageable（可被管理的）；beneficial（有利可图的）。——译者注

④ ACTION 原则分别是：association（联想）；contrast（对比）；text surroundings（语境）；induction（归纳）；observation（观察）；note-making（做笔记）。——译者注

⑤ QUETS 原则分别是：quick（快速）；unbiased（无偏）；efficient statistical tree（高效统计树）。——译者注

可实现。在可实现方面，是存在一点问题的，因为不管你的视频制作得有多完美，都不能保证它会像病毒一样传播，所以我可以公平地说这个目标太好高骛远了。

相关。相关是另外一个棘手的问题。你确实需要为你的传播活动做一些与组织以及受众的需求相一致的事。如果你旨在驱除对灰尘的忧虑，我认为你首先需要证明对灰尘的担忧确实是人们的一个问题。你可能还需要对媒体圈里已经有的东西做出回应。

及时。要明确你的视频制作以及上线所需要的时间。

所以改善后的目标应该如下。

目标1：制作一个油管视频，解释我们的机构在纳米技术方面的工作，以回应近期网络上对灰尘担忧的报道，视频将在一个月内上线并在前6周达到5万次的播放量。

改后的目标1是一个基本合格的目标。现在我们看看另外一个情景。

目标2：让某些东西爆炸。

具体。实话说，这个目标没有太多的细节。让什么东西爆炸？在哪里做？在什么样的受众面前做？除了发出"哇"的惊奇声之外，你想从受众那里得到什么？所以，我们可以说目标是解释火箭或内燃机中有关物理学的一些基本原理。

可测量。只是让爆炸发生解决不了可测量的问题。你需要测量某些更实际的东西，比如前来观看物理学原理演示的人数，或者测量有多少人学到了东西（是的，我知道那实际上并不容易）。

可实现。你有所需的安全设备吗，或者有这样做的官方授权吗？你有这样做的适当空间吗？你能保证观众的安全吗？你手边有经验丰富的爆炸手吗？

相关。可能需要更精确地解释为何想让某些东西爆炸，以及观众会从中学到什么。在"让东西爆炸"这句话中使用像"参与科学"或者"科学素养"这样的词语之前务必要想清楚。

及时。如果确定已经安排好了，那么开始倒数吧，10，9，8，7，6，5……

改善后的目标2可能如下所示。

目标2：在一个可控的实验室里，用常见的家庭用品，分四个环节向120名学生展示内在爆发力，以教授他们一些基本的物理学原理，并支撑学校的课程内容。

现在，对我来说，这就是一个能够达到给你提供安全手套、眼镜和火柴的目标，虽然我仍然希望你不要太得意忘形，以至于忘了把科学跟爆炸的隆隆声关联起来。

当然，随着操作环境的变化，目标也会随之变化。比如，总部位于海牙的禁止化学武器组织（Organization for the Prohibition of Chemical Weapons，OPCW）的常规传播目标是提升对《化学武器公约》（*Chemical Weapons Convention*）的认知，以及对这个组织的工作同该公约之间关系的认知。但在 2018 年叙利亚战争中高调地使用化学武器，在英国索尔兹伯里用神经性毒剂暗杀俄罗斯双面间谍谢尔盖·斯克里帕尔（Sergei Skripal）的失败尝试，以及在马来西亚成功地暗杀朝鲜领导人金正恩的同父异母兄弟之后，突然有大量媒体关注禁止化学武器组织的工作，严重错误的信息也同时流传开来。所以它的目标就突然变成了聚焦于日益增多的事实性报道。

当谈及界定科学传播活动的目标时，《有效的科学传播：研究议程》列出了 5 个指导性目标。这份报告认为每个目标对科学传播者和他们受众的知识和技能的要求都是不同的，这些目标从相当简单到非常复杂，分别是：

1. 分享科学的发现和喜悦。
2. 提高对作为理解和存在于（navigating）现代世界的一种有用方式的科学的鉴赏水平。
3. 针对需要进行决策的具体议题相关的科学，扩大知识储备，提高理解力。
4. 在重要的证据清楚地表明某些选择对公共健康、公共安全或其他社会关系有重大影响时，去影响人们的观点、行为和政策偏好。

黑人学生会中毕业的班长

5. 让多元性群体参与进来，以便在为各自的社会问题寻求解决方案时考虑他们看待科学的（通常是争议性议题的）视角。

你可能已经发现了，没有一个目标是要"得到一个巨大的惊喜"！

应对策略

仔细看看你的科学传播活动，看看你是否能够清晰地阐述一个真正清楚又可测量的目标。那不是一个散发着母性般（父母般？）善良的大画面，而是一个真正的非常具体的目标。通常，你正在做的科学传播是有着母性般善良的大画面，但你现在正做的这种活动要有一个非常具体又可测量的原因，来说明你为何要这么做。

如果你不能清晰地阐述这个目标，你就知道该做什么了。回到最初的地方，别说"过"，不要收集大富翁游戏里的假钱，重新开始，直到你能清晰地阐述那个明确的目标为止。

拥有一个目标可以让你专心工作，让你着眼于正在做的事，而不用分心去考虑如何做，还提供了可以测量的某些东西。更多有关如何评估你的活动以及你所使用的工具类型的内容，请见第 16 章。

要点

- 在对一项科学传播活动过于兴奋之前，确保你有一个明确的目标，以便衡量自己是否可以实现什么。
- 设定目标的一个非常有用的指南就是 SMART（具体、可测量、可实现、相关、及时）。

第5章

公众到底是如何看待科学的?

"我们生活在一个完全依赖科学和技术的社会中,然而几乎没有人了解这些科学和技术。"

——卡尔·萨根,天文学家、科学传播者

我喜欢在会议中当着一群科学家或科学传播者的面站出来,并问他们觉得有多少比例的人群不了解科学。一些人会摇摇头,就好像我正在描述一个近乎神秘的物种,或某些像渡渡鸟一样已经灭绝的东西。我说的是谁不懂科学,对吗?其他人猜测这个比例是 15% 左右,甚至可能高达 20%。

然后我确保每个人都坐下来,并在屏幕上打出一张幻灯片,表明 40% 的人都不是真的对科学感兴趣。

这个结论会让人们微微摇一下头,就好像知道了复活节兔子(easter bunny)不是真的,或者财务状况良好的公司没有如实地缴纳税金一样。因为这意味着超市里排队的十个人中至少有四个人不会对希格斯玻色子或纳米尺度与膨胀宇宙之间的对比而感到惊奇,甚至对在脸书上和尼尔·德格拉斯·泰森是好友会有多么酷而感到惊奇(我知道,那太震惊了)。

然后他们可能会像优秀的科学家一样开始质疑这个数据。这是真的,提出问题的方式不同,得到的答案也会不同。比如,如果你问超市里排队的人是否认为科学很重要,他们很有可能回答"是"。如果你问他们奶酪是否很重要,他们也会用同样的方式回答"是"。或者问贵宾犬是否重要,又或者问数码手表是否重要,你都会得到同样肯定的答案。

但如果你问他们在家或在工作场所谈论科学的频率,或者他们在电视上观看科学节目的频率,又或者他们在报纸上阅读科学内容的频率,这个数字可能会略有下降。如果你让他们将科学在他们生活中的重要性与保全工作、身体健康、确保子女获得教育和食物等事情相比较，这个数字会下降得更厉害。即便科学构成了很多这种议题的基础，但是它们不太可能成为很多人放在首位的东西。

不同国家的研究人员会用不同的方式就人们是否对科学感兴趣这个问题进行一些调查，并且得到了一些不尽相同的答案。40%的人对科学不感兴趣这个数字来源于联邦科学与工业研究组织（Commonwealth Scientific and Industrial Research Organisation，CSIRO）。这是由澳大利亚政府领导的研究机构，他们在 2014 年开展了调查，见图 5.1。

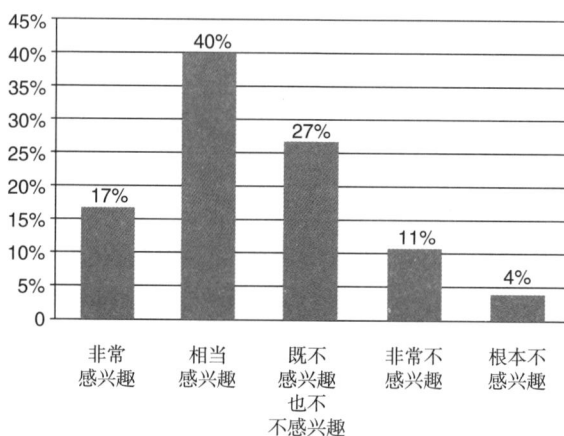

图 5.1　澳大利亚人对科学的兴趣如何？（结果来自 2014 年 CSIRO 所开展的一次调查）

然而，由澳大利亚国立大学的公众科学意识中心（Centre for the Public Awareness of Science）在 2017 年开展的另一项调查发现，人们说自己对科学发现非常感兴趣的比例（60%）要多于说自己对音乐（38%）、电影（30%）或体育新闻（19%）非常感兴趣的比例。鉴于科学发现只是科学的一个子集，并考虑到澳大利亚是一个对运动非常狂热的国家，这个比例看起来还不错！

这里要提到的第三项调查是由澳大利亚政府的工业、创新、科学、研究与高等教育部（Department of Industry, Innovation, Science, Research and Tertiary Education）在 2013 年开展的，它得出的比例是大约 80%的人认为科学对我们生活太重要了，因而我们都应该对它感兴趣。由位于墨尔本的斯威本大学（Swinburne University）开展的第 4 项调查发现，在满分为 10 分的量表中，"科学和技术正在持续地改善我们的生活质量"这个结论获得了 7.24 分。

所以明显的是，不同的民意调查会给出不同的答案，这可能应归因于方法论、提问方式，甚至是围绕着科学和技术问了什么问题。老实说，所有这些调查都应该被看成指示性的而非确定性的——同样，如果你在一天的特定时刻拿着一个温度和风速读数器的话，它所显示的只能是全天温度和风速的数据之一。

通过在很多国家都开展的各种不同调查，我们可以在不同国家民众对待科学的态度的类似问题上发现许多不同的答案。比如，在美国，这个数值在59%~87%。或者我们可以去看一下那些往往会成为媒体头条的研究，比如仅略高于 70% 的美国人和 60% 的澳大利亚人知道地球绕太阳一周需要用一年的时间。

人们对这种调查问题通常的回应就是，对不具备科学素养的水平不断上升表示哀悼。所以，如果你想哭、扯烂衣衫并往自己头上扔脏东西的话，那就去吧，发泄发泄吧！因为我觉着这些数值真的是对科学素养的一种干扰。

> 在这个用指尖就可以获得实时的在线信息的时代，我们需要知道这些东西吗？还是更确切地知道在哪里能找到它们？

作为生活的一种真实反映，人们可以在手机上查找这些调查所用问题的答案，因为互联网被看作科学信息的最常用来源，然后你再看看人们是记住了这个事实还是立刻就将它弃置一旁。或者看看他们是否能够判断，在有关科学的陈述上，哪些事实是名副其实的，哪些事实又可能是错误的。

虽然没能成为很多媒体的头条，但是皮尤研究中心（Pew Research Center）在 2015 年的一项调查中发现，美国人的科学知识根本没有那么糟糕——76% 的被调查者正确地回答出了海洋潮汐是由月球的引力产生的，73% 的被调查者能够将占星术与天文学区分开。在国际排名中，美国人在绝大多数问题上的知识远远超过印度、日本和俄罗斯。

当然，科学家可能会认为这是一种沉默的危机，因为只有 35% 的人能正确地回答出决定声音大小的是声波的振幅，或者只有 54% 的人知道抗生素不会像杀死细菌一样杀死病毒。法律专业人士也会以同样的方式认为这是一种沉默的危机，因为公众并不理解判例法和立法法之间的差异。IT 专业人员也会以同样的方式认为这是一种沉默的危机，因为很多人并不知道内存和只读存储器之间的差异。

科学教育

科学教育是一个十分复杂的话题，以至致力于这项研究的不计其数的研究人员开发出了解决这个问题的各种不同的方式，有些方式还彼此冲突。

不过我参加过相当多的科学教育研讨会和会议，理解了这显然是一个"如果……就好了"的议题。比如，如果更多的孩子看到科学的相关性就好了；如果科学和技术是所有艺术、人文、社会研究和历史课程的一部分就好了；如果所有的孩子都能理解STEM就好了；如果每个人都具有科学素养就好了；如果更多的孩子真的理解科学职业需要什么就好了；如果我们有更多高素质的科学教师就好了；如果和体育运动相比，我们更加珍视科学就好了；如果老师能有更多的收入就好了；如果我们的学校有科学俱乐部就好了；如果孩子们认为科学很酷就好了；如果我们知道科学教育的真正答案是什么就好了。因为有很多人站在周围挥舞着拼图的一块碎片，所以似乎没有人认识到他们拿着的只是一块碎片。如果我们能把更多的碎片放到一起，可能就可以看到这个画面到底是什么样的了。

虽然我可以用一整天的时间给你列举来自不同国家的调查问题，但是显然存在的一个趋势是，并不是每个人都对科学感兴趣，并不是每个人都了解大量的基础科学（就像并不是每个人都对法律感兴趣或知道很多基本的法律知识一样）。因而，发现科学家和公众之间存在着巨大的科学知识隔阂就应该不足为奇了。于2015年开展的另外一项皮尤调查发现（见图5.2），虽然88%的科学家认为食用转基因食品是安全的，但是只有37%的公众认同这种观点，二者之间存在着51%的差距。或者虽然98%的受访科学家认为人类是随着时间的推移而进化来的，但只有65%的公众认同这种看法。

但那不是为了更好地理解科学—公众之间的关系而需要克服的唯一隔阂。同样重要的是，要知道很多人认为科学或技术发展得太快了，以至于他们无法紧跟上这种步伐；要知道人们是否认为科学的益处超过了它的风险；要知道人们是否认为风险和收益被平等地分担了。**因为这些东西可能构成了对科学的态度的基础，如果你真想解决公众对科学的态度问题，那就必须要解决这些问题。**

美国成人和美国科学促进会的科学家看待下述议题的比例

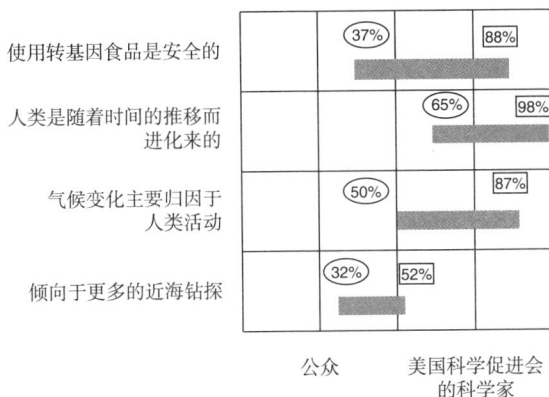

	公众	美国科学促进会的科学家
使用转基因食品是安全的	37%	88%
人类是随着时间的推移而进化来的	65%	98%
气候变化主要归因于人类活动	50%	87%
倾向于更多的近海钻探	32%	52%

图5.2 皮尤研究中心的调查发现美国科学促进会的科学家与公众之间的观点差异

公众的科学素养

了解人们是否认为他们对科学有足够的理解，也是重要的。然而，如果我们对提高科学素养是认真的，那么就需要对科学素养意味着什么达成共识，因为这并不存在一个普遍认同的定义。有人认为它是科学事实的知识；有人认为它是能够背诵元素周期表；有人认为它是理解科学原理；还有人认为它是能够参与科学对社会的影响的严肃讨论。

对科学素养的任何讨论都需要承认，对很多人来说，他们一离开学校就终止了对科学的学习。随着科学本身一直向前发展，并不是每个人都会通过非正式的科学学习来继续获取知识。

你能告诉我到月亮有多远吗？

当然，那取决于月亮是从水瓶座还是从双鱼座升起

然而，科学素养并不总是关于知道一个科学问题的答案的……

我在社区论坛上听到一些公众成员的发言中有些自相矛盾。他们说，为何科学家会想帮助普通公众充分地理解科学以做出合理的决策，但又不能太过，以免他们做出了和科学家一样的决策呢？

我明白他们的意思，并且承认存在着权力的分配，但我也发现绝大多数公众成员并非真想成为科学家，即便他们对科学有浓厚的兴趣，或参与到了公民科学项目之中。同样，他们希望理解税法，但是不想成为税务律师，或者理解了如何修理自己的汽车，但是不想成为汽车修理工。

科学素养是一件好事，但并不是因为它有助于人们欣赏科学的神奇，或者欣赏科学的原理是如何应用于我们的日常生活之中的，也不是因为科学和技术发展的步伐不断加快，以至于出现了大大超过我们理解它的能力的风险。以往，科学素养是一件好事，尤其对政策制定者、监管者和政府工作人员来说是正确的，但如今对于那些其选择和偏好被政策制定者、监管者和政府工作人员越来越多地考虑进来的公众成员来说也是正确的。

科学素养说的是理解科学的成本和收益，以及考虑非预期的后果和伦理，然后有能力做出一些像我们可以做的最佳决策一样的东西。对于我们生活的这个游说、特殊利益和政治意识形态占支配地位的世界来说，我们不能相信决策制定者、监管者和我们选举的政府总是会按照我们可能认为的最佳方式来做决策。

社会素养

很多事情都有其反面，对于在公众中提升功能性的科学素养来说，它的反面就是提升科学家的社会素养。这不是指那个古老的笑话——在跟你交流时，害羞的科学家会低头看他的鞋，而性格外向的科学家则会低头看你的鞋，这指的是理解人们对科学期待什么以及他们会利用什么方法来获得信息或参与决策制定的社会素养。

它指的是拥有以诚恳的方式更全面地参与社区讨论的社会知识和技能。（也许这多少有点科学家的鞋子的笑话的意思！）

应对策略

如果你对提高公众的科学知识是认真的，你真的需要知道是什么驱动着他们对科学的态度，并为他们提供更多的东西，而不仅仅是科学知识。同时给他

们提供科学得以栖身于其中的社会、政治和经济体系——不仅是科学可能会如何影响它们，而是它们可能会如何影响科学。

当然，说起来容易做起来难，但是它始于倾听你的受众知道什么以及他们是怎么想的，然后可以为他们提供适合于很多不同情境的科学故事，比如社会的、经济的和政治的。例如，如果你谈论转基因作物，那么在讨论它所牵涉的科学之前，你可能需要先谈谈它对喂饱全球人民以及对变化的气候进行适应方面的影响，还有就是作物改良的历史。

在普通公众成员如何看待科学这个问题上有很多你不知道的事，但是科学传播者的最佳经验法则就是他们可能不会像你一样看待科学。

要点

- 不同的调查得出不同的结论，但是高达 40% 的人群对科学的兴趣只有一点点或可以忽略不计。
- 科学素养不仅是要理解科学，还要理解它的社会情境，并能够参与到有关科学影响力的明智决策之中。

第6章

不存在单一受众：理解细分人群

"向真正想听到你的声音的人推销比打断那些不想听的陌生人更有效。"

——赛斯·高汀，营销大师

我们需要埋葬的另外一个想法就是，存在着单一的公众。平民百姓这个称谓只不过是为了找到一个普通人而产生的一种便捷的营销创新——实际上并不存在这样一个人。就像《魔鬼经济学》（*Freakonomics*）的作者所指出的，如果你把地球上所有男性和女性作为一个整体（人类）来考量，你就会发现，成年人平均有一对乳房和一个睾丸。

对总体结果进行聚合的任何调查都是在冒险歪曲调查结果。比如，对转基因食品的态度通常沿着性别角色的基线倾斜，女性对此通常要比男性更加担忧。假如一项调查的平均结果不能精确地呈现每一方的态度，那把受众的调查结果细分成不同的小组可以提供更精确的数据。这不仅是一个营销概念，而且是一个非常有用的概念。

对科学传播者来说，我们可以从细分研究中学到很多东西，这有助于我们更好地触及一类受众（或所有受众），我们需要接受的第一个原则就是不存在单一受众，而是存在很多更小的受众。

想想看，你会发现，所有人的个子和身材都不相同，我们有着各种各样的背景、兴趣和偏好。有人喜欢可口可乐，有人喜欢百事可乐，有人喜欢健怡可乐，有人更喜欢喝水；有人喜欢快餐，有人喜欢有机食品，有人不会真的在乎吃的是什么，只要有吃的就行，有人酷爱美食，他们给食物拍的照片要比给家人拍的还多。

> 每个人都是不同的，但每个人与其他人也有一些相似的地方。

同样，有人对天文学更感兴趣，有人对海洋生物学更感兴趣，有人对广受欢迎的软饮是否具备营养物质更感兴趣；有人喜欢读取信息，有人喜欢收听信息，有人喜欢观看信息。

因而，我们可以把人分成相似的或志趣相投的小组。用同质性和异质性词语来形容就是，同质性小组形成的异质性整体。

诀窍就在于找到哪个部分最适合成为你的受众——要牢记于心的是，自从亨利·福特（Henry Ford）说过"顾客想要什么颜色的汽车就能拥有什么颜色的汽车——只要它是黑色的"之后，我们已经经过了非常漫长的历程。走进任何一个停车场，你都可以发现，制造商生产的汽车满足了很多不同的品味和偏好，也有非常多的颜色。这应该提醒我们，你选择使用某种传播媒介并不是因为它最容易获得，或是因为你最喜欢，而是因为它是受众最喜欢的。

> 好的科学传播不仅会改变受众的想法，也愿意改变你自己的想法。

汽车生产商很清楚，不同类型的人会偏好不同类型的汽车。车型较小且颜色艳丽的车是出售给年轻女性的，而机器轰鸣、颜色过于鲜艳的车是给青年男性准备的。成员较多的家庭会径直寻找运动型多功能车或旅客运输车，而财大气粗的秃头中年男人则开着红色小跑到处闲逛，不是吗？

其实我不太确定，我得走到停车场，看看是谁买了跑车。这应该提醒我们，刻板印象并不总是符合现实。在科学传播中，人们非常容易成为被证明已过时的或不适用于现实生活的常识或推测的受害者。不要去猜测谁买那些跑车（虽然你知道当我说"跑车"时，我实际上讨论的是海洋生物学或天文学），而是去做一些调查研究。看看你的刻板印象是否符合现实，或者你是否需要调整自己的想法。

不同的细分类型

在最简单的层次上，可以根据性别、年龄、教育背景、居住地、收入以及其他人口统计学特征来对人们进行细分，也可以采取更加复杂一点的方式，根据人们的想法和感觉对他们进行细分，这被称为心理统计特征。

心理学家卡尔·古斯塔夫·荣格（Carl Gustav Jung）在对他的患者研究多年

以后，开发了一个由 8 种关键人格类型组成的矩阵。他认为所有人都利用 4 种关键心理功能来体验世界——感觉、直觉、情感和思维，对一个人来说，这 4 种功能中的一种会在绝大多数时间里占主导。然后他加入了与这 4 种特性相对应的外向型或内向型的人格特征以得到 8 种不同类别。

积极公众、消极公众以及热点议题公众

根据公共关系大师詹姆斯·格鲁尼格（James Grunig）的观点，在很多问题上，你需要考虑 3 种不同的公众：

寻求信息并进入相关议题中的积极公众。

参与程度较低，既不会被一个具体问题所影响，也不认为自己与此相关的消极公众。

对在诸如疫苗等具体议题上的大量媒体报道做出响应的热点议题公众。

著名的科学传播者——玛维罗教授
演示如何对目标受众进行细分

麦尔斯—布瑞格斯人格类型量表（Myers Briggs type indicator test，MBTI）有 16 种人格类型，已经有点现代管理学占星术的意思了——不过它是在荣格成果的基础上增加了判断或认知的额外特征，是一种心理因素细分的形式。

我想起了一个非常有趣的背景故事，它有趣到了非说不可的地步。麦尔斯—布瑞格斯人格类型量表是由心理学家凯瑟琳·库克·布里格斯（Katherine Cook Briggs）在见到她女儿伊莎贝尔·布里格斯·迈尔斯（Isabel Briggs Myers）的未婚夫克拉伦斯·迈尔斯（Clarence Myers）之后与她的女儿共同开发出来的。凯瑟琳惊讶地发现她的看法和克拉伦斯的看法截然不同，这驱使着她去研究为何不同的人会有不同的视角。（你可能期待着在此处插入一个愚蠢又黑化的玩笑，丈母娘和老婆全身心地投入到对一个男人的分析之中，这是世界上历时最长的一个公民科学项目，但是本书是十分严肃的，所以就算在梦中我都不敢提及这样的事情。）

从最简单的层面来说，你可以把受众细分成对你的工作感兴趣的人以及不感兴趣的人，并且试着找到一些途径，来确定并联系上那些感兴趣的人，并且忽视那些不感兴趣的人。但要注意只覆盖那些感兴趣的人所带来的后果，因为向信教者传教是容易的，但是这并不会必然提升你的总体概况或增加你的受众。

如果你试图要获得稍微有些复杂的受众，可以看看跨社区的价值观、态度和行为的多元性，并且找到驱动你向不同的细分人群进行传播的不同方式。

从国际范围上来说，有一些你可以利用的非常有用的细分研究。在美国，气候变化传播中心（Centre for Climate Change Communication）开展了一项名为"全球变暖的六类美国人（Global Warming's Six Americas）"的研究（见图 6.1），他们根据美国人对气候变化的态度进行了细分。细分后的公众称为震惊者、关心者、谨慎者、无所谓者、怀疑者和轻视者。

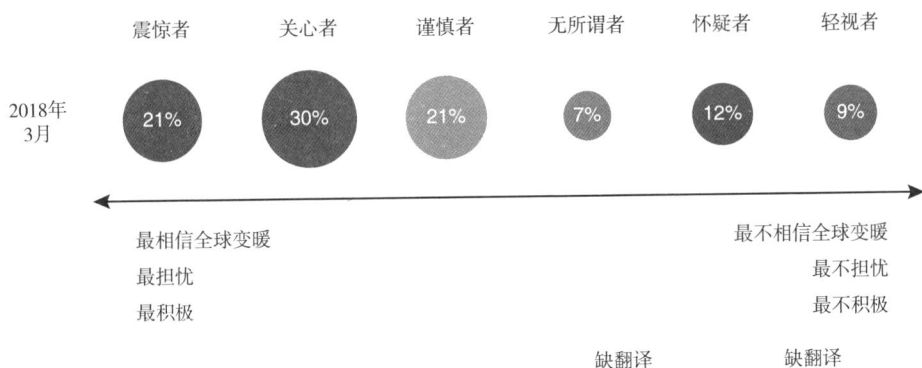

图 6.1　全球变暖的六类美国人

澳大利亚联邦科学与工业研究组织开展的类似研究（见图 6.2）发现了 5 个关键细分群体：怀疑论者、放弃者、犹豫不决者、环境友好者以及环保卫士。

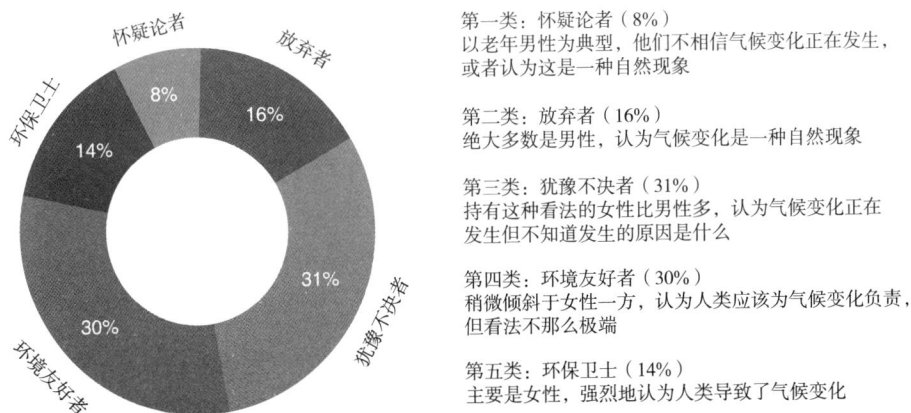

第一类：怀疑论者（8%）
以老年男性为典型，他们不相信气候变化正在发生，或者认为这是一种自然现象

第二类：放弃者（16%）
绝大多数是男性，认为气候变化是一种自然现象

第三类：犹豫不决者（31%）
持有这种看法的女性比男性多，认为气候变化正在发生但不知道发生的原因是什么

第四类：环境友好者（30%）
稍微倾斜于女性一方，认为人类应该为气候变化负责，但看法不那么极端

第五类：环保卫士（14%）
主要是女性，强烈地认为人类导致了气候变化

图 6.2　根据对气候变化的态度对澳大利亚人进行的细分[①]

① 经与原作者确认，图中百分比数字之和不是刚好 100%。——译者注

你会再次看到成功细分的关键在于提出很酷又朗朗上口的名字，虽然并不是所有的情况都要如此。2014 年，一项在新西兰开展的研究根据人们对科学的态度将其细分为：忠贞的公众（penelope public）、乐观的奥利弗（optimistic Oliver）、焦虑的安吉拉（anxious Angela）、消极的内莉（negative Nellie）和愤怒的本生（Bunsen burner barry）。不过他们似乎没能通过很酷又朗朗上口的测试，不得不撤回了。

回头看看在第 5 章引述的皮尤调查，你会发现因种族、性别和教育水平的不同，受访者会对有关科学知识的问题给出不同的回答。比如，那些被归入美国白人的受访者回答对 9 个科学问题的平均分是 6.1，而拉美裔美国人和非裔美国人分别是 4.8 和 4.3。这项调查精当地总结说：

> 正如性别差异一样，种族和民族差异可能与若干因素有关，包括高中的课程安排、大学和研究生阶段的研究领域以及在其他因素上的差异。

所以，找到差异是一回事，但是理解这些差异的起因可能完全是更加复杂的另一回事，同时也不应该在没有对这些差异进行测试的情况下就把简单的刻板印象作为基础。

这就给我们带来了价值观的问题。

价值观

当你根据价值观来对人群进行细分时，就会发现这非常有趣，因为价值观是我们看待很多事物的基础观点。我们会在第 15 章更详细地讨论价值观，但为更好地理解态度和价值观之间的关联，2014 年联邦科学与工业研究组织对澳大利亚公众开展了两项细分研究。

第一项细分研究考察了公众对科学的态度和行为，并根据人们如何寻求有关科学信息以及他们对科学信息有多了解，把公众分成了 6 个关键人群。

在英国和新西兰开展的类似研究，则根据公众对科学与技术的态度对他们进行了细分。这也表明，不同的细分群体在对科学的态度、信任以及理解上的得分是迥然不同的。

你可能对表 6.1 中的第一类和第二类细分群体（或者说是均值先生和均值女

士，科学的粉丝男孩和粉丝女孩）非常熟悉，因为他们往往是观看科学节目、阅读科学博客、参与科学公共活动等的主要人群（他们总共构成了50%的人口）。他们是科学传播活动最容易触及的人，大部分科学传播活动也是为他们设计的。第三类细分群体可以被看成唾手可得的果实——只要让你的素材稍微更容易理解一些就能触及的那些人。

接着是后三类细分人群，他们总共占到公众的大约40%。他们由不参与科学或对科学不感兴趣的人组成，并且他们也不太珍惜科学，不理解科学，或者看不到科学的意义。联邦科学与工业研究组织的报告认为：

> 不仅他们在很大程度上对科学一无所知，而且很多科学在很大程度上对他们也是一无所知的，这种说法并不是轻描淡写。来自后三类细分群体的人往往更年轻，更可能是女性，受教育程度较低，更有可能认为应该削减政府对科学的资助并且科学已经失控了。

现在我们转向价值观议题，这方面需要开展更多的工作。联邦科学与工业研究组织针对10个价值陈述设计了两套问题，在同意与不同意之间的分值跨度为10分。图6.3和图6.4中显示的结果表明，他们对这里绝大多数价值观的问题所给出的答案，分布比较广泛。比如，当被问及科学进展是否往往让富人比穷人获益更多时，答案几乎是平分秋色，非常接近顶部、中部和底部各占1/3。

表6.1　根据对科学的态度进行的细分

态度细分群体	特征
1. 均值先生和均值女士（23%）	对科学的兴趣被动，可能会出现在科学活动中
2. 粉丝男孩和粉丝女孩（23%）	对科学有积极的兴趣，会用自己的方式找到科学传播活动
3. 希望我可以理解这些（8%）	对科学感兴趣，但是当找到科学时会发现在理解方面有困难
4. 有太多其他让人关心的问题了（23%）	并不是真的对科学感兴趣，生活太忙碌而没空太多地思考科学
5. 科学让人扫兴（14%）	对科学不感兴趣，也不十分信任科学
6. 我已经知道了我需要知道的（2%）	对科学不感兴趣，因为觉得自己已经知道了需要知道的所有东西

	不同意		同意
科学是我们生活的一个重要组成部分，所以我们所有人都应该对科学感兴趣	2 17		81
与让我感到担忧相比，新技术更让我感到兴奋	9 35		56
技术变化发生得太快，以至于我难以跟上它的步伐	30	27	43
科学所带来的益处要大过它所产生的任何有害影响	13 48		40
科学进展往往让富人比穷人获益更多	35	35	30
我们依赖科学太多，而依赖信仰太少	48	29	22
与科学和技术解决的问题相比，它们带来了更多的问题	54	31	14

%

■ 0~3分　■ 4~6分　■ 7~10分

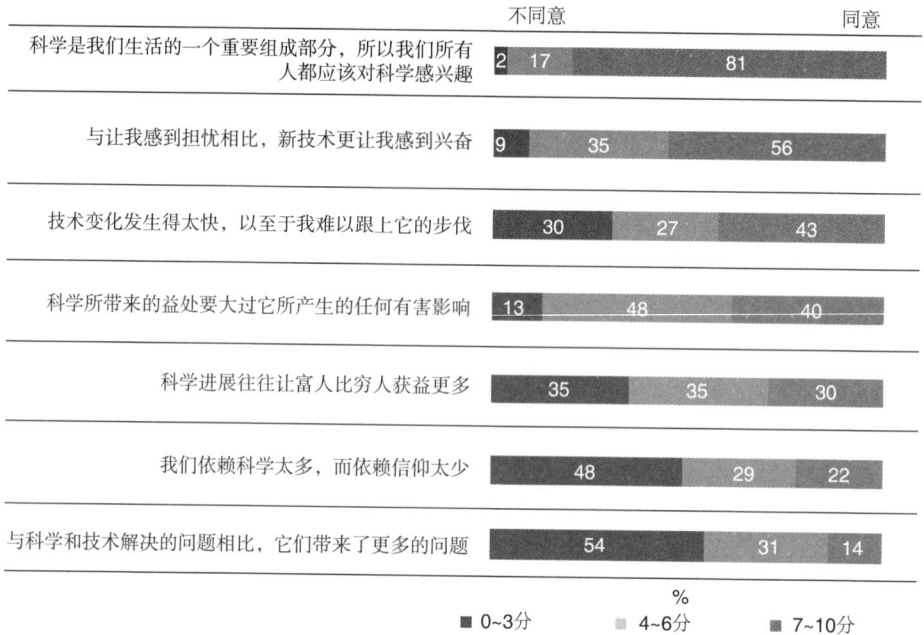

图 6.3　科学和技术的价值陈述（就对待科学的态度进行提问，满分为 10 分，为容易阐释而将受访者分成顶部、中部和底部各占 1/3）

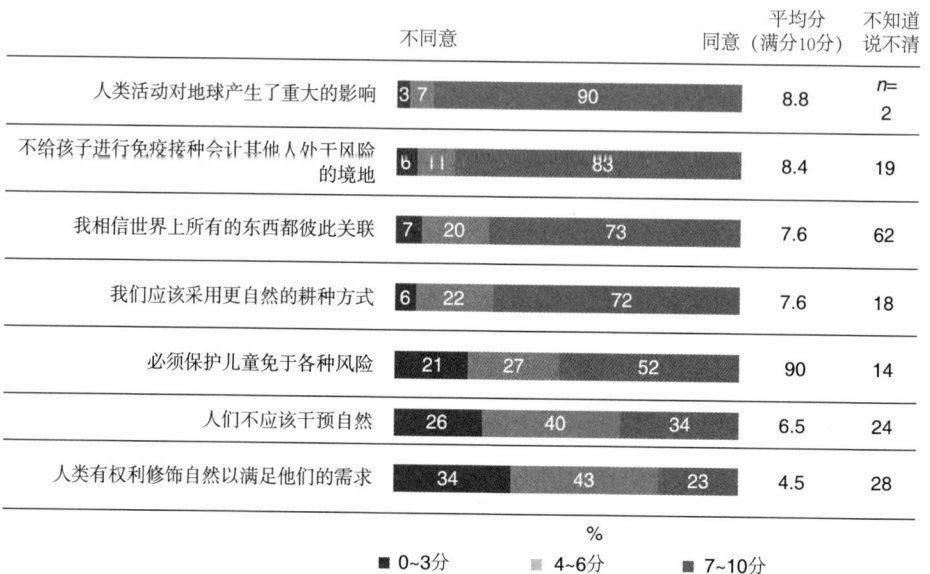

	不同意		同意	平均分（满分10分）	不知道说不清
人类活动对地球产生了重大的影响	3 7		90	8.8	n=2
不给孩子进行免疫接种会让其他人处于干扰风险的境地	6 11		83	8.4	19
我相信世界上所有的东西都彼此关联	7 20		73	7.6	62
我们应该采用更自然的耕种方式	6 22		72	7.6	18
必须保护儿童免于各种风险	21	27	52	90	14
人们不应该干预自然	26	40	34	6.5	24
人类有权利修饰自然以满足他们的需求	34	43	23	4.5	28

%

■ 0~3分　■ 4~6分　■ 7~10分

图 6.4　对我们周围世界的价值陈述（就态度进行提问，满分为 10 分，为便于阐释而将受访者分成顶部、中部和底部各占 1/3）

其他有意思的发现包括，被调查者中有超过 40% 的人认同技术变化发生得太快，以至于人们难以跟上它的脚步，34% 的人认为人们不应该干预自然。

通过对数据进行聚类分析，我们可以发现表 6.2 中显示了 4 个主要的细分群体。

表 6.2　对人群的细分

价值观细分	特征
A. 粉丝男孩和粉丝女孩（23%）	这个群体对科学和技术的热情高涨，科学是其生活的重要部分，他们认为每个人都应该对科学感兴趣，也强烈地认为新技术会让他们更兴奋，而非让他们更担心，并且科学的益处要远远超过其任何有害的影响。然而，他们在科学和技术产生的问题比它能解决的问题还多以及我们过多地依赖科学并对信仰的依赖不够等方面存在着分歧
B. 谨慎的热衷者（28%）	这部分的受众对科学和技术感兴趣，但有点小心翼翼。他们往往认为科学的益处肯定要超过其任何有害的影响，他们在应该让儿童免受所有风险方面有着最强的一致性
C. 风险规避者（23%）	这部分的受众在看待科学和技术的益处方面往往不那么积极，他们更加担心风险。但与第 4 部分的受众相反，他们对科学有相对较高的意识。他们最不可能认同人类活动对地球有重大影响，也最不可能认同不给儿童进行接种免疫会给其他孩子带来风险
D. 忧虑及自由散漫者（20%）	这部分是对科学和技术的益处最不热心的受众。他们极度认同技术变化的步伐太快了以至于难以跟上，并且最有可能认同科学和技术产生的问题要比它们解决的问题多很多。他们还最有可能认同科学进展往往让富人比穷人获益更多，以及我们过多地依赖科学，而对信仰的依赖不够

对 20 个价值陈述的全部回答进行分析会发现，只需要 5 个关于价值观的问题就足以界定清楚根据价值观对人群进行的细分。

通过用图 6.5 来对表 6.2 的数据进行展示后，我们会发现有两件事情凸显出来：第一件，细分群体之间的差异有显著的差别；第二件，和其他任何细分群体相比，细分群体 A（粉丝男孩和粉丝女孩）更远离共同体的平均值。这十分重要。这还意味着**如果你是粉丝男孩或粉丝女孩，你可能完全不知道什么会对其他细分群体具有吸引力**。毋庸置疑，你知道按键上的开关是什么，但你可能只能去猜测对其他细分群体来说奏效的会是什么。

细分群体A：   细分群体B：   细分群体C：   细分群体D：
粉丝男孩和   谨慎的热衷者   风险规避者   忧虑及自由
粉丝女孩   散漫者

与它们所解决的问题相比，
科学和技术带来了更多的问题

技术变化发生得太快，
以至于我难以跟上它的步伐

人们不应该干预自然

必须保护儿童免于各种风险

对于当今的社会来说，
科学和技术在解决我们
所面临的很多问题上是
非常重要的

1   2   3   4   5
一点儿也不感兴趣   非常感兴趣

图 6.5 基于不同价值观的细分群体如何绘制不同价值观陈述的地图

> 如果你来自细分群体 A，那么不仅你在理解共同体成员平均水平的价值观和视角方面有点困难，而且他们在理解你的价值观和视角方面也同样如此。

再问一次那个关键问题，你该怎么做呢？你可以从雇佣其他细分群体的成员加入你的策划团队，来帮助设计对他们有吸引力的东西开始，或者如果他们跟你不一样，那么你只能简单地用你的东西对你的目标细分群体进行测试。

不要忘了还有 X 代、Y 代和 Z 代 [1]

不同年龄的人看待信息以及对信息反馈的方式是存在差异的，对于市场营销来说，认识到这一点是非常重要的，这也是科学传播者可以从营销学中学到的东西。人们进行了很多讨论，以让更年轻的人更好地参与进来，但在他们认为的可以推动这种参与的不同方式上，议论却不是很多。

有很多界定不同代际的方式，下面就是其中一种，尽管它可能有点过于宽泛而并不适用于每一个人：

- 婴儿潮一代的家长可能会告诉 Y 世代的孩子说："你无所不能！"。
- X 世代的家长会告诉他们的子女："做你擅长的！"。
- Y 世代的口号是："我想要被发现！"。

---

[1] X 世代为 80 前，也有指 1965—1980 年这个区间出生的人。Y 世代为 80、90 后，即 1980—1995 年这个区间出生的人。Z 世代为 95、00 后，即 1995—2000 年这个区间出生的人。——译者注

- Z 世代 [1] 说："我想努力工作。"但他们未必想要为其他人工作

下面一种分类是根据音乐设备的类型进行的，这展示了他们与技术的关系：
- 婴儿潮一代拥有录音带
- X 世代有随身听
- Y 世代有 iPad
- Z 世代有声田 [2]
- 阿尔法一代 [3] 有智能扬声器

更相关的一种分类可能是依据他们偏爱的学习风格：
- 婴儿潮一代喜欢结构
- X 世代喜欢参与
- Y 世代喜欢互动
- Z 世代喜欢多模式
- 阿尔法一代喜欢虚拟

E世代　　　Y世代　　　Z世代

　　Z 世代是历史上第一批出生在一个真正数字世界的人群。他们如今基本上学了，并占到了我们全部人口的 1/5。虽然只有 1/10 的人口成为了劳动力，但是在接下来 10 年里，他们会占到劳动力的 25% 以上。

---

① 意指在 1995—2009 年出生的人，又称网络一代、互联网一代。——译者注
② 声田（Spotify）是一个正版流媒体音乐服务平台，2008 年 10 月在瑞典首都斯德哥尔摩正式上线。声田提供免费和付费两种服务，免费用户在使用声田的服务时将被插播一定的广告，付费用户则没有广告，且拥有更好的音质。——源于百度百科，译者注
③ 出生在 2010—2025 年的孩子。——译者注

紧随他们之后的是阿尔法一代。他们中年龄最大的现在仍在上学，但是他们将是：

- 接受最正规的教育的一代
- 被提供了最多技术的一代
- 在全球范围内最富裕的一代

同样，这一代人生理上的成熟会较早地开始，所以他们的青春期也会开始得比较早。社会、心理、教育和商业成熟度也一样——这既会带来消极的后果，也会有积极的结果。

应对策略

不存在单一公众——有很多公众。重要的话说三遍。

每当有人告诉你，一项传播活动的目标是影响普通公众时，你就重复一下上面这句话。然后向他们展示一下可以对公众进行细分的众多方式，尤其是向你自己展示。

能够对你的受众进行细分有助于打磨你的信息——无论是根据年龄或性别，还是教育背景，抑或是态度和价值观——以便它们能最适合那些不同的群体。

你只有一条适合于不同目标细分群体的关键信息，但你更可能需要对那条信息稍微修改一下，以便更好地适用不同的群体。最后，你为学龄儿童设计的信息与你为农民、小型公司或家长设计的信息是不会相同的，所以你为什么要用同一条信息来对待自由派和保守派，对科学感兴趣的人和不感兴趣的人呢？

要点

- 不存在单一公众。我们都是不同的。但是我们与一些人有点交集。
- 把人们聚集进类似的群体就是细分，这是一种触及不同群体的最强有力的方式。
- 你可以根据人口统计学特征、态度、行为、价值观或很多其他指标对人们进行细分。
- 你更容易理解如何最好地触及与你在同一个细分群体中的人，但可能不会理解如何最好地触及与你不在同一个细分群体中的人。

传播工具

第 **7** 章

信息和隐喻

准将对上校说："敌人从左翼推进，派兵增援。"

上校回答说："敌人用腔骨精制的火腿向前推进，给他们三美元四便士。"

——《戒酒承办人》，1914

你可能听过阿尔伯特·爱因斯坦说过的那句话：如果你想以普通公众能理解的方式简化你的科学，那就需要向你的祖母解释清楚它。这很有道理（除非你的祖母有博士学位），但实际上爱因斯坦说的是："所有的物理理论，除它们的数学表达式之外，都应该能适合进行简单描述，甚至是小朋友也能理解。"

来自阿尔伯特·爱因斯坦的著名引语

我赞同他的这种看法，不过我不是随意地与祖母们攀谈，我喜欢在小朋友身上尝试某些东西。毕竟，孩子们没有博士学位，他们充满着无穷的好奇，但他们确实需要相当简单的概念、视觉解说以及隐喻和类比来帮他们理解复杂的理念。

> 为了让你的信息正确，你真的需要考虑下什么对受众最有效，而不是什么对你最有效。

所以不妨思考一下你打算怎么跟孩子解释你的关键信息。利用某种类型的语言和视觉解说可能更适合。例如，如果你在谈论地球和月球的相对大小时，跟一个孩子这样说是符合逻辑的："如果你把地球比作一个篮球，那么月球就是一个网球，它距离这个篮球大概 7 米远。"

你应该把这看成跟所有人解说的一种方式。因为，坦白地说，如果你不能正确表达自己的信息，那么所有最佳的科学传播理论、实践以及支撑可能都是一种浪费。

在美国科学院、工程院和医学院发布的报告《有效的科学传播：研究议程》中，提出了几个需要铭记于心的要点：

不要只是因为引述的旁边有我的一张照片就相信你在网络上看到的一切。

- 对来自科学的信息，科学传播者最起码需要意识到不同群体会有不同的看法，并且在对科学进行传播时，一定的传播渠道、信使或信息很有可能对某些群体有效，但对其他群体无效。
- 为不同受众定制科学信息是避免直接挑战已有信念同时又提供精确信息的一种方法。人们往往更能接受与他们的价值观相一致的方式所呈现的信息。
- 人们会把信息与信源关联起来，并且会基于对信源的信任而相信信息。然而，随着时间的推移，人们会记住信息的内容，而不是信源。
- 在有很多相竞争的信息和信息来源的情况下，传播有关科学的精确信息是困难的。
- 在使用个体信息之前对其进行认真的测试是重要的。

很多报告把对信息进行测试的重要性迭代成了开发有效的信息，以最好地解决信息被误解的可能性。信息被误解的原因有很多，包括信使、受众的特征和其他影响信息准确传达的因素。

> 传播研究人员一致认为，一个传播者想要传递的信息与接收者收到的信息绝对不是一模一样的。

一般来说，受众更有可能会关注那些言简意赅、及时且与他们相关的信息。

所以只要有可能，你就要找到一种对信息设置框架的方式，以把你的受众纳入进来。

比如，你在谈论月球和地球之间的相对大小以及距离时，可以说："当你在夜空中抬头仰望月球并想知道它离我们有多远时，可能会想起你在课本中看到过的很多画面，月球离地球较近。然而，这是不精确的。我们与月球的距离大约是地球直径的 30 倍。"

语言的使用

我确定你们都听过语言使用的 KISS 方法——保持简单直白（keep it simple stupid），这是需要记住的方法，因为对词语的选择会影响受众的认知以及受众对信息做出的回应（确实，甚至在那个缩略语的末尾加上 stupid 这个词会冒犯一些人）。你要对下述这些不可做之事保持敏锐的眼光，这些事情包括：

- 对你有意义但对普通受众可能没有意义的专业术语。
- 缩略语，像专业术语一样，感觉像是把受众排除在外的一个秘密代码。
- 来自学术论文的引述——它们通常在发表论文的时候有效，但却不能完好地翻译成普通公众或媒体使用的信息（学术写作的方式有利于学术出版，但基本不适于其他情况）。
- 对你适用，但可能是你的受众不熟悉的委婉语，比如邻避情结（not in my back yard，NIMBY）——委婉语和缩略语以及带有侮辱性的语言是三大禁忌。
- 类比做得太过。类比在解释复杂的东西时非常有用，但确实也要承认，类比会出故障。

美国食品和药品监督管理局的报告《传播风险和收益：一份基于证据的用户指南》（*Communicating Risks and Benefits: An Evidence-Based User's Guide*）提醒说：对于以你自己的直觉为基础的任何信息，你都应该敲响警钟。该报告认为：

> 在如何讲清楚一条信息时出现的一闪而过的见解会让人很兴奋。实际上，最佳的传播通常确实最初开始于传播者头脑中的一种想法。然而不幸的是，那也是最坏的传播开始的地方。这种直觉会

认错目标，在某种程度上是因为传播者通常并不是目标受众的一部分。

正确地传递信息

与禁忌相反，好的信息取决于：

- 在受众身上预先测试你的关键信息。
- 根据目标受众的特定需要塑造信息，以确保它与受众的需求相关，对受众的状况敏感，在形式、语言和渠道上易得。
- 在传播一开始就提供关键信息。
- 告诉目标受众你是谁，以及为何你要跟他们交流。
- 用图片和故事来阐述事情。
- 核查你的受众不仅收到了而且理解了你的信息。
- 不仅把精力集中于你做了什么上，而且要集中于"那又如何？"或者"这为何重要？"上。
- 用不同的方式重复你的关键信息。

信息框

位于华盛顿的科学传播者艾伦·胡尔塔斯（Aaron Huertas）说，在科学传播中开发有效的信息有很多技巧、方法、思想流派和最佳实践。这些都是他喜欢的。

他的意思是说他并不固守于一种方法，而是把每一种方法都看作一个工具而非一个呆板的公式。

慎重考虑你的关键信息，然后把它们写下来；这可能是聚焦你的思维的一种好办法。我曾经去过某个工作场所，那里的一个机构把它的关键信息全部打印出来并镶嵌在墙上，所以当职员突然被问到该机构的业务范围时，就没人能找借口说忘了。

案例：对一条信息进行测试

美国科学院、工程院和医学院担心年轻人对工程的领会和理解会受到阻碍，因为在他们的认知里，工程更多的是关于数学技能的。当然，数学对工程来说是重要的，科学院、工程院和医学院想找到与年轻人更好地产生共鸣的其他信息，所以它们设计了一项研究，旨在：

- 找到一小部分可能有助于改善公众对工程的理解的信息。
- 在各种目标受众中测试这些信息的有效性。
- 向会使用这些信息的工程共同体传播信息测试的结果。

研究发现，除其他方面之外，不同的信息更适用于不同的性别。比如，男孩认为"工程让世界大变样"以及"工程师是富有创造力的问题解决者"都是非常有吸引力的信息。但虽然女孩们认为"工程让世界大变样"也非常有吸引力，但是她们认为第二最具吸引力的信息是"工程对我们的健康、幸福和安全来说是必不可少的"。

研究发现，这种乐观的、鼓舞人心的陈述强调了工程与想法及可能性之间的关联，而非仅仅考察数学以及基于科学的解决问题的方式。

生产一条简单的信息对于接受过科学训练的任何人来说都是困难的，因为你花了很多年的时间努力去提供情境、更多的信息和更多的精确性——现在你不得不为一条简单直接的信息而放弃它们。

艾伦·胡尔塔斯提倡使用"信息框"或一个简单的模板来写下关键信息。他认为这个信息框应该是这样的：

- 这是我们知道的。
- 这里是新颖的。
- 这是重要的原因。

或者换句话说就是，信息框要呈现：

- 基础科学。
- 新发现。
- 对科学家或社会的启示。

这个模板改编自忧思科学家联盟（Union of Concerned Scientist）的《科学家与媒体打交道指南》（*A Scientist's Guide to Talking with the Media*），使用这个模板的一个例子如下所示。

基础科学：加勒比海地区患艾滋病的比例在全球排在第二位，并且这是导致20~59岁的人死亡的主要原因。

发现：旅游区兼备几个风险因素，包括吸毒、色情行业与人口混合。

启示：这一发现可以告知政策制定者将艾滋病干预措施定位在何处。

此模板还不算太差，但是也不像它可能的那样简洁有力。你要考虑你的信息，在某人身上测试它们，并找到它们在多大程度上奏效的时刻。艾伦·胡尔塔斯然后提供了稍微有点吸引力的第二个版本，具体如下。

基础科学：加勒比海地区的居民罹患艾滋病的比例是加利福尼亚地区的两倍多。

发现：我们了解到在有毒品、性工作和人们聚集起来的地方——也就是我们的旅游区，艾滋病就会蔓延。

启示：政策制定者应该意识到旅游热点地区也是艾滋病的热点地区。

另外一个信息模板是罗盘信息框，它考察的是问题、收益、那又如何以及一个议题的解决方案（见图 7.1）。

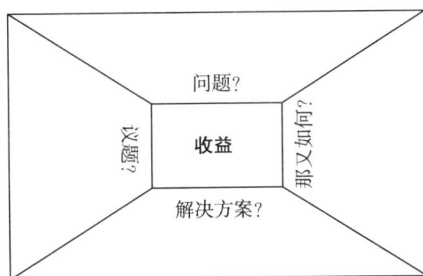

图 7.1　信息框

在解决科学传播问题时我们可以像这样来填充图 7.1。

议题：当科学充满复杂性时，对你的科学提出一个简单的关键信息是困难的。

问题：对科学进行简化是不公平的，并且会忽视大部分的细微差别。

收益：一条简单的信息被理解或接受的可能性更大。

那又如何：如果科学不能被有效地传播，那它就非常有可能被误解。

解决方案：找到可以有助于更好地开发你的科学关键信息的工具。

你可能注意到了，本书没有讲方法——那真的是因为没人真的在乎你的方法。虽然很遗憾，但这是真的。不要把你的方法放到关键信息里，除非它真的相关。

关键信息的最佳数量就是 3 条，最多不要超过 5 条，奇数要比偶数更有效。我们大脑中有某种喜欢以三的形式存在的模式（如果你想怪的话就怪神话吧——三只小猪、三只坏脾气的山羊、金发姑娘与三只熊——它们正在利用三的原则）。

艾伦·胡尔塔斯还认为，找到一条有效地触及受众的既好又简单的信息并不容易：

> 但那不是我们举起双手并哀叹"提出能奏效的信息有多么困难"的借口。这仅仅意味着我们需要更富有创造力，更具有适应性，以及与人们如何消费信息更加合拍。这还意味着要意识到我们自己的偏见；也意味着我们认为适合同类的信息可能会给他们带来让他们变成废物的文化包袱，或者这个信息会让其他受众产生逆火效应。

比如，对于那些在环境科学或气候科学以及几个其他领域工作的人来说，可能存在着一种实话实说的诱惑，他们哀叹说等待着我们的是充满不确定又暗淡的未来。麻烦在于，那样做实际上会剥夺人对它灵活应用的权利，并且会让人觉得一切都相当艰难。通常，如果你谈论人们可以采取一些带来变化的行动，情况就会好一些。

生产一条好的信息并不意味着要降低科学难度。从影视明星到纽约州立大学石溪分校（Stony Brook University in New York）建立艾伦·艾尔达科学传播中心的艾伦·艾尔达都认为，在不降低科学难度的情况下可以传播科学的激动人心之处。但是想要开发出更精确的隐喻和类比来解释你的科学，那你确实需要对正在说的东西有透彻的理解。

或者，就像人们通常认为是阿尔伯特·爱因斯坦所说的："如果你不能用简单的语言来解释它，那说明你没有完全地理解它。"不过没有证据表明他确实这样说过。

我从不对我不喜欢的东西使用隐喻

隐喻有两个重要特点：首先，隐喻是一种特殊的元力量（meta-force）类型；其次，隐喻很重要。

隐喻可以让复杂的科学变得简单，或者可以抓住某些东西的本质，而不需要冗长且事无巨细的解释。在一篇有关隐喻的文章中，科学教师兼电影制片人阿隆·夏哈（Alom Shaha）以几个生动的例子作为开头：

> 当想到一个原子时，你的脑海中是否有一个小型太阳系的画面？虽然你知道这是错误的。在学校里生物老师是否让你画一个警察、保安，甚至一个军队来代表免疫系统？或者跟我一样，化学老师告诉你正离子和负离子结合在一起，就像恋人热情地拥抱在一起，如果把他们拆开，他们会以惊人的速度相互吸引，再次结合在一起。

其他流行的隐喻包括：

- 宇宙就像一支弦乐交响曲。
- 基因是自私的。
- 大自然让子弹上了膛——教育扣动了扳机。
- 热力与重力之间进行着永无止境的斗争。

不过，说实话，把对抗疾病隐喻为战争，或者把细胞工作方法隐喻为工程，把大脑隐喻为计算机，会有点分散我们的注意力。如此大量地使用这些隐喻所带来的问题是，它们会主导我们的思维，并且让可能有更精确隐喻的其他研究人员或科学传播者变得难以应付。

实际上，在期刊的通信页和博客中，持续进行着有关科学中好的隐喻、坏的隐喻和丑陋地使用隐喻的辩论，这在很大程度上是由《自然》期刊 2013 年的一篇名为《传播：当心隐喻的使用》（*Communication: Mind the Metaphor*）的博客引发的，该文考察了在生物科学中有多少种计算机和工程隐喻。

确实，你应该认真地选择一个隐喻，因为你对科学进行解释的尝试也可能会引发混淆。下列技巧是找到一个好隐喻的用户指南。

- 认真地思考你要传播的想法以及你的受众。
- 纳入来自不同领域的专家（包括你的目标受众），以确保语言的精心设计和使用能够实现有效科学传播的目标。

- 避免做出价值判断，要用隐喻来帮助你的受众理解科学发现，而非只是试图说服他们要相信什么东西。
- 确保你的隐喻在文化上是恰当的（比如，感恩节的隐喻对于美国之外长大的人可能没有用）。
- 以他们的信息与手头的证据相称的方式对隐喻进行雕琢。

一个好隐喻应该让它所描述的科学听上去像是真实的（尽管没有一个隐喻是完美无瑕的，这不应该阻止你试着找到一个有用的隐喻）。

对其他人来说，隐喻应该体现出科学中一些核心事实。

科学作家莫·康斯坦迪（Mo Costandi）认为，当隐喻和类比让一个棘手的概念变得更易于理解时，它们可能是最有效的。他说自己只写有关神经科学的文章，并且在描述大脑是如何工作时，通常会用蚂蚁做类比。

然而，人们也会控诉某些隐喻，认为它们把情况过于简化了，甚至达到了传播不精确信息的程度，CRISPR/Cas9 就是一个很好的示例。从最广泛的层面来说，在试图传达它的新颖性和精确性方面，它被描述为"开创性的"和一种"突破"。但当那些反对基因技术的人开始给予它不必要的关注时，它又被描述为"没什么新鲜的，只是基因技术的延续"。

对 CRISPR/Cas9 更复杂的隐喻会使用编辑类比，比如说这就好像改变了一本百科全书里的一句话中的一个单词，因而这只是改变了那句话的意思，再没有别的什么了——这个隐喻也许有点夸大并可能会产生误导。

信息的半衰期

为了造福人类，在实验室里拼命地工作到深夜的一群美国研究者和实践者开发了一套信息打磨的非常有用的神器，他们称之为"你的信息半衰期"。

它的理念非常简单，只需要三分钟就能掌握，它的使用方法如下：

首先用 60 秒钟说出你的信息——不要提前做准备，你只要不假思索地即兴发言。

再说一遍这些信息，但是这次你只有 30 秒钟，这会迫使你聚焦于这些信息的关键要素。

再用 15 秒钟重复一遍。

用 8 秒钟重复最后一次。你在最后一轮就能够确定你真正聚焦于关键的信息了。

　　这个团队认为，对专家来说信息的优先顺序是一个重大挑战，他们往往拥有大量的专业知识，而这些知识会成为决定哪些才是提供给别人的关键信息的阻碍，而这种练习把注意力集中在了关键点上。

　　可以跟你的同事进行锻炼，来改善你的技巧，他可以给你计时并提供反馈，或者你可以自己录像。但是这个团队认为，在练习之后进行批判性反思是非常重要的。比如，最终的信息是否是最适合你的受众的一条信息？你是否遗漏了某些关键的东西？

　　也可以一开始就对你想要谈论的话题进行头脑风暴，并通过这种方式来改善自己的技能，以便为"对相关理念和富有创造力的灵活性提供心理通道"。又或者，在对某个专业术语进行半衰期练习之后再进行头脑风暴，让你的创意源源不断地涌现出来。

野兽还是病毒？

　　为了展示隐喻的力量，斯坦福大学（Stanford University）的研究人员为参与者提供了一篇短文，该文章叙述了在名为艾迪森（Addison）的假想城市中发生的一种罪行。研究人员改写了部分人拿到的文章中的一些词语，所以部分人拿到的短文上说这是一次"猛兽对这个城市的掠食"。对其他人来说，这被描述为感染了城市的一种"病毒"。

　　只是简单地改变一下隐喻，就会影响人们对罪行的看法。看到"猛兽"隐喻的那些人更有可能认为要用惩罚手段来处理，而那些被提供了"病毒"隐喻的人则更有可能支持采取改革措施。

　　同一批研究人员中的一个成员与其他同事一起开展的另外一项研究发现，用来描述全球变暖的隐喻会影响人们的观念和行动。他们让3000名美国人阅读一篇有关气候变化的短篇网络新闻文章，和前面的实验一样，这篇文章的两个版本略有不同，在一个版本中使用了"针对气候变化的战争"的隐喻，另外一个则使用了"和气候变化赛跑"的隐喻。

　　与读到提及和气候变化"赛跑"的人相比，那些读到针对气候变化的"战争"的人更有可能认同科学证据表明气候变化是真实的，以及气候变化是由人类引发的。

研究人员认为，战争的隐喻让我们想起了与战争有关的其他概念，比如死亡和斗争，这会让我们想起在战争中被打败而带来的负面情绪和后果，也会让我们想起获得胜利的重要性。所以，年轻的绝地武士们，要明智地利用"元力量"！

应对策略

开发设计一个强大且有效的信息是成功的科学传播的关键，虽然有些重要的信息是通过直觉产生的，但是不要相信直觉，用信息来测试你的目标受众，以理解他们会从中得到什么，通常是一个不错的想法。

同样非常重要的是，要最大限度地利用你的传播所在的环境，以确保你的信息能够被较好地收到以及得到最佳的理解。如果是跟受众交流，就涉及要移除可能会阻止你的信息被理解的所有让人分心的东西，以及要努力让你的信息与受众相关。所以要努力策划你的关键信息，测试它们的效果，然后一有机会，就要以各种各样的方式重复出现。有一条好的信息就像是有一根稻草，你要用足够的方式、重复足够的次数，才可以让它累积到能把骆驼压垮的临界点，否则骆驼是不会倒下的（在这种隐喻中实际上没有骆驼会被伤害到）。

要点

* 信息要尽可能地简单，同时也要与你的目标受众相关。
* 避免你会在学术论文中使用到的缩略语、专业术语、委婉语和表达方法。
* 不要只是解释你做了什么，还要解释"该怎样做？"。
* 向受众检验你的信息，以确保他们与你的信息有共鸣。
* 隐喻是让复杂的信息得以理解的一种非常有效的方式，但是它们需要精确，而且你要对隐喻的效果进行测试。

第8章

很久以前：讲故事

"科学理论……以富有想象的建构开始。如果你喜欢，它们以故事开始，科学推理中存在着批判的或矫正的情节，目的就是精确地指出这些故事是否是关于真实生活的。"

——彼得·梅达瓦爵士，生物学家

很久以前，有一本打算前往外婆家的科学传播图书——不好意思，我说的是它开始表明，你讲故事的方式会对你的信息如何出色地传播给其他人产生巨大的影响。毕竟，讲故事是我们孩提时代了解生命的一种方式，是我们了解什么是对什么是错的一种方式，是我们了解家族历史的一种方式，是我们学会把生活阅历彼此关联起来的一种方式。

所以，当谈及讲述科学的故事时，为何我们如此彻底不擅长了呢？是因为教育体系已经磨灭了我们讲故事的艺术和结构，进而只给我们留下了如何讲述科学叙事的严格的结构性方法？是因为我们认为恢复成一种以故事为基础的结构会以某种方式削弱我们必须表达的东西的重要性？还是因为我们太全神贯注于讲述我们想讲述的故事，而非人们一定要听的故事？

还是说我们只是忘记了如何讲一个好故事？

无论什么原因，通过不同的叙事结构，利用好的隐喻，以及许多其他的叙事技巧——这些都得到了完善的科研支撑，我们有可能学会或重新学会如何讲一个好故事，以及如何让受众参与到你的工作中来。

不过，首先还是让我跟你讲个故事吧。

曾经是一名海洋生物学家的兰迪·奥尔森（Randy Olson）带着大无畏的勇气孤注一掷地离开了学术界，在信心和愿景的武装下，去读了电影学院，然后前往好莱坞，在最终成为更睿智又富有经验的绝地武士般的科学传播者之前，他在好莱坞与恶棍和怪兽们搏斗，并且遇到了指引他前行的博学的智者。请记住这个故事，我们稍后还会回过头来提到它。

他制作过有关科学争议的电影，比如《一群渡渡鸟》（Flock of Dodos）和《咝咝声》（Sizzle），并且还写过关于讲故事时需要用到的技巧的书。他在《科学需要讲故事》（Houston, We Have a Narrative）[①]这本书中认为，我们这些还没有达到绝地武士般状态的科学传播者可以从利用现有且已被证实的叙事模板的原力（force）中受益。他说，其中一种模板源于他观看的一部讲述如何制作卡通系列《南方公园》的纪录片。他说：

> 在节目的中间，有一个改变了我一生的场景。它不同寻常地深刻，我认为它可以使整个科学界改观。这个场景的特色是特雷·帕克（Trey Parker）谈论他对每期节目脚本的第一稿进行编辑的技术。

他将那种技术描述为"用'but'（但是）或者'therefore'（因而）取代'and'（并且）的法则"，意思是，不是一直列出发生了什么，接下来（and）发生了什么，又（and）发生了什么，之后又（and）发生了什么，而是将"并且"（and）发生了什么变成"因而"（therefore）发生了什么，或者"但是"（but）发生了什么。

这可以作为一个科学模板，称为 ABT（and、but、therefore）模板，你可以这样写：

_____ 并且（and）_____，但是（but）_____，因而（therefore）_____。

他认为，很多故事可以拆解成这种结构。以《绿野仙踪》（The Wizard of Oz）为例。曾经有一个小女孩生活在堪萨斯的农场里，并且（and）她的生活很无聊，但是（but）有一天一场龙卷风把她吹到了奥兹国的土地上，因而（therefore）她需要开启一段旅程，找寻回家的路。

对一个科学故事而言，他认为你可以按照这个逻辑使用这个神奇的公式：

> 我可以告诉你的是，在实验室里我们研究生理学和（and）生

---

① 中文版由高爽翻译，重庆大学出版社，2018 年 6 月第 1 版。——译者注

物化学，但是（but）近年来我们意识到了出现在分子水平上的重要问题，因而（therefore）我们现在调查研究下列分子问题……

他甚至进一步给我们提供了一个叙事指数，我们借此可以计算一篇文章的叙事得分，用"但是"（but）的数量除以"并且"（and）的数量，然后乘以100。他认为，可以用叙事指数来解释为何查尔斯·达尔文（Charles Darwin）被认为是演化论之父，而阿尔弗雷德·华莱士（Alfred Wallace）则几乎被人们忘记了。

他又给我们带来了另一个故事！

让我们回到19世纪的某段时间，查尔斯·达尔文正忙于在质地精良的小猎犬号（Beagle）上周游世界、采集标本、做笔记以及近距离观察他看到的生命的变化。与此同时，华莱士则在南美洲和马来群岛（Malay Archipelago）分别花了4年时间和8年时间，近距地观察他所看到的生命的变化。

达尔文在小猎犬号上的航行从1831年持续到1836年，此后他用了数年时间来写自己的书——《贝格尔号航行日记》（*The Voyage of the Beagle*），并且提出了一个理论：为何生命会如其所示那样出现了变种、相似性以及差异。

与此同时，在马来群岛上，华莱士对上述观察也提出了一个理论，并且写了一篇论文，发给了查尔斯·达尔文。达尔文于1858年收到这篇论文后，差点儿惊讶地从椅子上掉了下来，他意识到这和他自己的理论一模一样！

林奈学会（Linnaean Society）于1858年8月举行了一次会议，会上宣读了华莱士的论文以及达尔文的图书（出版后名为《物种起源》）的扩展摘要，同时宣读的还有达尔文在他提出自己理论的前一年给一个同事写的信。

那么两个英国博物学家提出了同一个理论，在同一时间发表出来，谁会成为出类拔萃的研究人员呢？

我们都知道最终达尔文胜出了。他当时身在英国，他给那个同事写的信证明了他拥有这种想法的优先权，但是兰迪·奥尔森认为，实际情况并非这么简单。利用他的叙事指数，他给达尔文的作品打了很高的分数，这个得分远远高于华莱士的作品，进而使得它成为一个更让人信服的作品。

达尔文得 1 分而华莱士得 0 分，所以达尔文获胜了，这样的理由可能会让你信服，也可能不会让你信服，但这个故事给我们提供的经验却是合理的——当你的工作与其他人存在竞争时，拥有最高叙事得分的那一方总是会胜出。

这不是简单地在你的文档处理器中输入 ABT 并且期待着它会如魔法一般搜索与替换其中的一些词语。就像忧思科学家联盟（Union of Concerned Scientists）的克里斯蒂·麦奎尔（Kristi McGuire）指出的那样：

> 想在使用奥尔森的方法上取得成功的科学家不仅要明白他要说什么，而且还要致力于认真地思考，随着时间的推移如何更有效地传播自己的工作。这不是做好科学的附加元件。

其他叙事结构

ABT 结构只是可以采用的一种模板，如果你在直观上发现它并不适合，那么还可以转向其他结构。兰迪·奥尔森认为科学家使用的最常见的叙事结构是 IMRAD 模式（可念成 I'm rad）。

你可能会说从来没有听说过这种写作模式，别急，让我们把这个缩略语拆分成它的组成部分：介绍（introduction）、方法（methods）、结果和讨论（results and discussion）。现在是不是似曾相识？

还有一个在好莱坞最常用的被称为弗赖塔格金字塔的公式，它是以 19 世纪德国小说家兼剧作家古斯塔夫·弗赖塔格（Gustav Freytag）的名字命名的（见图 8.1）。它可以分解成开始、上升、高潮、回落以及结束或解决。

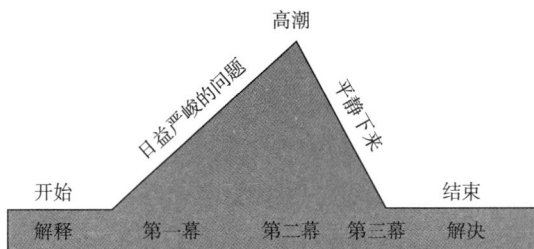

图 8.1 弗赖塔格金字塔

同样，通过对 1700 多部英文小说的分析，佛蒙特大学（University of Vermont）的安德鲁·里根（Andrew Reagan）及其同事找到了 6 条主要故事线。以故事结构为例，它们是：

1. 下降—上升—下降（俄狄浦斯王式）（Oedipus rex）。

2. 上升—下降（伊卡洛斯式）（Icarus）——来自汉斯·克里斯汀·安徒生（Hans Christian Andersen）的很多故事。

3. 下降—上升（洞中人式）（man in a hole）——《绿野仙踪》故事。

4. 持续下降（由富变穷）——《罗密欧与朱丽叶》（*Romeo and Juliet*）。

5. 持续上升（由穷变富）——《爱丽丝地下冒险记》（*Alice's Adventures Underground*）。

6. 上升—下降—上升（辛德瑞拉式）（Cinderella）——《小气财神》（*A Christmas Carol*）。

研究人员还发现，最畅销的故事遵循"下降—上升—下降"以及"上升—下降"的故事弧，包括喜剧在内，最终都是"下降"的结局！

用直白的语言

人们常说，为了更精确地写文章，科学家需要故意忘却如何写文章，但是有一些简易的指南可以帮助他们以更有可能被理解的方式讲述故事。一种策略就是对写完的东西进行可读性测试。除本章提到的叙事指数之外，还有大约 40 种可读性测试可供选择，它们的有效性和易用性是不同的。

简而言之，这些测试是用来衡量文本复杂程度的公式。美国食品和药品监督管理局（US Food and Drug Administration）非常严肃地对待可读性，因为这关系到正确或错误地服用药物的剂量，它推荐使用：

- 简化的官样文章测试措施（the simplified measure of gobbledygook test,

SMOG）。

- 弗莱伊可读性测试（The Fry readability test）。
- 弗莱希阅读易读性测试（The Flesch reading ease test）。
- 蓝思阅读框架（The Lexile framework for reading）。

改编自弗莱希阅读易读性测试的弗莱希 - 金凯德可读性测试（Flesch-Kincaid readability test）被并入微软文字处理程序的可读性软件中，所以很容易获取。（然而，有人指出它频繁地呈现错误的低评分。）通过快速搜索你可以在网上找到其他几个测试的网址。

写作风格的技巧

《芝加哥科学传播指南》（*The Chicago Guide to Communicating Science*）有两章内容是有关写作的——"写好"（writing well）和"写得非常好"（writing very well），这提醒我们在各方面都有着不同的学习层次。下面是一个比书中简单很多的好的建议列表：

- 聚焦于读者需要知道什么，尤其是要采取的行动。
- 把内容限定在 1~3 个主要信息上。
- 避免专业术语，使用更易于理解的语言。（没错，专业术语是很多科学家的第二语言，你可能需要花数年时间来学习，所以故意忘却它不是那么简单的，但可以找到不受"知识的诅咒"所折磨的某些人来对你作品进行测试。）
- 用短句、短语，就像这句话一样。
- 用主动语态，与读者进行私人的交流。
- 用积极而非消极的信息。

但如果你现在就要吃掉我，那么在这个故事的后面就没有戏剧性的张力了。

小红帽与大灰狼讨论叙事理论

叙事的力量

2016 年 10 月，25 名来自全球的学者聚集在佛罗里达大学（University of Florida）新闻与传播学院，他们试图讨论是什么让一个故事比另外一个故事更好。他们提出了一些建议，包括：

1. **讲述个人的故事**。让你的故事个人化。与关注某些事情对成千上万人的影响相比，我们更关注和同情某些事情对个人的影响。

2. **让你的受众自己做二加二等于几**。给受众从你的故事中获得自己结论的空间，不要向他们宣讲这一切意味着什么。如果你在挑战某人的信念，这一点尤其重要。

3. **真实的故事在感觉上也必须是真实的**。如果受众感觉某个故事是错的，或者与他们自己的信念不一致，他们可能就不会相信这个故事。感觉真实真的非常重要。

4. **在受众的头脑中制造画面感**。视觉语言会留下超强的记忆力，比如马丁·路德·金（Martin Luther King）著名的演讲《我有一个梦想》（*I Have a Dream*），他说："有朝一日，阿拉巴马州的黑人男孩和女孩将能与白人男孩和女孩情同骨肉，携手并进。"这种携手并进的画面强劲有力。

另外一名美国研究人员迈克尔·达尔斯多姆（Michael Dahlstrom）认为叙事已经被证明可以：

- 增加理解
- 加深记忆
- 缩短阅读时间
- 提高兴趣
- 增加公众参与性

> 当面临很多有用又让你应接不暇的原则和建议名单时，要选择那个你用起来最舒适的，并且坚持用下去。

当信息被呈现为一个故事时，尤其当那种信息具有社会相关性时，叙事发挥作用的方式是利用我们大脑中看起来倾向于更有效地处理信息的那一部分来发挥作用的。

就像《有效的科学传播：研究议程》所显示的那样，我们必须努力更好地理解鼓励有效的科学传播的结构和过程，并决定对科学的不确定性进行传播的最佳实践，以及弄清叙事在对科学进行传播时的作用。

在人文学科以及它们研究故事的方式和故事对我们如何有效方面，我们还有很多要学习的东西。

当科学叙事迷失时

无论你选择哪种叙事结构，总是会存在故事内容让你失望的时刻（显然这就是本章叙事结构的上升部分）。对于科学来说，这通常跟不愿承认失败有关，这实际上是很多叙事结构的重要组成部分。然而，叙事结构对公众是有影响的，他们对于科学过程如何运作没有切实的理解，当一种失败引起他们的关注时，他们会将其视为罕见且灾难性的失败，而且非比寻常。

科学往往是与失败相关的，并且它们预设的新的研究方向也会失败。但是我们讲述的有关科学的公开故事会不择手段、费尽心思地删除所提到的任何失败。发表的东西也几乎只是与取得成功相关，媒体通稿几乎整齐划一地与取得成功有关，并且寻求资助就是为了取得成功。

甚至"失败"这个词语都是要避免使用的，而要使用像"零实验结果""死胡同""缺乏成果"和"非预期结果"这样的术语。因为我们并不是经常讲述科学进程的故事，以及伴随而来的失败，当一个科学家说"只要相信我们就可以了"的时候，这是毫无根据的。因为人们并没有切实地了解这些结果是如何产生的。

在《纽约时报》（*The New York Times*）上的一篇评论文章中，物理学家兼大众科学作家劳伦斯·克劳斯（Laurence Krauss）对另外一个问题发出了哀叹：大多数科学故事没能抓住公众的想象力。他举例说，引力波没能在公众中产生兴奋感，尽管它从科学上来说，让人激动不已。

然而，迈克尔·达尔斯多姆问道，这个问题的出现是否可能更多地在于讲述科学的方式？他引述英国作家爱德华·摩根·福斯特（EM Forster）的话说，"'国王死了，然后王后死了'是一个故事，但'国王死了，然后王后因悲伤过度而死'就是一个情节"。

第二句话超越了简单地陈述事实，并且给两个事件之间提供了某种因果关联。

达尔斯多姆认为，科学家在自然界中观察事件，然后尝试着在这些事件之间建立关联，如果我们在情感上不那么保持中立并且解释一下为什么这些事会发生，那么我们可能会传得更好。比如，王后为何死了。

他认为要成功地成为科学传播者，我们需要做的不只是让科学事实对普通受众来说更容易获取，还要在情感上跟他们建立起友好关系。

在对科学进行传播时，试图保持中立和不投入感情可能是非常困难的，不过，我们可以用下面这个例子来讨论一下某种科学的潜在影响。在胚胎干细胞的辩论中，虽然那些反对者在议论这会对胚胎所产生的危害，但那些支持者却围绕着一些事情来为讨论设置框架，比如这可能会治愈你祖母的阿尔兹海默症。这就是一个利用可以在情感上建立关系的事实来讲述故事的范例。

相互竞争的叙事

和天行者路克（Luke skywalker）为了善行而利用原力一样，似乎总有这样一个人，他会走到黑暗的一面，利用原力来达到自己邪恶的目的。在传递有偏见的信息方面，叙事有着更大的潜力，因为它们有更高的情绪冲击力，以及有限的引述需求。所以对很多争议性议题来说，存在着很多激烈竞争的叙事也就不足为奇了。

存在着相互竞争的叙事的一个例子就是，美国总统唐纳德·特朗普（Donald Trump）异常兴奋地支持美国退出于 2015 年达成的减缓气候变化的《巴黎协定》（*Paris Agreement*）。《巴黎协定》设定了缓解气候变化的共同目标，特朗普把这个共同目标置于一个会伤害到美国工人并因而会让他们失业的框架之中。

在他的叙事中，他是一个英雄，气候变化协定则是罪魁祸首，美国工人是受害者。

在他发表这一声明之后，很多欧洲领导人用他们自己的叙事做出了回应，他们把特朗普视为恶棍，地球和气候变化科学家以及其他国家是受害者，除美国之外的全球联合体是英雄。法国总统马克龙（Macron）甚至在一次演说中讽刺特朗普说"让我们使地球再次伟大"。

好的叙事的影响

好的叙事或者在故事中为信息设置框架已被证明可以有如下影响。

- 增加人们记住信息的可能性。

- 降低相对立的观点。
- 让人觉得感同身受。
- 比资料清单更有效。
- 比仅展示事实更有说服力。

真的！

用其他叙事来反驳一种叙事是非常有效的策略，但是就像南加州大学（University of Southern California）的马蒂·卡普兰（Marty Kaplan）所认为的，"你知道'不要带刀去参加枪战'这种表达吧？我把它改成了'不要带着数据去参加食物大战'"。

英雄之旅

最后，对本章开头部分兰迪·奥尔森战胜了邪恶势力并成为一名电影制片人，以及为何那个故事会让你着迷（没错，这就是本章的叙事结构的"结束"部分）再多说几句。有一种称为英雄之旅的非常强有力的叙事结构，这就是首先在《星球大战》（Star Wars），然后在《海底总动员》（Finding Nemo）、《绿野仙踪》（The Wizard of Oz）《黑客帝国》（The Matrix）和很多电影中用到的结构。它有几个变体，但基本上都有 12 步，即来自一个规范化世界（夏尔郡、塔图因、尼奥的工作场所等）的中心人物经历一系列见证他们衰落的阶段，他们不断地学习成长，并最终克服了障碍或不可避免的失败，以改过自新的面貌返回家乡：

英雄在平凡世界出场→冒险召唤→拒绝召唤→遇见导师→跨过门槛→考验、盟友、敌人→接近危险→磨难→报酬→踏上归程→复活→返回家乡（满载而归）。

这是一个值得去了解的好结构，因为它在潜意识方面是非常强大的，并且它巧妙地讲述了绝大多数科学家的职业生涯故事。不过它也适合于科学传播——对挫折和磨难做好准备，但是要找到你自己的导师，并坚持下去，你最终会满载而归（虽然并不保证你会获得超能力，并嫁给王子或迎娶公主）。因而，用这个结构来讲述一个科学故事是极为有效的。（看到我在这一段所用的结构了吗？我用到了 ABT 模板！）

既然我们都认同利用叙事结构是传播信息的一种好方法，实际上你又是怎么做的呢？如果你不确定，ABT模板是一个好的开始，当你对此感到更舒适和更熟悉时，你就可以在此基础上开发更复杂的结构。

一旦你意识到存在着不同的叙事结构，你就能更经常地发现它们。毫无疑问，你会找到喜欢的独特结构，并且发现它与你所从事的工作比较匹配。你可以把这些结构打散，并且自行加以调整。

找到把你的故事个人化的方式，以及找到你自己最佳的隐喻。这些工具在很多传播情境之下都会很好地服务于你的目标。

要点

- 我们会在情感上对故事做出回应，我们记住的故事要比事实和数据多很多。
- 你可以学习很多叙事结构，并应用到你的传播之中，切记要找到那个最适合你的叙事结构。

第 **9** 章

相信我，我是一个科学家

"如果我们真想让公众信任科学，我们就需要创造一个值得信任的科学体系。"

——罗丝·麦克德莫特，政治科学家

让我们从一个快速调查开始？你认为人们最信任谁？

科学家？

对不起，错了。

政客？

哈哈哈哈！

根据澳大利亚、英国和美国开展的民意调查显示，在人们最信任的职业名单中，护士名列前茅。由罗伊·摩根（Roy Morgan）于 2017 年在澳大利亚开展的一项民意调查发现，护士已经连续 22 年蝉联最受信任的职业之首了。紧随其后的是药剂师、医生、工程师和教师。在这个名单中垫底的是汽车销售、广告和房产经济人。

由盖洛普（Gallup）在 2018 年于美国开展的一项民意调查（见图 9.1）也把护士排在最受信任的职业首位，紧随其后是部队官员和教师，医师和药剂师的排名稍靠后一点。

同样，这个名单中没有科学家！实际上，就其本身来说，科学家甚至都没能被认为足够重要到可以放到这个职业名单中去向受访者询问！

那么，人们还信任谁？我们都知道明星获得的信任水平远远超过他们的资历，在各种话题上都是这样，但是他们真正拥有多少信任呢？科恩集团（Korn Group）开展的一项调查发现，在澳大利亚最受信任的明星是休·杰克曼（Hugh Jackman）、杰米·奥利弗（Jamie Oliver）和艾伦·德詹尼丝（Ellen Degeneres）。（至少这个名单中没有对原始人饮食法和胎盘奶昔高谈阔论的趋附时尚健康的名人。）

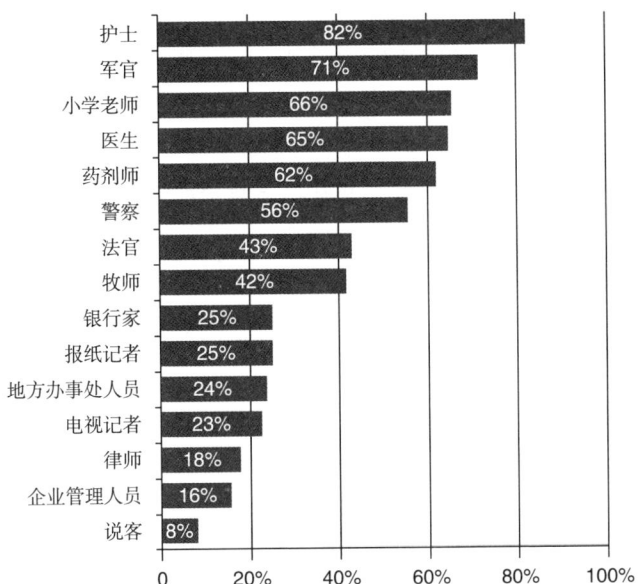

图表

职业	百分比
护士	82%
军官	71%
小学老师	66%
医生	65%
药剂师	62%
警察	56%
法官	43%
牧师	42%
银行家	25%
报纸记者	25%
地方办事处人员	24%
电视记者	23%
律师	18%
企业管理人员	16%
说客	8%

图 9.1 美国人最信任和最不信任的职业（美国成人认为这些职业有高 / 很高忠诚度和伦理标准的比例）

在美国，2013 年《读者文摘》（*Readers Digest*）对最受信任的名人开展的民意调查，将汤姆·汉克斯（Tom Hanks）、桑德拉·布洛克（Sandra Bullock）和丹泽尔·华盛顿（Denzel Washington）放到最被人信任的前三位。首位诺贝尔化学奖得主、医学博士罗伯特·J. 洛夫科维茨（Robert J. Lefkowitz）排在第 11 位，排名落后于电视益智竞赛节目《危险境地》（*Jeopardy*）的主持人亚历克斯·崔贝克（Alex Trebek）好几位。另外需要注意的是，电视法官如茱迪法官的排名要高于任何一位美国高等法院的法官。

这是千真万确的事实。

但为何人们如此相信明星和媒体名人？科学家对此开展了研究，并且在《英国医学期刊》（*The British Medical Journal*）上发表的一篇论文特别地考察了信口开河的名人所给出的健康忠告。比如，昔日的明星播音员迈克尔·帕金森爵士（Sir Michael Parkinson）说，你可以对着墙撒尿来自行诊断前列腺癌。根据他的说法，如果你能在两英尺外尿到墙上，你就没有前列腺癌。当然，如果你只能尿到自己的脚上——那么结论你自己想！

这个研究认为，在信任明星方面，人们受到了"羊群效应"和"晕轮效应"的驱使。羊群效应是说人们往往想追随已经做出的最受欢迎的决策，而晕轮效应则是覆盖在明星身上的天使般的名望之光，从而使对他们在某个领域的成功的可信性推广到了他们专业知识之外的其他领域（我的妻子给这起了一个更好听的名字：朱利安国王效应——来自动画片《马达加斯加》（*Madagascar*）中那个疯狂的狐猴领袖，因为每当它有一个疯狂的想法，每个动物都会追随，只是因为它是国王朱利安！）。

广告商非常清楚地意识到了这一点，并且把我们对明星抱有的温情又失真的感觉转嫁到了他们试图向我们兜售的产品上。如果我们对 5000 万美元所产生的影响毫不敏感，那么为何百事可乐（PepsiCo）会付给碧昂丝（Beyoncé）5000 万美元来向我们推广它的产品呢？

神经科学研究也有助于揭示为何这种明星的背书会对我们如此有效。大脑扫描表明，明星的影像会增加我们眼窝前额皮质的活动——负责形成积极联想的一个大脑区域。医学作家茱莉亚·贝尔胡斯（Julia Bellhuz）描述说：

> 所以，如果你是安吉丽娜·朱莉（Angelina Jolie）的粉丝，看到她的影像会让大脑的这个部分兴奋起来，从而可能让你更认真地思考她正在推广的任何东西，即便是使用双侧乳腺切除术来预防乳腺癌这种极端的情况。

现实中并不乏从各个不同视角对信任进行考察的民意调查。对全球 1.1 万人进行的一项民意调查，考察了人们最相信哪种口音，最终的获胜方是英国人！这项调查是由 *TimeOut* 杂志在线进行的，除了这个问题之外还问了哪种口音最性感，哪个城市最适合约会（顺便说一下，这两个问题的答案分别是巴黎和墨尔本）。

事情到此并未结束。麦克莱契 / 马瑞斯特（McClatchy/Marist）于 2017 年在美国开展的一项民意调查发现，绝大多数人甚至不相信民意调查。只有 37% 的登记选民有点信任公共舆论民意调查（只有 7% 的人说自己非常信任——我妻子满腹狐疑地猜测这个数字可能接近于广告、营销和民调工作从业者的数量！）。

明星科学家

但是在你认为我在民意调查这个话题上掉进了"兔子洞"，有点偏离主题之前，让我们来看看明星科学家吧，他们是罕见的媒体明星，既是可信的名人又是可信的科学家。

曾经在美国工作的都柏林城市大学（Dublin City University）的研究人员德克兰·费伊（Declan Fahy）考察了明星科学家的崛起，以及他们如何帮助公众更多地参与到科学之中。他考察了既广为人知又广受普通公众信任的科学家——卡尔·萨根、斯蒂芬·杰伊·古尔德（Stephen J Gould）和奈尔·德葛拉司·泰森的职业生涯。不好意思，这一研究没有考虑大卫·铃木（David Suzuki）、布莱恩·考克斯（Brian Cox）和女性明星科学家们。

虽然大多数非常认真的科学家永远不会达到那种名望，但是他发现明星科学家们被广为人知的原因可以归结为几个关键因素。首先，他们需要在自己的职业生涯开始时于科学领域中获得专业上的权威地位或专业知识，当他们进入公共领域时，他们需要保持在这两个领域中得以运行的能力和可信性。其次，他们在这两个领域都不丧失合法性是非常重要的。但让我们回到民意调查上来，那些确实考察了对科学家的信任的民意调查结果又如何呢？

易索普莫里调查公司（Ipsos Mori）于 2017 年在英国开展的一项民意调查发现，83% 的公众认为科学家是值得信任的（不过护士再次名列榜首，91% 的人信任护士）。2014 年，澳大利亚国立大学开展的一项民意调查显示，71% 的受访者信任科学家。2016 年，美国国家科学基金会（National Science Foundation）在美国开展的调查发现，更多的受访者对科学领袖表现出了"非常大的"信任，超过了对除军队之外的任何机构领袖的信任（见图 9.2）。

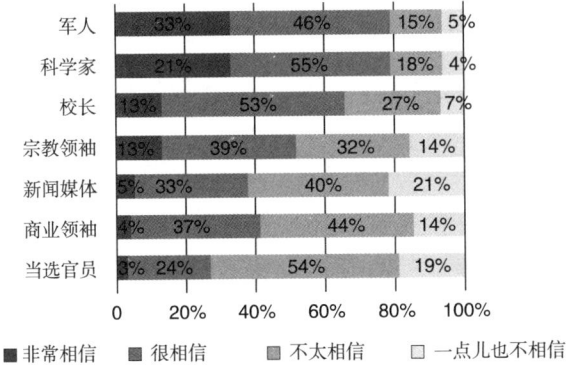

图 9.2　美国人对机构的信任（美国民众认为他们对为公众的最佳利益而采取行动的一系列群体拥有信心的美国成人比例）

信任的通货

人们对机构有着强烈且持续的信任。澳大利亚最重要的公共研究机构——联邦科学与工业研究组织数十年来一直保持着公众的信任。这种信任可以被视为该机构储存的一种通货。然而就像对于通胀来说，平衡一个没有利息的银行账户会削弱这个账户中的通货一样，如果你不能使用信任通货，它也会慢慢地削弱。但是每次使用它的时候，比如对争议性的科学议题发表声明，你也会削弱信任的银行账户（就好比你用掉了积蓄一样）。

所以，在低信任的环境中，就像我们现在生存的这种环境一样，要增加信任账户非常困难，但你必须要决定是想通过使用它还是不使用它来削弱信任账户。

我的建议是使用它，这样你至少可以看到从中获得的某些收益。

尚未提出的问题

在任何一个民意调查中都有一个似乎没有被问到的非常重要的问题。如果对科学家的信任真的不太糟，为何还有很多人不那么信任科学呢？一些研究人员确实触及了这个问题，并试图找到答案。

根据美国皮尤研究中心的调查，那些信任一般意义上的科学家的人与那些在争议性议题——比如儿童疫苗、气候变化和转基因食品等方面信任科学家的人之间是存在差异的。皮尤的报告说：

> 总体来说，人们对气候科学家和转基因食品科学家持怀疑的看法；较大比例的人表达了对医学科学家的信任，但同样也有很多人表达了调查分析人士所谓的"温柔的"积极态度而非强烈的积极态度。

在美国，很多人要么对科学家在争议性议题的理解程度上持怀疑态度，要么认为科学家在这些议题上存在分歧。就气候变化来说，虽然28%的公众认为气候科学家理解其背后的科学，但是32%的人表示他们并不理解。至于转基因食品，虽然19%的公众认为科学家非常理解相关的科学，但35%的人认为他们并不理解。35%的公众认为只有一半或者更少的科学家不认同气候变化是人类活动引发的，53%的人认为一半或更少的科学家不认为转基因食品可以安全食用（见图9.3、图9.4）。

| 科学家理解转基因食品对健康的影响 | 19% | 44% | 35% |

| 气候科学家理解气候变化的起因 | 28% | 40% | 32% |

| 医学科学家理解麻风腮三联疫苗的影响 | 47% | 43% | 10% |

0 25% 50% 70% 100%

■ 非常理解　■ 相当理解　■ 一点儿也不理解

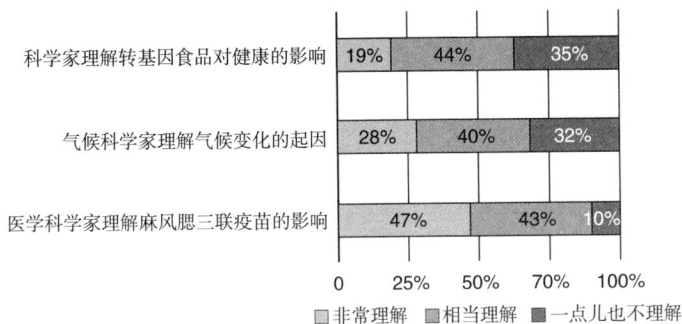

图 9.3　美国公众对科学家所拥有的知识的信心

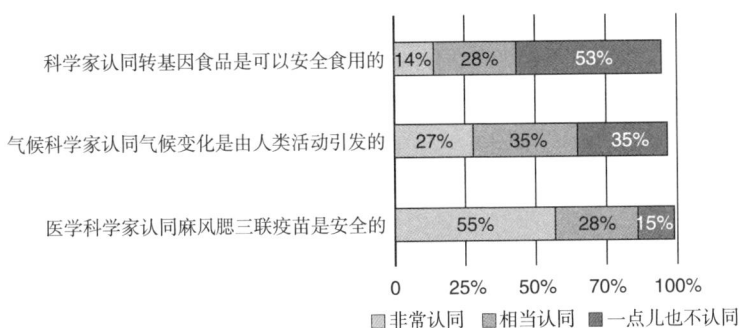

| 科学家认同转基因食品是可以安全食用的 | 14% | 28% | 53% |

| 气候科学家认同气候变化是由人类活动引发的 | 27% | 35% | 35% |

| 医学科学家认同麻风腮三联疫苗是安全的 | 55% | 28% | 15% |

0 25% 50% 70% 100%

■ 非常认同　■ 相当认同　■ 一点儿也不认同

图 9.4　美国公众对争议性科学议题上的科学共识的信任

当然，没有人会拒绝作为整体的科学。人们喜欢智能手机和电视，他们通常对天气预报感到满意，但是当科学与根深蒂固的看法相冲突时，当要求他们相信某些他们认为是虚假的东西时，他们就不太高兴了。那些可能是以他们的政治信仰（"我的党派并不支持那个！"）、宗教信仰（"上帝没有那么说！"）或者个人信仰（"我不是那样长大的！"）为基础的。

作为耶鲁大学的明星社会科学家（至少是在学术圈，如果不是在小报圈）的丹·可汗认为："气候变化这个议题不是有关你知道什么的，而是有关你是谁的（问题）。"随之而来的是你在种族或民族上的立场，你的收入、宗教信仰、社会资本、教育和知识的层层叠加，所有这些都会影响公共信任的水平。

受众决定一切

在这里需要理解的一个重要概念是，当谈及信任时，不是你认为你有多值得信任，而是受众认为你有多值得信任。在决定对你的信任方面，他们掌握了主动权。

传统的信任理论往往认为，信任是建立在下列这些因素之上的：

- 可靠性
- 诚实正直
- 能力

但在现代世界中，以及在最近的研究中，我们发现被认为更重要的是关系。这既反映了世界本质的变化，也反映了信任方式的变化。现代世界的另一面是，信任不再是给予的，它只能租借，当信任遭到背叛时，它非常容易被撤回。

对整个社会的信任所进行的最好概述之一就是全球的埃德尔曼信任度晴雨表（Edelmann trust barometer）（见图 9.5）。2018 年的版本是对 28 个国家进行网络调查后产生的，它考察了信任的范式，包括回顾了过去 18 年以来的信任因素。比如，2011 年非政府组织的影响力出现了上升。2005 年，信任从权威转移到了同侪。2006 年，最被信任的是"像我一样的人"。2011 年，对权威人物的信任有所上升。2017 年，对信任出现了不平等的增长。2018 年被看成是为真理而战之年。

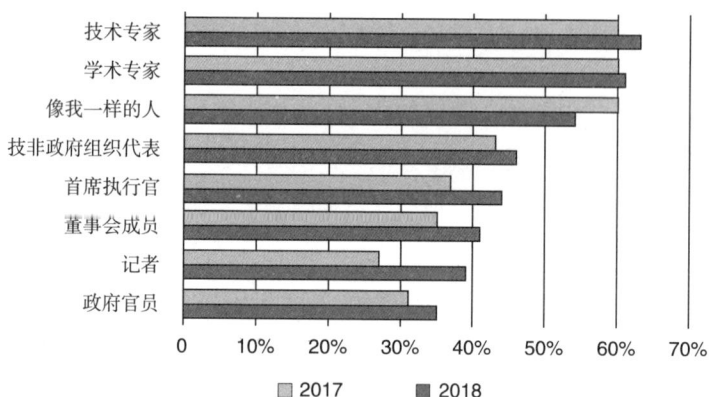

图 9.5 2017—2018 年对发言人的可信度的变化（将他们视为值得信任的受访者的比例）

2018 年的基本发现是，对政府和机构的信任出现了全面的崩溃，一般的感受是这个"系统"让人们失望，并且担心变成了恐惧。

这个研究甚至将受访者分成了两个关键的细分群体，一个群体是更明智的公众成员，另一个群体是普通大众，以确定这会对信任产生什么影响。在这两个细分群体中，人们又被分成了三个群体，分别是信任者、中立者和不信任者。它发现相较于那些对政府和机构存在着巨大信任崩塌的一般大众来说，明智的公众对此会拥有更多的信任。

它还发现人们在媒体中存在着普遍的信任暴跌，一周里一次都没看过新闻的人不到50%。没错，每两个人中就有一个人至少一周不会去读、去听或去看新闻。如果你的工作是通过媒体传播信息，那你就要记住这一点了（见第10章）。

如果这还不能让你感到足够震惊，他们还发现了正在我们的信念中起作用的回音室的大量案例，55%的人通常不会听那些与他们存在分歧的人或机构的看法。**他们忽视那些他们不认同的信息的可能性是其他人的4倍之多，而且当为他们遴选信息时，他们更加信任搜索引擎而非人工编辑。**

埃德尔曼报告认为：

> 信任危机需要组织有一个新的运作模式，它们通过这个模式来倾听所有利益相关者的看法……与他们进行对话；并利用同行……来引导传播和倡议性活动。

或者说，就像基恩医疗（Kean Healthcare）的马西娅·基恩（Marcia Kean）对它的描述那样，权威式信任的结构已经恶化了。她认为，在科学和公众之间需要一个新型社会契约，它要反映如今科学在其中运行的格局，以及需要一种公众与科学发现相互交叉的新方式和对科学发现进行消费的新方式。

为解决这个问题，她说："需要建立一种由伙伴关系、参与和同侪群体构成的新的信任结构。"

信任与不信任

研究表明，人们对科学信息采取行动的意愿受到信任的影响。但是就对科学传播的有效性所产生的影响来说，对科学的不信任似乎要比对科学的信任更大一些，所以通过提升信任水平来对抗不信任是至关重要的。

与直觉相反，不信任往往不是信任的反面，它也不是信任的缺失。不信任更多的是以可信性的缺失为基础的，或是以感知到的欺骗意愿为基础的。但再次表明，这可能更多的是感知而非现实。就像我们已经讨论过的那样，当你存在于敌对的环境中时，你有两条互相竞争的信息——一条说"综合多种原因，你要相信我！"，另一条说"不要随便相信你自己！"——简洁性总会脱颖而出。

相信我，我是一个科学使用汽车的销售员！

处理复杂议题的专业人士和机构所带来的启示是令人担忧的。

科学传播者兼物理学家，同时也是《茶杯中的风暴：日常生活中的物理》（*Storm in a Teacup: The Physics of Everyday Life*）一书作者的海伦·泽尔斯基（Helen Czerski）认为，在谷歌时代，前沿知识是可理解的（它极具误导性）而非难以获得的。这种易得性意味着，我们通常在得出结论之前无法看到情境的复杂性。所以我们往往为复杂的问题寻找简单的答案，正是这种简单的答案几乎不能公平地评判所牵涉的议题的复杂性。

科学家也极少提供简单的答案。

你自己可以做一个测试，在谷歌中搜索一下，看看网络上有关原始人饮食法和胎盘奶昔的信息，是否要比破译有关健康和福祉的真正科学信息更加容易理解。

但是那意味着什么

这个问题的简单答案是，信任极其重要，在加强信任以及防止它被侵蚀这两个方面都需要投入精力。

但是我们该怎么做呢？

根据很多研究人员的看法，答案是更好地参与科学。但是这又到底意味着什么呢？简而言之，这意味着在科学家和公众之间建立一种有效的关系。

研究人员戴维·基普尼斯（David Kipnis）认为，用进化心理学的术语来说，我们往往信任与我们有共同基因库的那些人。然而，在现代世界中，我们所属的族群稍微有些不同，他们往往是那些像我们一样大吵大嚷的人，或者是像我们一样被同样的事情所激怒的人，又或者是像我们一样在社交媒体上发表同样迷因的人。家庭成员和朋友仍持续地成为获取建议的最受信任的来源，但是之后呢，当你真的想让那些知道自己正在说的什么人给你提供建议时，我们往往会去寻找跟我们一样思考或跟我们共有某种价值观和信仰的那些人。

当然，敏锐的读者已经发现了这里的问题。如果你有稀奇古怪的信念（比如说，戴着裹有锡箔的帽子可以阻止擅长读心术的外星人探测到自己的想法），你想跟某个人讨论这个看法，或者就外星人实际上是如何做这一点的征求某个人的建议，那么你就会去找跟你有类似信念的某个人。

你不妨问问镜子。

不要忘了我们从 20 世纪 50 年代和 60 年代的所有外星人入侵的电影中学到的或者应该学到的经验，当我说"外星人"（aliens）时，它实际上是政府的一个隐喻。没错，你不用真的戴上裹有锡箔的帽子来防止外星人的心智探针。我的意思是，谁会相信那种说法啊？但是要提防政府的心智探针！我们现在正在说话，[见第 17 章有关大卫·艾克（David Icke）的奇怪例子] 请相信我。

接下来我们看看为何那么多人说他们信任科学和科学家，但是仅限于在特定议题上的信任，其中的原因又是什么。有一个思想流派认为，如果缺乏对科学和科学家的信任，那就是因为在学校没有给孩子们教授足够的科学，只有当孩子们理解了更多的科学，他们才能更好地理解科学家在所有那些争议性议题上所持有的立场。但是足够聪明的你肯定知道那是缺失模型式的思维，那种方式疯狂又盲目，就像一个多年来栖息在一个小公寓里、对世界的不公平大声地发出责难的凄苦的被废暴君一样。是的，也许没那么极端，但是你知道我要说的是什么，对吧？

根据弗吉尼亚大学心理学教授丹泽尔·威廉姆（Deniel Willingham）的看法，能带来更多好处的是首先教育人们为何他们倾向于接受不精确的信念。英国牛津大学药物学和生理学教授苏珊·格林菲尔德（Susen Greenfield）男爵夫人认为，缺乏对科学家的信任在一定程度上也是科学家促成的。她说过公众之所以对科学家变得警惕起来并且对转基因食品和"弗兰肯斯坦科学"这样的东西嗤之以鼻，原因在于他们对科学家没有真正地提供这些问题的答案感到沮丧，比如某些疫苗是否会引发自闭症或者移动电话是否会致癌？

她认为科学家再也不能忽视公众的参与了，科学家对复杂问题无法给出简单的"是"或"否"的答案，只能让人们去寻找那些可以提供简单答案的人。她还说如果通过科学家更频繁地在大众媒体中露面的方式让人们更好地理解科学是如何运作的，那么不信任可能就会少很多。

让我们看看这些事实，并把它们放到一个等式中：

人们最相信他们了解的人以及他们认为与自己有类似价值观的那些人。我们把这称为 TSV（their similar values）。

+

人们在很多问题上相信科学家，除非他们不认同科学家的发现。我们可以称为 TXDF（trust except disagree findings）。

+

对复杂问题的简单答案更容易被理解。我们把这称为 SA2C（simpler answers to complex issues）。

+

人们喜欢明星——通常认为他们与明星有某种关系。我们把这称为 ♥C（love celebrities）。

所以这个等式就是：TSV + TXDF + SA2C + ♥C = FFFV。

拼写出最后一个词在数学上具有一定的挑战性。如果人们更熟悉（familiar）科学家，如果他们感觉（feel）自己与科学家有某种关系，如果科学的答案可以设计（framed）得更简单以及更容易理解，以及如果人们理解了为何他们的价值观（values）扭曲了他们的信息，那么科学和科学家就会得到更多的信任（FFFV）。

也许这不是完整的等式和答案，但却是一个好的开始。相信我，没错的。

应对策略

我们都知道，在信任削弱的时代，如果你想被受众视为是值得信任的，那么建立和维持信任就是重要的。但是同样重要的是，信任往往在最初的某个时候就已经建立起来了，所以第一印象真的非常关键。

记住，在很多情况下，当试图触及你的受众时，看上去更富有同理心要比知识渊博更重要（在第15章会更详细地讨论这个问题）。不要一开始就告诉每个人你知道什么。要用你有什么感受作为开始——能跟他们交流你有多高兴，或者你有多么喜欢他们的小镇/行业有兴趣邀请你来交流，等等。首先要成为一个人，然后才是一个科学家。

　　尤其是如果你能以任何方式表明你是一个跟你的受众一样的人（一个家长，一个雇员，一个农民，等等），那就最好了。我们后续会提到，在他们关心你知道什么之前，人们想知道你关心他们！

要点

- 信任对于让人们关注你在说什么是重要的。
- 传统的信任模式不再那么有效了。
- 人们最信任朋友和家庭成员，以及他们认为与自己有类似价值观的人。
- 一般来说，人们对明星的信任要超过对专家的信任，因为他们是人们喜欢的人，喜欢会转化为信任。
- 与公众建立起关系并熟悉公众，能帮助你改善公众对你的信任水平。

第 10 章

媒体很重要

"科学和新闻都是在追求真理。"

——罗宾·威廉姆斯，科学播音员

几年前，我参加了一次在新西兰惠灵顿举行的会议，演讲厅里挤满了社会科学家，他们争论着媒体在社会中的作用。对话的大概意思如下："媒体对社会来说不仅是一面镜子，因为它设定了社区对话得以顺畅流动的议程。我们需要更好地挑战媒体的权力结构，以及它们选择和决定什么是新闻的方式。""媒体选择的不仅是新闻议程，而且还有他们强化的权力不平衡。"

突然，坐在演讲厅最后排的一位女士站了起来，大声地说道，"听着，各位，我就是一个记者，对我而言，显而易见的是，你们中没有一个人在任何一个媒体机构的新闻编辑部待过一天。因为，如果你待过，你就会知道，议程设置实际上更多的是关于某些东西成为新闻或没有成为新闻的混乱无序和随机性。从个体记者到助理编辑和当天的故事进行权衡，有那么多的因素决定着什么是新闻——这真是一个非常混乱又随机的环境。"

然后，屋里的每个人都变得非常安静——但是她的观点很清楚。远距离地分析媒体并且假定它是如何运作的，以及它的权力基础和议程是什么是一回事，但是真正地在媒体机构中工作又是另一回事，匆匆忙忙地生产出新闻似乎要远远优先于任何的理论或议程。

媒体有点儿像那头在屋子里的著名的大象（不是那个人们不想承认的屋子中的大象——因为实际上那是屋子里的一只黑猩猩，没错，那只黑猩猩因为滥用而慢慢地演变成了大象）。不同的人进入漆黑的屋内摸这头大象，都摸到了大象的某个部分，并且都认为他们摸的是一只不同的动物。摸到鼻子的人认为这是一条蛇，摸到大腿的人认为这是一头河马，而摸到尾巴的人觉得这是一头驴，如此等等。① 你对媒体的视角或你在黑暗中遇到的这个动物的哪个部分决定了你对它如何进行阐释。无需多说，在新闻编辑部内看待媒体的人通常惊讶于新闻编辑部之外的人是如何看待媒体的。

媒体景观的迅速变迁给不同的视角增加了难度，这意味着在某一特定时刻，真实的东西可能不久就不再是真实的了。所以如果环境已经变化了，那么在没有进行核查之前，在采用过于热心的媒体传播建议时就要谨慎一些。

比如，虽然有很多人哀叹说，媒体机构中专业科学记者的数量普遍下降，但是这并不必然导致科学报道的下降。澳大利亚科学媒介中心（Science Media Centre）的首席执行官苏珊娜·艾略特（Susannah Eliott）博士说，她认为媒体中的科学实际上要比很多人意识到的多很多，并且记者非常乐于利用来自科学家的评论和视角——如果他们提供了。（对科学家的忠告是：稍微积极主动一些，不要只是等着别人为了获得引述来联系你！）

旧日好时光

我想我们都听过媒体在过去的美好时光中是如何发挥作用的。你会写一篇新闻通稿，它基本上是你最近一篇论文的提要，把它输入到确认键中（put in a few line returns），然后通过传真发给报纸、广播和电视台，第二天一大早他们就会踢破你的门槛，竞相来报道你的故事。

我非常确定，当我在科学传播领域开始工作时，就是这种情况，但是我记得有一项研究发现是这样说的，你对一个话题了解越多，你对它形成错误记忆的可能性就越大（或者这就是我记得的它的研究发现）。所以非常有可能的是，让一个故事出现在媒体中永远不会那么简单，并且可供选择的社交网络总是存在的（即便在社交媒体存在之前也是这样的），让一个故事出现在媒体中通常是设计与幸运的结合体。

就像今天一样。

所以，让我们从接受有关"媒体"（meeja）② 的几个关键点开始：

---

① 前面的大象形容的是"明明存在但人们不愿提及的棘手问题"，而后一个大象说的是盲人摸象的典故。——译者注
② 此处用的是 meeja，这是 media 的讹音，略带贬损之意。——译者注

- 媒体景观是复杂的，并且会快速地变化。

- 你必定会在某个时候与媒体进行交流。

- 你对媒体理解得越好，你能做得可能也会越好。

鉴于时间和资源的局限性，记者通常做得很出色（但是要知道，他们是在做他们的工作，不是你的工作！）。

利用媒体所产生的益处是显而易见的，它会是向全球潜在的数百万人传播有关你的科学研究信息的有效方式，这会带来新的资助和新的合作。但是这并不容易。你需要非常积极主动，并且横跨电视、广播、报纸、推特、油管、照片分享社交应用，等等。

当然，担心花时间成为对媒体的复杂性如数家珍的专家会削弱你自己的工作，这再自然不过了，除非你的工作就是与媒体打交道。如果你的工作是与媒体打交道，那么你的问题可能就是把不情愿的科学家拽到媒体的聚光灯下，并努力把有点对媒体上瘾的人从聚光灯下拽出来，并给另外一些人的档案盖上"请勿让他靠近媒体！"的大戳。

无论你的背景或日常工作是什么，我们还是先看看你需要知道的有关媒体的某些方面吧。我们会通过考察媒体的一些"真实性"，或者认为它们是真实的东西，来实现这个目的，并看看它们是否经得住真实数据的考验。

> 人们可能不会以你认为他们会使用的方式来利用媒体，并且他们在权衡复杂且相互竞争的观点和论点时很少足够明智或有充分的动机。

真实性 1：到底是谁搞错了？

媒体机构通常被指控说把科学故事搞错了，对吧？然而，在英国对健康报道进行的一项调查发现，媒体中很多夸大其词的言论实际上来源于研究院所以科学家提供的信息为基础而撰写的新闻通稿。另外一项调查发现，在 2005 年随机选取的 200 篇医学新闻通稿中，有 29% 被认为存在着夸大其词，只有不到一半的通稿对研究中的主张提供了恰当的警告。

因为研究人员和他们的媒体办公室面临着让故事见诸报端的压力，一个常见的趋势就是夸大研究结果及其影响。

真实性 2：媒体提供了虚假平衡

通过提供一个故事的正反两面，媒体需要把一个争议性议题呈现为无偏见的描述，导致了它们去深挖持不同意见的科学家，并且给公众留下了异议和共识可能是等量的印象。这是没能认识到一种观点可能只是非常小的一部分所持有的虚假的平衡，有时候这种观点甚至是由与正讨论的话题没有直接关联的某个领域的一个科学家所持有的（看看那些反对气候变化的科学家的资历就知道了）。

更大的问题是什么？也许情况没有以前那么严重了。很多科学家已经意识到的事实是，通过在采访中简单地指出他们代表 95% 的科学家或别的什么就能非常容易地克服虚假平衡。

同样，很多记者也越来越意识到这一点，并且努力逃出虚假平衡的陷阱。当然，陷阱依旧存在。如果你怀疑在一次支持某种虚假平衡的辩论中被套路了，你可以：

- 强调专业知识
- 明白举证责任在何处
- 聚焦于争议点，而非辩论的其他岔道

真实性 3：媒体更多的是消遣而非提供信息

这是个大问题，但是这显然没什么不对的，媒体的很多领域似乎更多的是有关消遣而非提供信息的，迎合明星主持人而非专家，寻找适合上镜的画面而非内容。但是我们需要承认，除这些媒体之外，还有一些媒体，还有另外一些媒体，还有其他一些媒体——你需要注意你参与的报纸、杂志、电视节目或者网络期刊的类型，以及它们是否可能削弱你的故事的严肃性。

不过，有趣的是，皮尤研究中心在美国开展的一项调查发现，被包装为消遣的科学新闻实际上越来越多地得到那些对科学并不非常感兴趣的人的参与。

真实性 4：媒体以牺牲新兴科学或技术的益处为代价而夸大了其风险

就像我们会在第 18 章看到的那样，当处理风险传播时，你需要有一套与常规传播完全不同的工具。没错，媒体喜欢有关风险的故事，因为它从本质上来说比有关收益的故事更有新闻价值。然而，那并不意味着你总会面临着风险，以牺牲收益为代价来夸大你的工作。

我经常跟人们说，在风险传播环境下与媒体共事本身就是一种风险，但有时不与媒体共事会是更大的风险。理解媒体是如何在风险传播环境下运行的，会让你在掌控自己的故事中有更多的主动权。你需要了解的一些有用的东西包括：

- 有关风险的主张不仅通常比有关安全的主张更有新闻价值，而且也是一个更简单的故事。
- 记者用有限的专业知识和时间来从事自己的工作，并且可能趋向最简单的解释。
- 在有关风险的故事中，记者往往报道的是观点，而非"事实"。
- 一个有关风险的故事通常可以简化为二分法。
- 记者喜欢把一个有关风险的故事个性化。

真实性 5：社交媒体取代主流媒体成为信息的一个来源

实际上并没有。这确实有点取决于你是否把媒体机构的网络版本视为社交媒体，不过我们还是把它们视为主流媒体的网络版本，并且把社交媒体放到另外一个类别中。在那种情况下，电视仍然是绝大多数人获取信息的主要形式，无论他们是在手机、平板电脑、计算机还是电视机上看电视节目。易索普莫里调查公司于 2014 年在英国开展的一项民意调查发现，英国人更有可能从电视而非其他主流媒体上获取科学新闻。该调查发现在被调查的 1749 名英国成人中（315 名年龄在 16~24 岁），几乎 60% 的人主要是从电视上获取科学新闻的。只有 23% 的人说印刷新闻是他们的主要渠道，在报纸的网络版或网站上阅读科学新闻的人就更少了，只有 15%。

不过，在美国，皮尤研究中心于 2017 年做的一次调查发现，54% 的美国人会有规律地从大众媒体上获取科学新闻。虽然社交媒体已经凸显为一般的新闻来源，但是在"把科学告知给美国人"方面，它所发挥的作用被描述成了"不大"。该研究还发现，只有 17% 的人是积极的科学新闻消费者，36% 的人认为每周至少会看几次科学新闻，30% 的人则是正在寻找科学新闻时看到了科学新闻（见图 10.1）。

大多数社交媒体用户在这些平台上会看到有关科学的帖子，虽然只有 25% 的用户看到了"很多"或"一些"科学帖子；而且 33% 的用户认为这是他们获取科学新闻的重要方式。

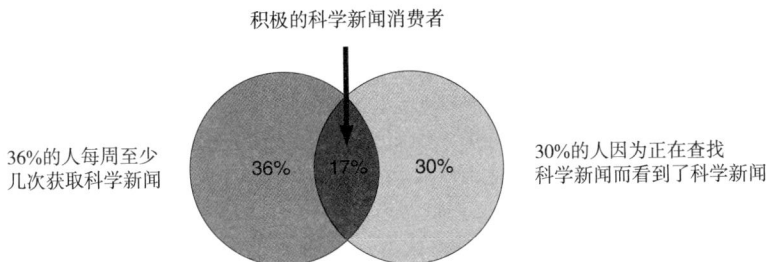

积极的科学新闻消费者

36%的人每周至少 36% 17% 30% 30%的人因为正在查找
几次获取科学新闻 科学新闻而看到了科学新闻

图 10.1 1/6 的美国人既积极地寻找科学新闻，又消费了科学新闻

皮尤研究中心还考察了人们从何处获取科学新闻以及他们是否认为那种渠道基本上呈现了正确的事实。对于以科学为基础的媒体来说，这个结果始终如一地超过了 50%，而那些使用一系列新闻渠道的人认为，只有 28% 的渠道基本上呈现了正确的事实（见图 10.2）。

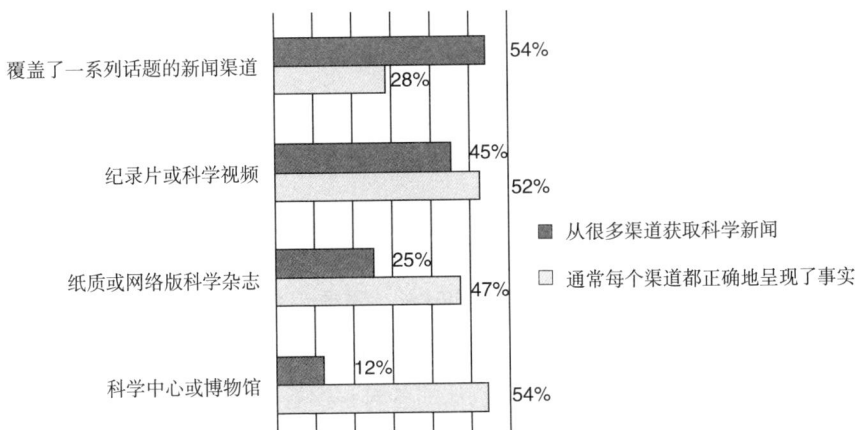

覆盖了一系列话题的新闻渠道 54%
28%

纪录片或科学视频 45%
52%

■ 从很多渠道获取科学新闻
□ 通常每个渠道都正确地呈现了事实

纸质或网络版科学杂志 25%
47%

科学中心或博物馆 12%
54%

图 10.2 美国人认为信息渠道是否正确地呈现了事实的比例

在澳大利亚，电视也是排名第一的科学信息来源。联邦科学与工业研究组织的一项研究发现，2014 年电视是普通公众获取有关科学和技术信息的最受欢迎的单一媒介。然而，对科学有很大兴趣的人比较喜欢互联网。这个研究发现，电视是 32% 的人口偏好的获取科学新闻的媒介，紧随其后的是新闻网站，比例为 24%。

不过，43% 的受访者认为，他们获取科学信息的方式不是直接地搜索，而只是顺带看到了它（见图 10.3）。

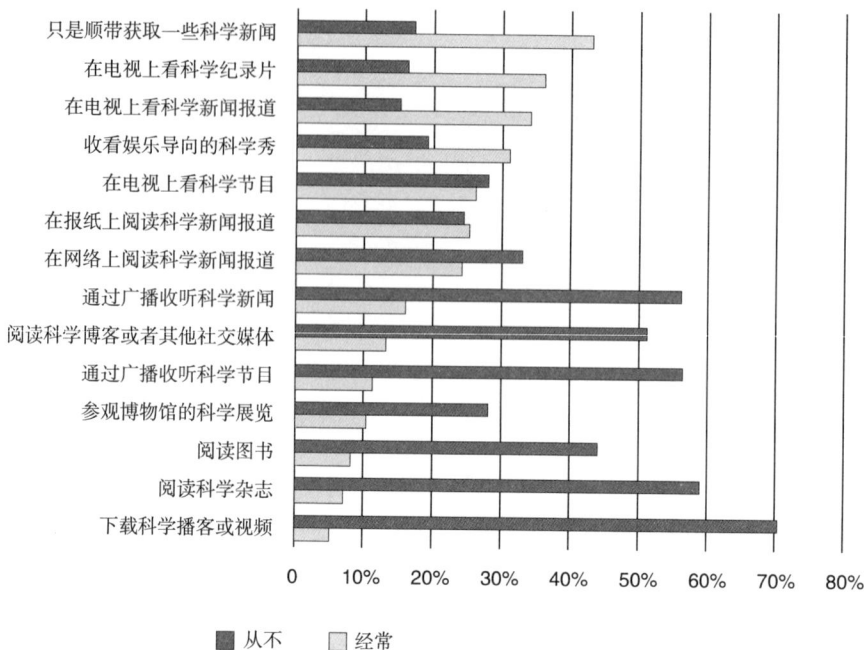

图 10.3 澳大利亚最受欢迎的获取科学信息的媒体

鉴于美国国家科学委员会（National Science Board）在 2016 年的研究发现 45% 以上的美国人会从互联网上获取有关科学和技术的新闻，所以理解这一点就很重要。当我们说"互联网"这个词的时候，需要小心一些，不能把社交媒体与新闻机构（包括电视）的网站和具体的科学新闻站点混淆。并且我们还要注意不能把积极地搜索科学新闻的行为（就像那些对科学有较高兴趣的人所做的那样，并且有越来越多的人在网络上这么做）与消极地得到科学新闻（就像广大民众更有可能做的那样）相混淆。

另外一项由澳大利亚卫生部所承担的研究发现，电视是最受信任的科学信息来源，尤其是纪录片。随后依次是朋友和家庭成员，以及维基百科。社交媒体和脸书在信息和信任方面的得分都非常低。

有趣的是，当把媒体使用与信任关联起来时，数据表明没有几个媒体存在这种密切的相关性（见图 10.4）。比如：

- 广播、朋友和家庭成员或网络故事所提供的新闻有低使用率和高信任度。
- 电视时事节目有高使用率低信任度。
- 包括脸书在内的社交媒体和对讲电台有高使用率低信任度。

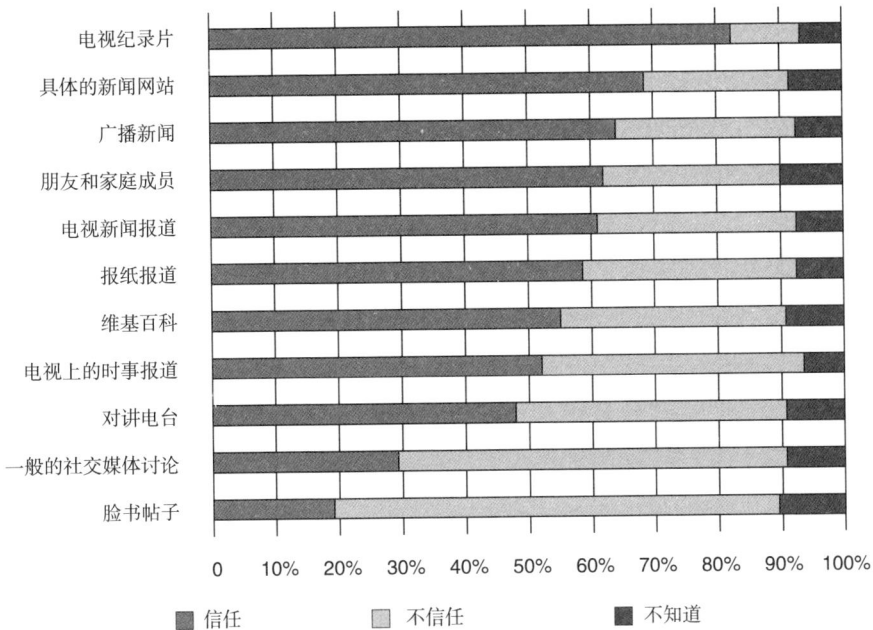

| | 信任 | 不信任 | 不知道 |

图 10.4 澳大利亚最受信任的信息来源

真实性 6: 媒体成为意识形态的回音室

媒体确实成为意识形态的回音室。但说老实话，它什么时候不是回音室呢？体制内媒体一直支持体制，激进的媒体一直支持激进的观点，公共媒体支持共同体主义的意识形态，不一直都是这样吗？

只不过如今更加明显了而已，因为我们从任何单一的媒体来源（这可能是我们最后一次看到街头公告员了）转向了可以从广泛的媒体中进行选择，以至于我们可以轻易地选择与我们的偏好和意识形态最一致的那些媒体。

社交媒体随之带来了很多影响——它对主流媒体的重要影响之一就是极大地加快了新闻周期。这让分析和辩论的空间变得更少了，从而使媒体从一种相对可信任的信息来源变成了另外一台过滤机器——争相提供我们赞成的新闻。

真实性 7: 科学家和媒体的关系一直不太好

你一定听过这种说法很多遍了，就像你有很多机会听一个喝醉了的记者抱怨科学家一样，你也有很多机会（可能甚至在同一个场合）听一个喝多了的科学家抱怨媒体和记者。不过，对 5 个国家的 1354 名生物医学研究人员的研究发现，他们在很大程度上与媒体存在着积极的互动。

在美国、日本、德国、英国和法国开展的一项研究发现，大约 70% 的受访者在过去三年里与媒体有过互动，75% 的受访者认为他们与媒体的接触总体上感觉不错，只有极少的一部分受访者（3%）认为他们与媒体的接触总体上是消极的。

真实性 8：媒体总是喜欢对公认的说法做出稍许的反抗

这种观点对，也不对。媒体当然喜欢好的大卫对战歌莉娅的故事。它讲述了一个无足轻重的小人物为了证明一个没人相信为真的理论，直面保守派！在这方面，诺贝尔奖得主巴里·马歇尔（Barry Marshall）的事迹是我最喜欢的一个例子。当他说胃溃疡是由消化道的细菌而非压力引起的时候，人们把他的话当作狗屎（你知道我要说什么）。但是他让自己得了胃溃疡，然后用抗生素治愈了。这太让人欢呼雀跃了，媒体爱死这个故事了！

当然，并非每次用反对的声音去反抗都被证明是正确的。通常情况是，同行并不认同的单枪匹马的科学怪人（crackpot scientist）实际上就是一个科学怪人。他们的同行不认同他们的理由非常充分，因为他们自我推销的治愈癌症、转基因作物的危险、在沙漠降雨、纳米技术的威胁的理念都不能得到任何实在证据的支持。

没错，媒体确实喜欢大卫对战歌莉娅的故事，并且如果你是持不同意见的一方，你的故事就非常容易得到媒体的报道。合理又有效地展现出为何不同的声音没有得到大多数研究人员的认同也是非常容易的，但是你必须采取一种让你看起来不像歌莉娅一样盛气凌人的方式。如果你尝试着审查一种孤独的呼声，那么看起来就好像是在责难一个小人物。安德鲁·维克菲尔德（Andrew Wakefield）有关麻风腮三联疫苗导致自闭症的发现迅速地陷入大卫对战歌莉娅的叙事中，并且他起初得到媒体的同情远远超过了这个故事所应得的。

根据英国科学媒介中心的观点，对于"持异见者"的研究是被赞美了、被谴责了还是被忽视了来说，科学和媒体共同体处理的方式是至关重要的。所以更加有效的做法是设置一个框架把他们囊括其中，以移除某人的劣势或"大卫"的地位。然后你再以同行者而非反对者的身份来审查他们的工作。

真实性 9：让科学故事出现在媒体中变得困难了

这个观点对，也不对。对三个美国主流电视网络（美国广播公司、哥伦比亚广播公司、国家广播公司）的科学新闻内容进行的一项研究发现，2013—2014年科学新闻只占到晚间新闻的大约 2%。在很多国家存在着一种趋势，所有类型主流媒体的专业科学记者数量正在下降。如今，当对一个科学故事进行报道时，它通常会分配给一个具有政治或环境这类背景的记者，他们会通过政治或环境框架来报道这个故事。

但是如果你能给你的科学故事提供一个与媒体上所报道的东西相一致的政治、社会或其他框架，那意味着更有可能让它得到报道。

如果进化论教会了我们什么，那就应该是我们需要适应变化并且预见到未来的变化。

真实性 10：在媒体上走红可能会损害你的科学职业生涯

从前，显然有证据支持这种看法。卡尔·萨根通常会被拿出来当作一个例子，哈佛大学将他在媒体上的声望看成分散了他的科学严肃性，所以拒绝给他终身教职，他也在申请成为美国科学院院士的过程中被"吹了黑哨"（你知道我的意思）。现在的情况不再如此了，大多数主要的科学机构和协会包括澳大利亚科学院（Australian Academy of Science）、英国皇家学会（The Royal Society）、美国科学院（American Academy of Sciences）和美国科学促进会（American Association for the Advancement of Science）都在积极地鼓励科学家更多地与公众和媒体进行接触。

真实性中的一个主题？

这就不得不让我对有关媒体的真实性的陈述发表一下看法了。没错，这其中可能有一些真理——有时候还很多——但是对我们上述探讨过的几点来说，你实际上有能力决定它们是对还是错。毕竟，与媒体打交道是一种双向的关系，你确实具备影响那种关系该如何展开的某些职责。

在"对话网"（The Conversation）上发表的一篇评论文章中，4 名美国研究人员——乔舒亚·康拉德·杰克逊（Joshua Conrad Jackson）、伊恩·马哈尔（Ian Mahar）、迈克尔·高尔托斯（Michael Gaultois）和嘉安·埃托萨尔（Jaan Altosaar）认为，更多地进入媒体之中是所有科学家的责任，这成为越来越多的科学家和科学传播者所倡导的事。

研究人员认为，如果在网络上搜索一个对我们的存在来说至关重要的问题的科学解答，比如"我该怎么减肥？"你非常有可能会遇到一个并不是以科学为基础的长长的建议名单。有些解答甚至可能会提到"科学研究发现……"，但是它根本没有阐明谁做了这个研究。

但是获得好的科学是非常困难的，因为它往往隐藏在专业术语和付费墙之后。（不好意思，科学男孩和女孩们，如果你的研究被锁在了付费墙之后，那你实际上就是这个问题的一部分，而非解决方案的一部分！）

他们认为通过开发传播科学知识的新方式，就有可能有助于阻止不精确的和过分夸大的故事受到追捧：

> 因为近期的研究，我们知道了没有证据表明转基因蔬菜是不安全的，少吃肉是积极地改善环境的一种简单方式。这些都是重要的信息，当人们不听或不看这些信息时，就会产生严重的后果，被误导的反对免疫接种的运动就会出现，近乎灭绝的疾病就会卷土重来。

他们认为，所有科学家的个体责任不是去容忍那些报道了骇人听闻的科学主张的媒体，而是让科学家的研究可以既精确又负责任地在像《科学新闻》（Science News）、问答平台（Quora）、红迪网（Reddit）、科学家答（AskScience）和对话网这样的媒体上被人们自由地获取到。

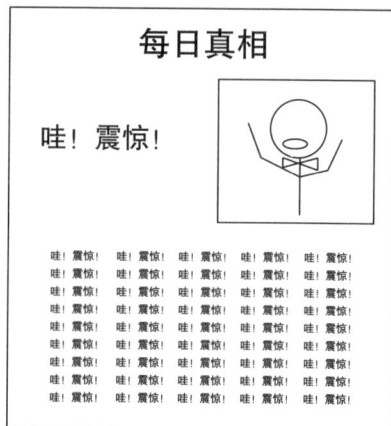

每日真相

哇！震惊！

当然，接下来的挑战会是让更多的人发现并定期地阅读这些媒体上的内容。作为那些平台的替代，仍然存在着跟主流媒体打交道的需求，并且处理它们通常对抓眼球的标题的偏好以及对 5W（谁，什么，为何，何处与何时）式新闻的遵守。

与媒体打交道需要一些技巧和培训。

与媒体打交道的指南

英国的社会问题研究中心（Social Issues Research Centre）整理了一个科学家与媒体进行沟通交流的优秀指南，旨在鼓励科学研究上有效的参与和对话。它认为，当科学家试图对有关他们研究的新闻进行扩散时，理解媒体的作用，以及媒体获得广告或受众的重要性至关重要。这个指南提供了一系列要点，总结如下。

为什么还要跟记者交流?

一个常见的误解是，媒体是科学共同体的"敌人"，媒体总是找机会批评研究人员的工作，并且让科学家对我们当下的很多社会弊病负责。不过，实际上这是少数派的意见。更普遍的共识是，媒体在向公众传播科学中发挥了重要作用，对于更广泛的对话和参与过程是至关重要的。

读报纸，看电视!

留意一下科学或你所属领域的科学在媒体中是如何报道的，是谁在报道这些故事。被凸显的主要议题和辩论的领域是什么? 科学家被描绘成了存在分歧的吗? 毕竟，当记者对此前的报道中已经提及的研究领域提出问题时，我们没有任何正当理由对此感到惊讶。

了解记者和新闻界。

不同的国家、媒体和记者会让新闻的风格存在极大的差异。留意这些差异，以便你可以好好利用它们，而非让它们使你处于不利地位。

利用你的新闻办公室或参加媒体课程和交流项目。

就像科学家因为了解他们所从事的科学而被聘用一样，媒体办公室聘用专业人士，因为他们了解媒体。

如果想更多地了解科学，你就要去学习科学。所以如果你想更多地了解媒体，也要去学习它。你能够发现很多短期、中期和长期课程。

你还可以在当地的科学媒介中心找到媒体培训课程。

我的研究现状是什么？

如果你的研究已经发表在了同行评议的期刊上，就要讲清楚。不要指望记者像你的同行一样，对发表在同行评议期刊上的成果印象深刻。

新闻需要的东西是新的。

什么是新的？

这是一个大问题。虽然存在着一种自然的倾向，科学家会强调他们的研究发现的新颖性，但是记者更有兴趣的是对他们来说有什么创新之处。在一个新闻故事中，一项为期 5 年的研究项目的成果有时与即兴的评论同等重要。

情境中的风险

我们在第 18 章会看到，因为风险的公众认知与风险的科学观点不同，把风险置于情境之中是非常重要的。如果正在跟你交流的记者或广播员不清楚你的工作的影响，被公众误解的可能性就会急剧上升。更为严重的是，有关风险的想法是一个好的媒体故事，所以你需要确保记者不会脱离情境过分地强调风险。

把风险置于情境之中的一个好方式就是与人们可能更熟悉的现存风险进行对比。

一个研究人员给出的与媒体打交道的建议

英国的研究人员兼博主埃米莉·波特（Emily Porter）承担了英国生物技术与生物科学研究委员会（Biotechnology and Biological Sciences Research Council）的一个媒体培训工作坊，她把自己学到的排名前五的教训描述为：

准备。开口说话之前先三思。如果你的大学或研究所提供媒体培训，就报名参加，如果不提供，就去找一个媒体课程。

结构。如果你要写一篇媒体通稿，要在第一段就满足 5W 的要求。

语言。用广大受众能理解的词语，避免专业术语。

分享。社交媒体并不可怕。如果你在推特上没有上百万粉丝，也不要担心，发推特给那些有众多粉丝的研究人员，他们可能会为你转发。

个性。在进行采访时要显得兴致勃勃，在撰写博客时也要富有生气。

写一篇优秀的媒体通稿

任何一本有关传播的书都会有一部分讲如何写一篇媒体通稿。所以接下来就是讲如何写一篇优秀的媒体通稿了。

首先我们需要考虑媒体通稿的作用在近年来变化了多少。近来，媒体通稿发布的方式可以是推特、脸书，或者只是发布文本信息。媒介不再是首选了，信息才是首选。

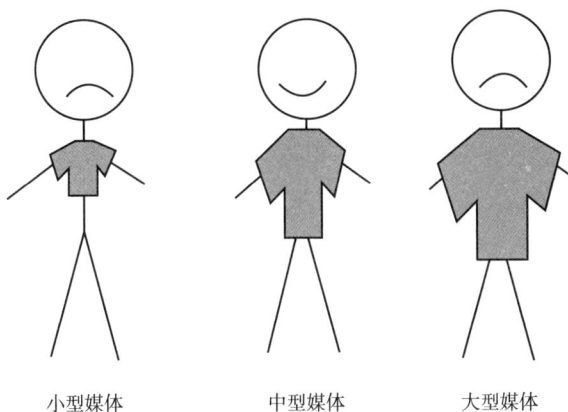

小型媒体　　　　　中型媒体　　　　　大型媒体

找到恰当媒介的重要性无论怎么强调都不为过

美国国家航空航天局（National Aeronautics and Space Administration，NASA）和欧洲空间局（European Space Agency）制定了一套媒体通稿指南，可以与你能找到的任何相关的指南相媲美。指南认为：

> 极为重要的是，始终对一篇媒体通稿的风格、层次和内容进行专门定制；以适应媒体的需求，而不是那些也可以获取到这篇通稿的次要目标群体，比如政客和利益群体。

媒体通稿应该满足三方面的主要目标：

* 增加对科学和科学工作过程的认知。
* 增加对组织的认知。
* 增加对具体科学项目、仪器或使命的认知。

通稿有三种类型：

- 聚焦于一个或更多的科学发现的新闻通稿。
- 发布有"精美图片"但没有重大科学发现的照片。
- 视频发布，旨在用于广播电视或网站的一种视频格式。

　　你的故事应该及时、相关、涉及当地的利益，有很强的启示，并且解决某些正在进行的辩论或阴谋，还应该有人情味，对重大科学有新的或有趣的角度，以及有漂亮的图片。

　　图片、插图和视觉设计是成功的科学传播的关键要素，没有好的视觉效果，讲清楚你的故事的可能性就会削弱，尤其是在注意力时间持续下降的时代。

科学媒介中心

　　美国、澳大利亚、英国和新西兰都有科学媒介中心，在衔接科学家和媒体方面，它们做了非常棒的工作，也是值得你去探究的。

　　一般提供4方面的关键服务：

- 对媒体采访专家、获取背景信息或数据以及分析突发新闻故事的需求快速反应。
- 发布简报和提醒，以便让记者跟上突发科学技术新闻及发现的速度。
- 提供有关重要科学和工程话题的资源，包括事实清单、议题简报和报告。
- 培训科学家、工程师和健康专家，以让他们用满足记者需求的方式来给记者提供所需的事实和评论。

有用的传播和媒体资源

- 信使：欧洲的媒体、科学与社会、参与和治理 http://www.sirc.org/messenger/messenger_materials.html。
- 传播欧盟的研究和创新 http://ec.europa.eu/research/participants/data/ref/fp7/146012/communicating-research_en.pdf。
- 《科学家传播能力指南》https://publications.europa.eu/en/publication-detail/-/publication/1117e636-c60e-4241-9c1e-9aaaef5a59bd/language-en。
- 精通科学媒介，为科学家同传统媒体和社交媒体打交道提供技巧的免费培训资源 www.sciencemediasavvy.org。
- 为意欲从事传播的新闻发言人和科学家提供切实可行的建议 https://www.eiroforum.org/wp-content/uploads/200511_tips-press-officers-

sciencecommunicators.pdf。

- 哈勃太空望远镜欧洲主页上可以获得的美国国家航空航天局 / 欧洲航天局为科学家提供的媒体通稿指南 http://www.spacetelescope.org/about_us/heic/scientist_guidelines.html (Source: http://www.sirc.org/messenger/)。

还要增加的是有关一般意义上的科学写作的一些规范性建议。

1. **充分准备**：了解你的故事（基于 6 个黄金问题：什么？何时？何处？谁？为何？如何？）。

2. **做你自己的研究**：就这个话题翻阅当前的科学文献，并在网络上查询一下有关信息。

3. **为你的想法设计结构**：就这个话题进行头脑风暴，以帮助你选择角度。

4. **简化**：让问题越简单越好。如今人们只是没有时间看长篇大论的解释。

5. **解释**：必要时务必进行解释，尤其是缩略语和科学术语。

6. **编辑**：重写和编辑文本总能提升质量。

7. **利用你的软件**：用文字处理软件包对拼写和语法进行检查会让这变得比较容易，但是别忘了拼错的词实际上可能是另外一个词（比如英文中的 bowl 和 bowel，prostate 和 prostrate，以及 public 和 pubic！）。

永远不要忘了图 10.5 中好的倒金字塔模式。去掉摘要，然后把整篇文章的结构倒过来。不是从方法等开始，而是要从最重要的事情开始——你发现了什么，然后依次补充最重要的事情。

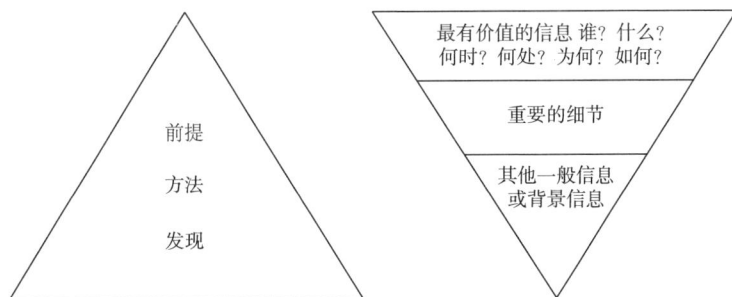

图 10.5 倒金字塔结构（左侧是科学家通常建构一个故事的方式，右侧则是媒体建构一个故事的方式）

最后一个重要的叮嘱：误解媒体报道的影响

获得媒体关注实际上并不是最终的结局——抵达你的受众才是。测量你获得了多少媒体报道，这实际上并不是测量你努力触及的受众看了多少你的文章或采访，或者受到了影响，这两者非常容易混淆。

让一个重大的故事获得媒体报道并不像你想象的那样好，如果它实际上只是被装在笼子里的鹦鹉们看到了，那它实际上没什么用（很多人会把报纸垫在鹦鹉笼子的底部，除非鹦鹉在上面拉屎了，否则没有人会注意到它）。

根据 2018 年埃德尔曼信任度晴雨表的数据显示，非常多的人通过技术平台获取新闻，我们知道技术平台通常是使信念等同于真理的自我指向的回音室。这就让机构喜欢媒体发挥它们的传统作用变得更加困难，而且还产生了很多困惑，被调查的人中有 63% 认为，普通人不知道如何区分好的新闻和谣言或谎言。

不过他们确实提供了一种解决方案。他们认为，在现代世界中，仅有内容是不够的。如今新闻必须对算法进行定制，因为算法主导着信息的流通，为此，它还必须契合目标，以便可以容易地被那 1/4 的人分享，这个人群的数量会扩大。埃德尔曼的史蒂夫·鲁贝尔（Steve Rubel）把这种信息描述为个性的、可视的和非正式的。

案例：正确地做好媒体通稿的一个警世故事

2017 年，前沿生物医学研究专家莎莉·邓伍迪（Sally Dunwoodie）教授及其团队做好了准备，她们要发布一项重大医学发现的成果。通过对小鼠进行试验，她们发现，如果怀孕的小鼠被剥夺了维生素 B_3 的摄入，或者说叶酸，那么它们更有可能会生产出有缺陷的小鼠以及出现习惯性流产。但如果在饮食中加入叶酸，这一缺陷就会下降。

她们知道自己发现了一些重要的东西，并且研究论文已经被著名的《新英格兰医学期刊》（New England Journal of Medicine）接收了。

他们就职于位于悉尼的张任谦心脏研究所（Victor Chang Cardiac Research Institute），为更好地宣传这个故事以及该研究所的工作，该研究所做了常规化的工作，发布了一篇媒体通稿。2017 年 8 月，《新英格兰医学期刊》发表了她们的论文，同一天该研究所也发布了这篇通稿，其标题是《有望在全球范围内预防流产和出生缺陷的历史性发现》（Historic discovery promises to prevent miscarriages and birth defects globally）。

研究所的执行主任鲍勃·格雷厄姆和研究所的委员及邓伍迪教授都在通稿上签了字。通稿明确地指出维生素 B$_3$ 可以"治愈导致流产和出生缺陷的分子缺陷。"通稿还指出："每年全球有 790 万名婴儿存在出生缺陷，同时澳大利亚每 4 个孕妇就有一个会出现流产。在绝大多数情况下，其起因截至目前仍然是个谜。"

全球的媒体争相报道这个故事，莎莉·邓伍迪不仅出现在了 BBC 的直播上，美国、印度、中国、英国和德国的电话也打到了她的研究所。这真是一个很精彩的故事。

到目前为止，一切进展顺利。

紧接着事情出现了反转。在媒体中被引述的另外一个医学研究人员对这个发现提出了质疑，并且将这种通告贴上了"有害"的标签。

出什么事了吗？

实际上，受到质疑的并不是这个研究，而是这个通稿。比如，它起初在某个部分写道，"利用一个临床前模型"——后来被改成了"利用一个临床前老鼠模型。"实际上，在最初的通稿中并没有提及老鼠。

后来发现，她们这样做的原因是担心动物保护团体感到不安，然而，她们却让医学和科学共同体不安了。

很多人认为这个主张被不合理地夸大了，因为尚未开展任何的人类临床试验。

对于这个研究所来说，从这件事中学到的惨痛教训就是，夸大宣传一个故事可能是双刃剑——它会给你带来更多的报道，但是也会带来认为你在误导公众的指控。

《澳大利亚医学期刊》（*The Medical Journal of Australia*）的编辑对最终的判断进行了总结，认为这项科学研究是没有瑕疵的，但是对它进行兜售的方式则言过其实了。

有用的和没用的评论

有时候，记者或科学记者可能会联系你，征求你对其他人开展的研究的看法。科学记者埃德·杨（Ed Young）提供了一个简要清单，列出了在试图征求评论时他认为有用的和不那么有用的评论。

有用的包括：

- 评论一项研究的优势和弱点，以及它是否发现了某些确实是新的东西。
- 对研究提供你的反馈。

- 谈论这与之前的研究如何相符，其他人是否也发现了类似的东西。
- 使用简单的语言。

没用的包括：

- 总结论文说了什么，因为这在摘要中已经提供了。
- 利用像"有意思"这样的形容词。
- 说"这个研究很有意思但是需要做更多的工作"。——这是最平庸的引述了。
- 玩弄有关出版物或引用文献的权术，谈论它为何在某处发表，以及引述和没引述谁的成果。

应对策略

下次你写媒体通稿或者接受媒体采访时，要做点研究。要知道什么信息最有可能适合于特定的媒体和受众。

如果你不确定，就要去寻求专业建议。有很多人花费了数年时间来研究媒体关系或者从事媒体关系的工作，或者他们在生活中的角色就是让你和你的信息变得对媒体友好。

努力做到及时。如英国科学媒介中心的主任菲奥娜·福克斯（Fiona Fox）指出的，"科学家追求知识的动力来自对真理的探求和对证据及精确性的尊重，这种探求和尊重与突发新闻时对媒体的需求相去甚远……"（即便如此，她补充说，正是因为这种诚实正直和对证据的尊重，她才希望公众倾听专家的意见和建议。）有时候，你需要毫无准备地进入媒体之中，但是要用在求职面试中所用到的那种很棒的答案来武装自己，"我不知道你这个问题的确切答案，但是我有信心知道我可以在哪找到这个答案。"

同样，把每次与媒体的接触都视为一次扩大未来战果的练习。

要点

- 媒体景观是复杂的，会快速地变化。
- 主流媒体和新媒体之间存在着复杂的关系，二者的影响通常会被夸大。
- 了解媒体如何运作，会增加你的故事被媒体报道的可能性。
- 不要在混淆媒体报道的舆论影响上犯错误。

第 11 章

成为社交媒体明星

"社交媒体显然把我们都逼疯了。这是一个没人报名的心理实验，我
们都在其中，我们每个人都必须把自我意识的内容管理得比过去更
加仔细一点。"

——山姆·哈里斯，神经科学家

给社交媒体写任何东西都是一种冒险的主张，因为它会迅速地过时。但我们
可以看看我们知道些什么，并且做一些大胆的预测。围绕着社交媒体或新媒体出
现了一种变化，这不仅是信息的变化，而且在对媒介的信任水平上也出现了极化。
像剑桥分析公司（Cambridge Analytical）丑闻这样的事件（一个为特朗普总统竞
选活动服务的私人公司被授予了获取大约 8700 万脸书用户数据的权限）已经削
弱了公众对脸书的信任，但这只是众多案例中的一个。

在线代理机构之间对合法性的斗争使人们认为诸如《纽约时报》这样的媒体
和像布赖特巴特新闻网（Breitbart）这样的网站是等价的。但这只对一些人来说
是如此。

人们越来越担心社交媒体促进了反科学思想的繁盛，通过网络算法持续地为
你提供有关自闭症、癌症疗法、气候变化、外星人入侵等同样错误的信息或可疑
的科学——它通过同样的方式让你只看到支持你政治意识形态的东西。但这只对
一些人来说是如此。

人们担心社交媒体无差别的待遇以及不对事实进行核查，以至于可以给予一
个仍然与母亲同住的 22 岁的阴谋论者与有着 30 年经验的教授同等的地位。但这
只对一些人来说是如此。

也有人担心把任何复杂的信息缩短到推特所要求的 280 个字符会带来普遍的

弱智化——在推文中看到的政策政治（你知道我说的是谁！），这也削弱了科学信息的复杂性。但这只对一些人来说是如此。

科学家和科学传播者仍然把社交媒体视为困难又危险的领域，并且只是涉足了它的边缘，并因而认为这样已经足够了。但这只是一些人的看法。

也有阅读了这个章节的人会说："没错，但是我已经知道了比这还多的东西，我不需要这种基本层次的信息。"但这只是一些人的看法。（无论如何，读一读就知道了）。

社交媒体会改变大脑吗？

神经科学家兼英国上议院成员、苏珊·格林菲尔德、男爵夫人认为数字技术实际上正在改变我们的大脑。她说，更多地回应快节奏的信息正在改变年轻人缺省的意识设置，从而增加了现存的数字鸿沟。我们已经很清楚的是：

- 数字原住民——天生就会使用和理解数字技术。
- 把数字作为第二种语言的人——他们习得了对数字技术的理解（但让我们开诚布公，带着口音来谈论这个事情）。
- 数字移民——和数字技术对抗，或者跟上它的步伐。
- 数字机能失调者——只是不懂数字技术并永远不会使用的人。

总的趋势是，一个人越年轻，他在上述4类人中的位置就越高，他越年长，那么在这4类人中垫底的可能性就越大——这恰恰映射了组织的一般管理结构，这使一项数字参与战略难以在各个层面上都发挥作用。

这可能就像试图给执着于听写和打字的组织引入计算机所面临的挑战一样困难，最后的结局只能是很多高级经理用一个手指指向备忘录并且惊叹于这种新奇怪异的技术曾经如何被认为更有效。

谁在用社交媒体？

科学家或科学传播者把脚趾头伸到了社交媒体这个池塘的什么地方了？了解更多的科学家会用推特而不是脸书来分享他们的科学成果，可能会对你有所帮助。但是如果你想接触到公众，你需要意识到他们正在用什么平台。

根据皮尤研究中心2018年的一项调查显示，在美国最受欢迎的社交媒体形式是油管（73%），其次是脸书（68%）。但当你根据用户的年龄来考察对新媒体的使用，你会看到更年轻的人会坚持使用油管，并正在放弃脸书（见图 11.1、图 11.2）。有些人把这归结为他们觉得老一辈入侵了脸书，并让它变得很无聊，但也有一些真实的例子，他们对"脸书上发生的事情继续留在脸书上来解决"的问题很难为情，同时像阅后即焚这样的其他媒介不会储存会员的照片。

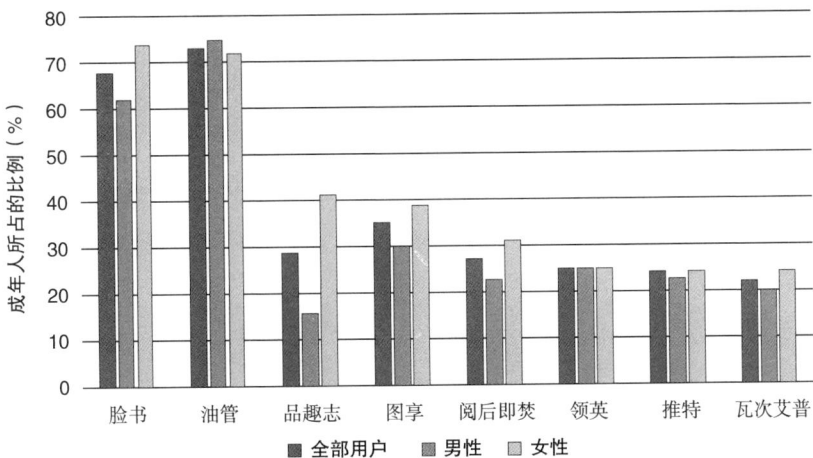

图 11.1　按美国人的性别分类的社交媒体使用情况

年轻人，尤其是年龄在 18~24 岁的人喜欢使用阅后即焚（78%），很多人每天会打开它好几次。使用图享（Instagram）的人稍微少一些（71%），几乎一半的人（45%）是推特（Twitter）用户。但对于年轻人来说，最大的平台是油管（94%）。

皮尤研究中心还发现了在社交媒体使用方面存在着一些有趣的性别和种族差异：

- 女性（41%）要比男性（16%）更喜欢品趣志（Pinterest）①。
- 领英（LinkedIn）在大学生和高收入家庭中更受欢迎（在有大学学历的美国人中，50%左右会使用领英，只有高中文凭或更低学历的人使用领英的比例仅为9%）。
- 瓦茨艾普（WhatsApp）在拉美和东南亚比较流行（它往往也延伸到了那些移民社区中）。

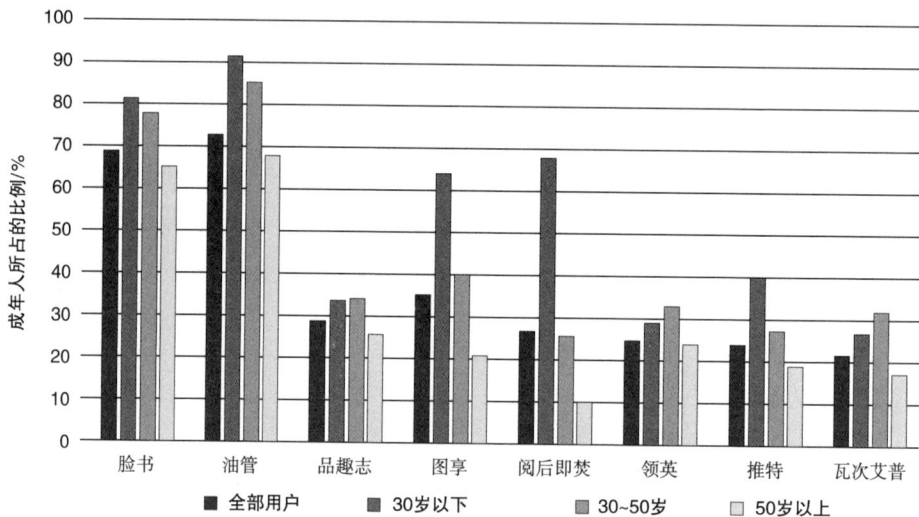

图 11.2　按美国人的年龄分类的社交媒体使用情况

图 11.3　2018 年全球的数字渗透率

---

① 品趣志采用的是瀑布流的形式展现图片内容，无须用户翻页，新的图片不断自动加载在页面底端，让用户不断地发现新的图片。品趣志堪称图片版的推特，网民可以将感兴趣的图片在品趣志保存，其他网友可以关注，也可以转发图片。——译者注

- 大约 60% 的澳大利亚人是脸书的活跃用户，全国大约有一半的人每天会登录一次脸书。从年龄上看，使用最多的用户处于 25~39 岁。

- 大约 60% 的人至少每月会看一次油管视频。

- 第三大流行平台是图享，大约有 37% 的人会使用它，然后是瓦茨艾普（20%）。

- 领英和阅后即焚的用户比例都在 20% 以下。

至于科学家自身，数据差异非常大，但包括下列的数字：
- 77% 的生命科学家参与了某种类型的社交媒体。

- 50% 的科学家认为博客、讨论组、在线社区和社交网络有益于与同事交流看法。

- 定期地使用领英，脸书和推特的科学家比例分别为 41%、38% 和 13%——尽管如前所述，推特在分享科学信息方面更受欢迎。

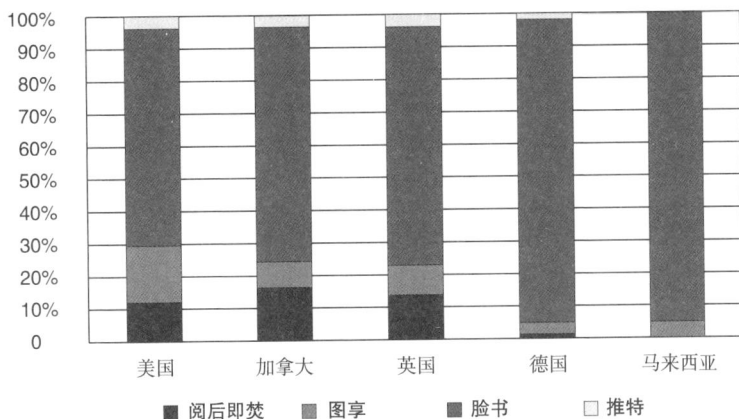

图 11.4 不同国家的人在不同社交媒体上所用的时间

问题总是他们，不是我们

也许对于科学家和科学传播者来说，最让人担忧的事并不是一个组织内能不能很好地使用数字技术，而是数字技术在组织之外是如何被使用的。

新西兰非常具有表达力的前首席科学家彼得·葛拉克曼（Peter Gluckman）爵士认为，知识的开放获取致使很多人认为不再需要专家对信息进行阐释了。然而，随着谷歌成为最普遍的"事实"的来源，在没有专家阐释的情况下，没有办法知道什么是可靠的或不可靠的。

我妻子把她中国血统的亲属在瓦茨艾普上传递的各种有关癌症疗法和癌症起因的疯狂故事都传给了我，[①] 例如在热带的昆士兰的植物中可以获取到治愈癌症的神奇浆果。我说："对，没错，当然我会看看这篇文章。"（你能理解我的口吻，对吧？）当我确实看了这篇文章时，我发现它是由一个大学发布的，而不是由某些狡诈的私人诊所瞎编乱造的。这让我陷入了沉思，当然，我可以说出内容中的差异，因为在我看那个信息之前，我坚持认为我得到那个信息的媒介是与我的偏见相符的。但是有多少人会被这个媒介上的信息所左右呢？

史蒂文·斯洛曼（Steve Sloman）和菲利普·费恩巴赫（Philip Fernbach）在他们的图书《知识的错觉》（*The Knowledge Illusion*）中指出了同侪群体在生产共同性知识中的重要性。但如果同侪群体在很大程度上是通过我们的社交网络形成的，并且对他们观点的相似性进行自我选择，那么它会驱动辩论以让双方都变得极端化，而非形成任何意义上的折衷和共识。就像科学传播专家迪特拉姆·舍弗勒认为的那样：

> 鉴于只有16%的美国公众在调查中说他们"非常紧密地"跟踪有关科学的新闻（低于1998年的22%），新兴媒体格局进一步针对这些流行偏好，而不是公民做出合理政策选择所需的（科学）内容定制搜索项和新闻，这有些令人不安。

说实话，这就是我们生活于斯与工作于斯的环境，如果我们不能轻易地改变它，那么我们就需要寻找工作于斯的方式，而非谴责它。

利用社交媒体的好处

社交媒体工具为科学家提供了一种提升他们职业形象以及充当科学的公共声音的强有力方式。科学家越来越多地使用社交媒体来共享他们的期刊文章，宣传他们的思想和科学观点，发布各种会议的最新消息，以及传播职业发展的机会和即将到来的事件的信息。因而，在网上没有存在感会严重地限制一个研究人员的

---

① 作者的妻子是中国人。——译者注

可见性。人们推荐了你可以从中获益的一些关键策略，包括 8 点：

- **建一个专业网站**

  所有的研究人员和科学传播者至少都应该建一个可以通过简单的网络搜索就能找到的个人网站，罗列他们的具体研究项目和专业知识领域。

  用社交媒体账号作为你的网站的补充（如推特和领英上的资料），这会帮助你更多地出现在网络搜索结果之中。

- **定位相关的网络对话**

  找到有共同兴趣的人，并且跟踪他们跟踪的社交媒体。你可以在不参与网络对话的情况下去阅读这些对话以了解不同社交媒体平台的基本礼仪。

- **在网络信息的洪流中穿行**

  不要沉溺其中。利用多种社交媒体工具和相关的网站或应用程序来管理网络账户。虽然广受欢迎的内容通常会大量地被转发和分享，但是最重要的文章和对话通常会在某一刻出现在你的面前。不要害怕寻求帮助，有很多非常愿意且渴望为新手提供帮助的友好又完善的社区。

- **与多元的参与者进行互动**

  为了有效，你需要与网络上的受众进行互动，但是不要只与你喜欢的那些人互动。对你自己职业领域之外的新的讨论保持开放的心态。

- **触及你的受众**

  在线科学传播渠道可能只能触及那些有兴趣在网络上讨论科学的人。不要指望用大众媒体发挥作用的那种方式来触及到人。

- **利用网络工具改善你的研究效能**

  网络社区对于细微的话题尤其有用，社区成员可能拥有可以给你提供帮助的专业技能或知识。

- **利用网络可见性来帮你追踪和改善科学的度量指标**

  有大量的证据表明，在网络上非常活跃会直接影响一个研究人员的资历，因为这是通过传统的度量指标衡量的。英国研究人员梅丽莎·特拉斯（Melissa Terras）认为，对她自己的论文发推特或博文会让她文章的下载量达到峰值。在推特上发布期刊论文的相关消息可能让该论文获得更高的引用次数，是没有大量社交媒体报道的期刊论文的 11 倍左右。

- 加强专业网络

在推特或脸书上的对话可以充当在会议上遇到其他科学家时的非正式的介绍。

改善与公众的传播

举例来说，旨在改变对科学和科学家自身的认知的两个项目近来在网络科学世界中像病毒一样传播开来，那就是"#iamscience 话题标签"和"科学家看起来就像这样（This is What a Scientist Looks Like）"。这些举措都是为了提升科学家的形象，驱散刻板印象，以及强调绝大多数科学家所追寻的非常规的职业道路。

理解网络工具

为帮助科学家理解如何最好地利用网络平台，美国研究人员霍利·毕克（Holly Bik）和米利安·戈德斯坦（Miriam Goldstein）对最常见的工具以及如何使用它们提供了一个快速的参考指南。

博客。博客是网络日志的简称，是传统的、长格式的网络叙事。WordPress (http://wordpress.com) 和 Blogger (http://blogger.com) 是两个最受欢迎的提供免费博客的站点。如果你没有能力定期发表博文，最好申请在一个已有受众的成熟的博客站点上撰写客座博文。

简易信息聚合服务（Rssfeeds）。简易信息聚合服务是让用户在不进行网络搜索的情况下就可以自动浏览博客或网页更新的一种统一资源定位器，或者网页地址。像订阅服务(Bloglines)或资讯阅读器(Feedly)这样的简易信息聚合（丰富的站点摘要）聚合器是跟踪新的和相关内容的一种简单方式。

推特。推特是一个非常流行的社交网络站点，内容限定在 280 个字符。推特对于此时此刻的对话、定制新闻流以及建立和维持社区都是有用的。话题标签可以让用户跟踪与一个特定事件有关的所有推文，比如，像 #asm2018 这样的标签。

脸书。脸书是最广为使用的社交媒体站点。有些人把它用作职业上获取和发布科学相关内容的站点，有些人喜欢只把它作为获取和发布个人内容的站点。

汤博乐（Tumblr）。汤博乐是一个轻博客站点，可以非常容易和快速地发布任何形式的媒体内容。与长篇的叙事相反，用户可以发布照片、视频或简短的引述。

品趣志（Pinterest）。品趣志是只发布照片的轻博客站点，用户可以界定他们的主题（如食物或科学）。

故事化（Storify）。故事化是可以处理你的推文、视频、博文和其他媒体的应用程序。例如，如果有一个小组讨论会或学术研讨会，可以创建一个包括来自受众的现场推文，讨论会成员的视频，他们出版物的链接、网站和社交媒体档案的一个故事化。

链接社群。掘客网（Digg）、网站内容推荐服务引擎（StumbleUpon）、问题解答网站（MetaFilter）和其他工具是给订阅用户推荐新的有趣内容的内容聚合站点。

如果做，就要做得更好

路易斯安那州立大学科学学院的佩吉·布朗·贾雷乌（Paige Brown Jarreau）就成功地使用社交媒体推荐了几个关键技巧。它们包括：

- 追踪你想要触及的人。
- 首先要对谁是你的目标受众有清晰的看法。
- 搜索你的目标受众可能会用的话题标签。根据关键词和内容来找到并追踪特定的社交媒体用户。
- 为你的目标受众创立推特列表。
- 为你想要触及的人生产原创、有价值且吸引人的内容。
- 与你想要触及的人进行交流。

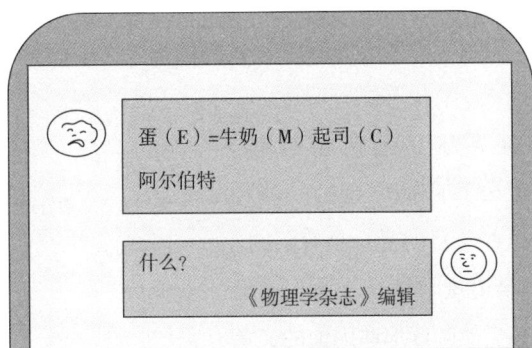

蛋（E）=牛奶（M）起司（C）
阿尔伯特

什么？
《物理学杂志》编辑

阿尔伯特·爱因斯坦与文档自动修订做斗争

利用社交媒体

澳大利亚科学媒介中心就如何最佳地使用社交媒体提供了一些有用的建议，

其中包括一个非常重要的提示，那就是不要太过于关注负面评论。社交媒体是允许和鼓励愚蠢行为的网络世界的一部分。就像你走过乡村时总是会躲避一些狗屎，要学会用这种方式去接受社交媒体。

当通过社交媒体进行传播时，他们建议：

- 不要只是对人喋喋不休，要以积极地让他们参与进来为目标。
- 提出一些问题来鼓励互动和讨论。
- 与其他网页和网友（评论、分享和转发）进行互动。
- 对评论进行有礼貌又恭敬的回应，有时最好忽视它们。
- 保持专业主义。发帖或回复评论时不要被你的情绪所左右。
- 检查拼写错误，这用不了几分钟的时间。
- 始终如一。定期地检查你的站点，维持连贯的社交媒体存在感。
- 不要发布敏感或机密信息——如果存疑就抛弃不用。

找到正确的媒介

在过去的几年里，美国科学院、工程院和医学院就科学传播的科学举办了一个令人印象非常深刻的学术研讨会。在 2017 年的会议上，密歇根大学的杰拉德·戴维斯（Gerald Davis）讲了一个故事，他研究了消失的公司所带来的威胁，并取得了一些发现，他尝试着用几种方式来传播这些研究发现。

他首先在一个大学的出版社出版了一本学术专著——不过这种图书主要是用来说服你的同行的。

然后他写了一本面向大众市场的图书——他说，"如果你想说服你的父母，"它才会奏效。

他在公共广播系统的《新闻时间》（NewsHour）和国家公共广播电台的一些环节中出镜——但是这些节目的受众是有限的。

他然后为网络渠道撰写短篇文章——但这令人不满意，尤其当他阅读那些因他的文章而产生的很多一知半解的和诋毁性的评论时。

他又漫不经心地发了一些推特——不过他说虽然存在着强大的诱因，让他把焦点集中于产生了短小精悍的发现的研究之上，但

· 颅面部书

· 第二人称单数管道

· Pipetterist

· 4²=16

· Bird vocalization

· Snapdialouge

· 丢失的领英

· Instamilligram

从来没有启动的科学社交媒体平台
（原作者杜撰的一些虚假平台——译者注）

是他担心更多地像发推文那样，一小块一小块地提供信息跟做真正的科学是不一样的。

> 为了让媒体放大器能最好地传播信息，它应该以与数字文化相一致的风格呈现出来，要个人化、有视觉性、非正式，最重要的是要有情感。

不过，他对给《对话》这样信誉好又智能的渠道撰写简短又容易理解的文章所带来的影响感到很兴奋，应该指出，这个平台上的文章经常被推特转发，用邮件的方式发送，黏贴到脸书上以及进入到主流媒体之中，所以它可以被视为某种社交媒体放大器。所以从社交媒体平台上找到可以充当放大器的渠道会给你带来很大的优势，它可以为你做很多工作，省得你要无休止地发布那些包括你父母在内还不到十个人阅读的博文。

来自美国国家航空航天局的教训

在任何一个拥有社交媒体的科学机构中，美国国家航空航天局是拥有最大影响范围的机构之一，没错，当你有火星、宇航员和其他东西的照片时，就可以非常容易地吸引到数以亿计的粉丝。不过在支持它们的内容质量方面，它们实际上有着非常好的社交媒体策略。

艾米·莫莱特（Amy Mollett）、谢丽尔·布鲁姆雷（Cheryl Brumley）、克里斯·吉尔森（Chris Gilson）和希拉·威廉姆斯（Sierra Williams）这 4 个传播人员在《用社交媒体来传播你的研究》（*Communicating Your Research with Social Media*）一书中概述了他们从美国国家航空航天局学到的经验。

他们认为，科学家曾经依赖于电视纪录片和公共展览来与公众互动，而今社交媒体平台为科学家和传播者同他们的受众互动带来了新的机遇。

2009 年，美国国家航空航天局的宇航员在太空中发布了第一条推文。2010 年，他们在太空中进行了第一次"检入"（Foursquare）。[①]2011 年，他们是在谷歌＋上出现的第一个美国政府机构；2012 年，他们第一次在火星上"检入"。

①　Foursquare 是一家基于用户地理位置信息（LBS）的手机服务网站，其鼓励手机用户同他人分享自己当前所在地理位置等信息。——译者注

这些作者认为，虽然他们看到了研究人员的网络参与给他们带来了极大的乐观主义与合乎情理的强烈抵制，但是在直接考察社交媒体于何处适合于一个研究人员的传播需求，以及如何更有建构性地利用社交媒体上所获得的关注要少得多。他们并没有过多地描述你应该使用以及何时使用社交媒体，而是明智地建议：

> 鉴于现代研究环境特别细微的差别和要求……社交媒体以非常独特的方式满足了非常独特的研究需求。但是意识到你自己的研究项目的这些具体需求会有助于你决定在何处投入精力以及何种类型的数字内容是值得尝试的。

你可以发布很多条推文吗？

生态学作家兼科学传播者伊恩·伦特（Ian Lunt）用我们讨论石油峰值或电视峰值同样的方式讨论了"推特峰值"（或正如他所说，"胡须峰值"——胡须的生长速度超过刮胡子速度的那个点）。他认为，推特峰值是推文生产的速度超过了可能消费的速度的时刻。

他还认为，他遭遇到的推特峰值可以回溯到遥远的过去。在 2015 年的一次规模非常大的生态学会议上，与会者现场发布的推文数量远远超过读者能找到或阅读的数量。

案例：社交媒体应该对它们允许出现的错误信息负责吗？

在令人惊叹的在线期刊《不黑暗》（*Undark*）的一篇评论文章中，科学作者麦克·舒尔森（Michael Schulson）问道，是否谷歌和脸书应该对它们上面出现的"江湖医术"负责。他认为，社交媒体算法帮助江湖郎中通过网络视频和其他媒介传播扩散了自闭症疗法、疫苗的虚假信息和艾滋病的否定主义。

他讲述了比斯沃洛普·罗伊·乔杜里（Biswaroop Roy Chowdhury）博士的故事，他是一个声称获得了赞比亚联盟国际大学（Alliance International University）名誉博士学位的印度工程师（因为该校未能通过审计，赞比亚高等教育局于 2018 年 2 月取缔了这所大学）。不管怎样，乔杜里于 2018 年初在油管上发布了一个视频，说艾滋病病毒不是真的，并且抗逆转录病毒药物实际上引发了艾滋病。这个视频在几周内就有 38 万点击量，而在脸书上的点击量更多。

乔杜里的故事并不罕见，因为很多江湖郎中、仇恨兜售者、阴谋论者和伪

科学的小贩成功地利用网络平台找到了他们半信半疑的理由的支持者。

"多年来，社交媒体成为对自闭症可能非常有效的疗法的避难所。"舒尔森说道。"绝望的癌症患者被引诱到了网络上由可疑的'专家'所兜售的毫无依据的治疗方法上来。"

所以他问道，当社交媒体平台助推人们做出危险的医疗决定时，应该承担任何责任吗？

自从艾滋病于20世纪80年代首次广泛出现时，有关"艾滋病是一种精心编排的骗局"的观点就一直在世界的某些角落持续存在着。南非的前总统塔博·姆贝基（Thabo Mbeki）就是一个艾滋病否定者，根据哈佛大学研究人员的统计，在他任期内出台的政策导致了大约36.5万人死亡。

赛斯·卡利奇曼（Seth Kalichman）是康涅狄格大学（University of Connecticut）的心理学家，同时也是艾滋病否定主义的专家，在谈到否定主义者时，他说："即便医疗决策变得越来越没有价值，但是其可见性却在日益增加。我认为他们已经前功尽弃了，如果不是有了社交媒体，他们可能已经是明日黄花了。"

舒尔森认为，更让人担心的是，存储这种可疑的材料的数字平台所拥有的算法会让访问者寻找到更多的此类内容，进而使他们对边缘疗法的信念永久化。

平台如何回应这种关切呢？当脸书被质疑提供了这些内容或支持了用户的响应时，承认平台上存在着可能引起争论的视角，但是"我们一直认为简单地删除具有煽动性的想法，对于增加围绕着健康的事实和方法的认知毫无帮助。"

油管上让人着迷的一些最佳的科学

在写本书时，油管上最受欢迎的科学频道是 Vsauce，它在2019年初有1400多万用户，紧随其后的是有850万用户的 AsapScience，然后是其他一些争夺第三位的频道，有500万～600万用户。但是排名和用户数量会发生变化，所以更有益的做法是跟踪每个频道的风格和内容。

Vsauce。现在拆分成了 Vsauce、Vsauce2、Vsauce3、WeSauce 以及 Dong（伙计们，现在就上网做——不是你原来想的那样！）这个频道聚焦于科学、心理学、数学和哲学话题的视频。

AsapScience。利用手绘动画，涵盖了非常常见的话题。

SmarterEveryDay。每天更聪明。德斯坦·桑德林（Destin Sandlin）就像是友好的隔壁邻居一样跟你交流，解释我们周围的事情是如何发生或工作的。

Kurzgesagt (in a nutshell)。利用动画解释复杂的科学。

SciShow。几乎每天更新，这是你可以了解黏菌以及啤酒的科学的地方。

Veritasium。德雷克·穆勒（Derek Muller）用非常平实朴素的风格讲述很多科学概念。

Minute physics。通常长于一分钟，但却是一个了解有关物理信息的很棒的频道。

It's okay to be smart。想了解《权力的游戏》（Game of Thrones）中的科学吗？这个频道适合你！

Periodic videos。聚焦于化学。

Home science。你可以在家做的科学。

BrainCraft。这里可能有你想知道的有关大脑以及如何思考的一切内容，主要是关于数学的。

IFLScience。从脸书上非常受欢迎的站点拆分出来的。（查一下，你就知道这个缩略语是什么意思了！）

不过，一般来说，对一个会议而言，发布推文似乎是有用的，因为人们出于各种原因来发推文，包括：

- 他们无论如何也要做记录，发布推文也同样容易。
- 他们想触及会议上的其他推特用户，并让这个会议"热闹起来"。
- 他们想触及更广泛的研究人员或公众。

伊恩给出的使用社交媒体的一些小贴士是：

- 用分享而不是阅读量来衡量你的成就。
- 因为越来越多的读者用手机上网，你需要用短的段落以及很多图片。每滚动一次屏幕就会丧失一些读者。
- 你不需要知道如何用 500 字或两分钟的视频和播客来总结复杂的科学；你需要做的是以受众意识不到的方式来传播复杂的科学。
- 每个帖子都应该是独立的，以孤立的或随机的顺序进行阅读。
- 从某些可以引起注意力的东西开始，先给出点睛之笔。
- 扔掉所有过于浮夸的大话。

数码盒子之外的思考

根据维基百科的资料，2018 年油管最受欢迎的频道是一个名为 PewDiePie 的喜剧频道。这个频道有 6000 多万粉丝，其特征是看似在相机前对游戏解说的随意闲聊。PewDiePie（菲利克斯·谢尔贝格）被《卫报》描述为"孩子气、无理又极受欢迎"，但是也"搞笑、有悟性、富有创意又极有魅力"。你所面临的挑战可能并不是找到一种让其他的科学视频也像 PewDiePie 一样流行的方式，而是让他如何更多地谈论好的科学。毕竟，他已经开了一个图书俱乐部。

2017 年的新西兰总理科学传播奖（New Zealand Prime Minister's Science Communication Prize）非常正确地颁给了达米安·克里斯蒂（Damian Christie），他有着一个绝妙的想法，通过同样的方式把一个年轻视频博主——杰米·库里（Jamie Curry）的生活方式带到了南极洲。她在油管上给她的大量粉丝（主要是年龄在 13~25 岁的年轻女性），上传像气候变化和气候科学等议题的视频。这个被称为《吉米的冰上世界》（*Jamie's World on Ice*）的系列视频获得了 250 多万次播放量，在这些受众中，有些通常不是科学的追随者。

谈谈以性别为基础的网络钓鱼行为

屏幕后那个大块头、又肥又丑的男婴大猩猩是绝对值得一提的——参与社交媒体中的女性往往会成为大块头、又肥又丑的男婴大猩猩上网的一个诱因，他们认为需要对这些女性的外表发表贬损性的评论或者对她们做出性别主义的评论。

有几项研究甚至对此进行了量化。由澳大利亚国立大学的艾诺卡·阿马拉塞克拉（Inoka Amarasekara）开展的一项研究考察了留在有关科学的视频上的超过 2.3 万条评论，并且发现对女性苛刻的评论要比男性多，而且更多的是对她们外表的评头品足。实际上，在由出镜的女性主持的频道上，14% 的评论都是批判性的，相较而言，在男性主持的频道出现的批判性评论只有 6%。同样，大约有 3% 的评论都是性别主义的或有关性行为的，而这在男性的频道上只有 0.25%。

同样的发现也出现了在 2014 年对 TED 演讲的分析中。

在油管上主持著名的 BrainCraft 频道的瓦妮莎·希尔（Vanessa Hill）有大约 50 万订阅者，她把性别主义的钓鱼行为描述为就像"某人在你的桌上留下了一个便条，每天都在告诉你为何你不合格或者为何你的声音很让人讨厌。"

如何制作优秀的油管视频?

每分钟都有播放时长达到数百小时的视频上传到油管,有些是有科学内容的,但不是很多,因为在很大程度上来说,油管视频中最受欢迎的仍然是摇滚明星、游戏解说和美妆教程。当然,观众会自行选择,让一个15岁的游戏玩家观看一个科学视频的机会与让一个科学家观看美妆教程的机会是同等的。

无论你的视频有多好,在观众选择继续看下去还是跳到其他视频之前,你只有3秒的时间与他们建立起关联。

澳大利亚的研究人员达斯汀·韦尔伯恩(Dustin Welbourne)和威尔·格兰特(Will Grant)分析了近400个科学传播视频(不过不要因为你的孩子跟你说他们看油管视频是为了研究就免于责罚他们!),他们发现在油管上一个成功的科学视频需要有7个要素,如果遵从这些要素就很有可能取得成功。

1. 选择你的受众。

所有不同的视频都以不同的受众为目标。选择你的受众并持之以恒。有很多订阅者的频道通常坚持一种形式的科学传播。

2. 要有形式。

用视频传递信息可以有很多形式。一般来说,这些形式分别:视频播客、配音动画、录制演示文稿、访谈。

3. 聚焦。

聚焦于你的主题和话题。

4. 有话直说。

如果你的视频不能抓住观众的注意力,很多其他的视频会那样做,所以要尽快言归正传。说话的速度要快一些。对现场观众每分钟说150个字就很不错了,但是对于油管视频来说,要以每分钟180个字为目标。尽量让你的视频控制在5分钟之内。

5. 成为社区的一部分。

油管是一种参与式文化,意味着如果你想发展自己的频道,你就需要成为社区的一部分。就是说要与消费者和内容的生产者进行互动。

6. 给受众一个精神支柱。

最受欢迎的视频都有一个可以与受众关联起来的主讲人。

7. 是一个人而非一个公司。

那些以现有品牌的拓展的形式来运行的油管频道(如大学或广播公司)明显地不如以油管上土生土长的单人主持为特色的频道受欢迎。所以要给它赋予一些人格特质。

当然，如果你想开一个油管频道或成为油管上的超级明星，要知道，这是一个拥挤的市场空间，已经有100多个有关科学的频道了。你需要问问自己，你的频道会有什么不同（那里已经有了一个在浴缸里谈论科学的频道了！）。然后你需要设立一个现实一点的增长预期，并且做好要经过长期努力才会获得粉丝的准备。

当然，油管上甚至还有很多视频教你如何设立油管频道。

应对策略

如果你对参与到社交媒体之中是认真的，那就要好好做（不严肃地对待社交媒体的人也变得越来越困难）。不幸的是，有太多人三心二意地参与到社交媒体中了，然后又批评它没有给自己带来很多流量。如果你不经常使用社交媒体，不了解不同平台上所使用的语言和规范，那么它就会出现这些后果。

如果你非常不擅长做社交媒体，就要跟那些已经做得很好的人学习，或者让那些天生就对数字技术敏感的人给你一些建议。这是一个复杂且快速变迁的领域，如果做的不是很恰当，那么它就会消耗你大量的时间又让你得不到什么回馈。

说实在的，没有什么比那些应该在其档案上盖一个"不要靠近社交媒体"大戳的人热切地尝试使用社交媒体更让人尴尬的了。

要点

- 社交媒体已被视为很多人获取信息的一个关键来源，并且最好被看作一种"新媒体"。
- 社交媒体改变了信息流动的方式，虽然提供了大量信息的即刻访问权限，但是人们会担心新媒体导致了没有参考专家意见的边缘思想的日益强化。
- 如果要参与到社交媒体中，就要理解不同平台的要求、用法和追随者。
- 不论选择哪个平台，你都需要好的内容和好的策略。
- 如果你想参与到社交媒体中，那就要好好做！

第 12 章

我被陷害了！框架的艺术

麦克·斯科特:"我以前从没陷害过一个人，你呢？"

德怀特·舒特:"没有。我之前给动物照片镶过框。"

——《办公室》，2005

框架是一个很有用的东西。如果用得很好，它可以是一个非常强有力的传播工具。但如果用得不好，它就会有点让人尴尬了。

让我先给你举个例子吧。有一天，你开着一辆新车回家了，你没有告诉过你的爱人说你要买辆车，因为这有点冲动消费的性质。你会说"这对我们家来说真是非常好的，因为它是一个更安全的汽车"，还是会说"看看它的颜色有多红，看看它的速度有都快，销售员对我真的太好了"？

简而言之，框架就是你讲故事的方式。如果你喜欢，也可以叫作角度，也就是你使用的类比、轶事和价值观的类型。车还是那辆车但是有看待它的不同方式。

《有效的科学传播：研究议程》认为："框架是以特定的方式安排信息以影响人们想什么、相信什么或者做什么。"

在这个充满争议的世界中，存在着可以用不同方式进行阐释的"影响"。我听一些人说，对框架的这种阐释会被看作有偏向地陈述事实，或者操纵数据，真实、纯粹又无偏见地触及受众的唯一方式就是只告诉他们事实。

但是如果你认真读过前面的章节，你应该会意识到，截至目前，研究已经表明，事实性信息在影响人们的时候并不比没有事实基础的信息好多少。是的，当把科学事实与废话进行权衡时，珍重科学事实并为其进行艰苦卓绝的斗争，并不会让天平倾斜得很厉害。

可以让天平倾斜的是呈现事实的方式。如果那种方式与一个人特定的思维方式相一致的话，那就是框架。

如果你的爱人认为现在的汽车非常好，那很难说服他（她）这辆新的红色汽车真的很有必要。但如果他（她）认为一辆新车会让你的生活更有意义和丰富多彩，并且你会开车绕着海岸线兜风，把车窗放下来，大声欢笑，就像你是在给新车拍广告一样，那么让他（她）把这看成一个物超所值的东西就非常容易。

或者像乔治·莱考夫（George Lakkoff）认为的："人们认为框架……是可以接受的，事实必须符合人们的框架。如果事实不符合一个框架，框架就会停滞，而事实会弹出来。"不能轻描淡写这种观点的重要性，因为它表明那种基于用强有力的当下的评判来告知和教育受众的参与性活动可能不会产生什么影响。

以气候变化为例，可以有很多呈现它的方式。它可以被看成严重的环境危机，或者一种公共健康危机，对农民和种植者的一种挑战，一种日益增加的火灾风险，甚至可以用更积极的方式把它看成创新和经济发展的一个机遇。

事实上，由桑德·范·德·林登（Sander van der Linden）（在 2017 年，她被美国心理科学学会选为"明日之星"）领导的三个研究人员考察了在气候变化议题上出现"分离"的起因——比如既不把它看成紧迫的，又不认为与他们有关，他们得出的提高改善气候变化的参与度的 5 个关键框架分别是：

1. 把气候变化强调为一种当前、当地的和个人的风险。

2. 促进进一步深思熟虑且经验性的参与。

3. 影响相关的社会群体规范。

4. 在可以从当下行动中获得什么方面为政策方案设置框架。

5. 诉诸于在本质上备受珍视的长期环境目标和结果。

当然，挑战在于找到与恰当的受众相一致的恰当框架。看看转基因生物（Genetically Modified Organisms，GMOs），你就会发现，从社会进步和改善生活质量方面为信息设置框架可能非常符合某个人的思维方式，但是对公共责任更感兴趣或更关注的人可能需要另外一个框架。

即便我们不知道自己在使用框架，框架也是存在的。在一篇名为《我们如何为环境设置框架》（*How we frame the environment*）的文章中，乔治·莱考夫就如何在全球变暖的辩论上获胜而引述了由弗兰克·伦兹（Frank Luntz）为布什政府撰写的一份备忘录。该备忘录写道：

> 到了我们开始思考"气候变化"而非"全球变暖"的时候了……"气候变化"没有"全球变暖"那么让人害怕。

莱考夫认为，这个备忘录是把"气候变化"作为一个流行词语的开端，它基于这样的一种观念，即"变化"忽略了这个变化的任何人为因素。气候就是在变化，不需要指责谁。

兼任共和党民调专家的伦兹，利用焦点小组和问卷调查的结果提出了与气候变化主导的科学观点并不一致的其他信息，比如"科学辩论仍然是开放的"，或者"在采取政府行动之前需要开展深入的研究"，又或者"任何美国的政策行动都会导致美国人'不公平的'经济负担，因为像中国和印度这样的国家也没有采取行动"。

你可能看到了反气候变化激进分子或媒体反复地传播着这些信息。这些信息得以存在的基础是，理解了哪种框架与人们思维中的不确定性最一致。人们认为，保守的游说人员和国会成员对这种类型的信息的反复强调，导致了美国在采纳《京都议定书》（Kyoto Protocol Treaty）上持续的失败。为主流故事准备一个备选说法，也使媒体采用了标准的让冲突结构化的故事手法，进而暗示着在支持和反对人为导致的气候变化上存在同等的声音。

框架简史

对框架最早开展的研究包括人类学家欧文·戈夫曼（Erving Goffman）在 20 世纪 60 年代和 70 年代的工作。他把框架视为"解释图式"，它让个体"定位、感知、确认以及标签化"议题、事件与信息。"解释图式"没有框架这个术语那么朗朗上口，但他追求的是精确性。

戈夫曼认为，字词就如同帮助个体通过他们现有的文化信念和世界观的镜头来协商意义的触发器。认知心理学家兼诺贝尔奖得主丹尼尔·卡内曼（Daniel Kahneman）和阿莫斯·特沃斯基（Amos Tversky）（畅销书《思考，快与慢》的作者）在 20 世纪 70 年代和 80 年代跟进了戈夫曼的研究。他们通过实验来理解人们所做的风险判断，并且发现给一个信息"设置框架"的方式对接受或拒绝某些东西具有严重影响。

例如，他们的一个实验涉及人们喜欢两种治疗肺癌方法的哪一种。他们分别用死亡率或幸存率对统计数据进行了同样的呈现。

他们所提供的信息如下。

幸存率框架：

手术。接受手术的 100 个人中，90 人度过了术后期，达到一年生存率的人数是 68 人，达到 5 年生存率的人数是 34 人。

放疗。100 人接受放疗，都度过了治疗期，达到一年生存率的人数是 77 人，达到 5 年生存率的是 22 人。

死亡率框架：

手术。接受手术的 100 人中，10 人在手术过程中或术后期死亡，32 人在手术一年后死亡，66 人在手术 5 年后死亡。

放疗。100 人接受放疗，治疗过程中没有人死亡，23 人在放疗一年后死亡，78 人在放疗 5 年后死亡。

研究人员发现，人们更加偏好幸存率框架，而非死亡率框架，偏好放疗的人从幸存率框架下的 18% 上升到死亡率框架下的 44%，他们总结说：

> ……前面的例子表明，决策问题的框架变动，会导致不能以规范的理由为其辩护的恒定性和支配地位的系统性反恒定。

明白了吗？如果你没有明白，那么用非诺贝尔奖得主的平实的语言来说就是，他们发现人们不会做出其他人也会做的那种类型的逻辑选择，并且如何为一个信息设置框架会严重地影响人们如何阐释这个信息。

自此之后，在政治学、传播学、语言学、认知科学等领域出现了更多有关框架的研究，包括研究媒体如何为事物设置框架，政客和有影响力的群体如何设置框架，广告商如何设置框架。

我们感兴趣的是，某些曾经非常有效但随后我们不再喜爱的框架，比如 20世纪 50 年代美国的"原子能为和平服务"（Atoms for Peace）项目，用诸如借助原子弹来挖掘港口这样的案例来宣传原子能的好处！现在回头来看这样的框架，我们可能会摇摇头并想知道，他们到底是怎么想的？但是请放心，再过几十年，人们也会去考虑我们现在的主导框架并且毫无疑问也会对我们提同样的问题。

马修·奈斯比特认为，不存在不设框架的信息，并且大多数成功的传播者都善于使用框架。无论对框架的使用是有意的还是直觉的，框架是必要的，因为受众依靠框架来理解任何一个议题。记者利用框架把利益精心布置到新闻报道中；政策制定者利用框架来界定政策选择并做出决定；各式各样的专家利用框架来简化技术细节，并让它们更有说服力。

强调框架

强调框架背后的概念是，在看待每个议题的不同方式上都存在着复杂性。红色的汽车可以被看作一种冲动消费，或更可靠的运输方式，也可以看作身份的象征，年事渐高的一种补偿，一种更节省燃料的交通工具，全球资源的一种负担，等等。不同的人会根据他们自己认为最重要的来给这些陈述匹配不同的优先性。

我们还知道人们一次只能聚焦于一小部分信息，如果有很多复杂的信息需要考虑，那么你可以确定的就是它们不会都被考虑进去。 对科学传播者来说的，问题是你想对人们关注的哪些少许事实或信息产生什么样的影响？这就是框架的"影响"，对此予以关注会更加重要。

强调框架是要强调一个复杂议题的一个维度而非另外一个维度。它可以像决定在一个有关科学研究的故事中把什么放在导语段落里一样简单，这就是记者在复述一个故事时所做的事。他们选择首先讲述那些他们认为最重要的事，这为接下来要讲什么设定了框架。

还可以从讲述个性化的故事而非提供统计数据的角度来使用强调框架。比如，以幼儿疫苗接种为例，可以讲述一个选择不给他们的孩子免疫接种而其他孩子已经进行了免疫接种的家庭发生了什么的个性化的故事。或者这个框架可以提供一些统计数据，以表明当免疫接种比例下降到特定水平之下会给健康带来什么不利的影响。

为争议性议题设置框架

当然，当谈及为争议性议题设置框架时，不同的利益群体都会试图以最有利于他们的方式来对信息设置框架。比如，科学家和研究人员会讨论纳米技术的经济和社会效益，而非政府环保组织可能会试图从未知风险方面为这种技术设置框架。这就好像在得到赞成的框架之间形成了一个相互较量的战场的意思——这会让一些人担忧——但实话实说，什么时候没有这样过？

> 引起情绪反应的框架会更加紧随我们左右。

有很多非常有效的流行语可以对一种框架进行概括，比如"转基因食品"就概括了对因摆弄自然而产生的后果的担忧，或者"石油巨头"和"制药巨头"就抓住了一个特定领域的过剩机会而处于行业支配地位。

关于这种类型的框架，需要了解的一个非常重要的事就是，一旦这种框架影响了人们的看法，那么改变他们的看法就非常困难。一项研究甚至发现，从来没听过碳捕捉和碳封存的人可能会被选择支持或反对这项技术的模糊不清的论点所影响，并且即便在他们认真地看了有关的平衡性信息之后，这种感觉仍然会持续存在。

这告诉了你什么呢？早用框架，并且常用框架！

消极框架会通过在人们的头脑中激发出他们试图反驳的确切想法而产生逆火效应。比如，当奥巴马总统公开表示他不打算"政府接管"，他最终在那些担心政府接管的人的头脑中激发出了这个框架。

有关框架的《别想那只大象：明确价值与重塑》（*Don't Think of an Elephant: Know Your Values and Frame the Debate*）的作者乔治·莱考夫认为："人们不可能避免使用框架。唯一的问题是，谁的框架被从公众的头脑中激发了出来，并因而强化了。"

莱考夫还指出，如果你想反驳被提供出来的一个框架，**就不要重复那个框架**，甚至不要试图去否定它，因为这只会让它更有活力。他举了一个美国前总统理查德·尼克松（Richard Nixon）在水门丑闻期间自我辩护的例子。尼克松出现在全国的电视上，说："我不是一个骗子。"结果，莱考夫认为，当时的每个人都把他看成了一个骗子。

在科学辩论中用到的一些常见框架的例子包括：

- 气候变化。虽然那些反对气候变化的人使用"不确定性"的框架，但是那些支持气候变化的人用全球变暖是"带来大灾难的潘多拉魔盒"的框架对其进行反驳。

- 胚胎干细胞。病人倡导者利用"社会进步"和"经济竞争力"的框架来向公众传播目标明确的信息，而反对者则利用"扮演上帝"的框架。
- 智能设计。反进化论者宣传围绕着"科学不确定性"和"教授这个争议"的框架。

问题的症结

马修·奈斯比特明确指出了问题的症结，他认为框架的使用可以有效地与更好地了解何种信息对何种类型的受众最有吸引力的细分研究配合起来。他认为，这可以提供：

> ……一套演绎的思维盒子（mental boxes）和阐释性故事线，以便能够在共同的基础之上把多元的受众集中起来，影响个人行为，或动员集体行动。

他还认为，虽然我们在媒体或广告上的信息中投入了大量精力，但我们不应该忽略人际间的信息来源，因为用来影响同侪的框架可以异常强大。

社交媒体作为框架的传播者

社交媒体在如何分析框架方面发挥了非常独特的作用，因为它们使研究人员（不论好坏）监测社交媒体并考察哪种框架（或述因）颇受公众的欢迎，然后为了自己的利益而使用它们（当然，欢乐喵星人迷因除外）。

通常主张采用议程设置的主流媒体如今经常使用社交媒体框架来为它们自己的故事设置框架，尤其是针对共同体的愤怒或担忧的故事。这促使媒体去反映人们对一个故事进行回应的方式，并且给公众反馈一个与他们对这个故事所持有的当前看法相一致的故事。

不过，这可能会给科学传播者带来挑战，因为通常情况下，需要精心策划几个框架以触及不同的受众，当一个框架进入主流媒体或在推特或脸书这样的社交媒体平台上广为共享时，它通常会成为主导框架，但这可能不是你想要触及所有人的那个框架。比如，如果你就气候变化为支持发展可再生能源的保守受众设置一个框架，以阐释可再生能源的投资增长，那么这个框架可能就不是你想要传播给支持环境的群体的框架。

框架的伦理

这必然会给我们带来有关框架的伦理问题。虽然框架并不完全是一种可以不顾后果而使用的超能力，但它会非常强大，并且可以被善或恶的力量所使用。不过确实，在大多数人的头脑中往往存在着某种制衡，它是以微妙的个人化形式出现的谎言探测器[①]。如果科学家或科学传播者太频繁地越界，并开始参与到夸大其词的做法之中，那么那些谎言探测器就会养成一种习惯，就好像放学铃响了一样。如果这发生得太频繁，你的信任和信誉就会像暑假最后一个周五的一屋子小学生一样一哄而散。

如果你想参与到框架中来，不要漂移到它的黑暗面，因为这不可避免地会让你永无出头之日。如果你从达斯·维德（Darth Vader）（又译黑武士大师）那里学到了什么东西，你至少应该学到这一点！

研究人员德拉克曼（Druckman）和卢皮亚（Lupia）把这种挑战界定为：

为超能力设置框架

> 如果科学传播者选择的框架能够引起潜在学习者的关注并同时忠实于基础研究的实际行为和原则，那么它们就可以为受众提供巨大的价值。

应对策略

框架是让特定的信息优先于其他信息的一种非常有影响力的技巧。所以当下次与受众进行交流并需要解释某些复杂的东西时，要认真思考什么可能是他们最想听的（而不是你最想告诉他们什么），以及哪种信息和隐喻可能是他们最能理解的。

比如，我父亲从来都不太相信气候变化。他知道气候是一直在变化的，但

[①] Bullshit detector 是个人了解他是否被欺骗了的一种机制，作者把这称为明目张胆的谎言的探测器，而能够识别这种谎言的人，则拥有个人化的谎言探测器。——译者注

是承认气候变化就意味着接受自己的很多行为必须改变，比如一辆大型汽车、一个大房子，并且质疑他在财富积累的重要性上的价值观。每个圣诞节我们都会因辩论气候变化这样的事而不欢而散，直到我对框架做了一些研究。然后我跟他说："这里有一些信息说未来较大的投资机遇会出现在可持续产业中。"突然他就感兴趣了。然后我们就对可持续产业夸夸其谈起来——在没有使用气候变化这个词语的情况下，我们的交流甚至渐渐地进入到了气候变化领域中。

他被我带进"坑"里了！①

要点

- 框架是让一个话题的某些信息凌驾于其他信息之上的。

- 用不同的方式对信息设置框架，会增加或减少它被受众接受的概率，这取决于它与人们自己的价值观如何更好地取得一致。

- 在争议性议题上，很多不同的利益群体都在竞争，以让他们自己偏好的框架成为主导框架。

- 在同一个话题上，要为不同受众设置不同的信息框架，千万不要混淆它们。

- 框架可以是一个非常强大的传播工具，但如果滥用或夸大其词，也会导致信任的丧失。

---

① 原文为：He'd been framed! 字面理解为：他被我陷害了！从框架本身来说，就是我为他设计了一个框架，然后他进入了这个框架。但为了突出框架的效果，此处采用了字面上的理解。——译者注

第 13 章

谁害怕公开演讲？

> "根据大多数研究，人们最大的恐惧是公开演讲。其次是死亡，死亡排在第二位。那听起来对吗？这意味着对普通人来说，如果去参加葬礼，你最好是躺在棺材里而不是念悼词的那个人。"
>
> ——杰瑞·宋飞，喜剧演员

害怕公开演讲或者说演讲焦虑症通常被列为绝大多数人最害怕的事之一，同时榜上有名的还有害怕死亡或害怕被那些通过你身体的隐私部位进行侵入式研究的外星人绑架。好吧，最后一项并不是真的。但是根据一项引用率非常高的 1998 年和 2001 年美国盖洛普民意调查结果显示，实际上蛇是人们比公开演讲更害怕的唯一的东西。

然而，尽管这个统计数据被广为引用，因为毕竟它是一个很棒的故事，但是其他调查很少重复这个民意调查结果，更多近期的调查把恐怖主义和腐败这样的事列为我们最害怕的东西。查普曼大学（Chapman University）在 2017 年开展的一项研究发现，在美国公民中，最害怕的事情是政府官员的腐败、卫生无保障、污染和将来没有足够的钱。在 80 项最害怕的事的名单中，对公开演讲的害怕处于第 52 位，排在它前面的包括被酒驾司机撞或身份被盗用（见图 13.1）。

在研究人们最害怕的事情方面，我发现澳大利亚和英国的很多调查都是由流行文化网站开展的，这些网站喜欢的是此刻媒体中什么"最热闹"，而非人们真正深刻且持续的恐惧（比如害怕发现你正在引用一个让人将信将疑的网络调查数据！）。

实际上，为真正地把人们对公开演讲的害怕是否超过对死亡的害怕这个辩论搞个水落石出，研究人员对美国的大学生进行了分析，他们发现，虽然在包括死亡在内的一系列恐惧的事情名单中，公开演讲经常被视为一种常见的恐惧，但当让他们选择最害怕的事时，他们最常选择的还是死亡。是的，我们通常害怕公开演讲，但它并非像有时候说得那么糟糕。

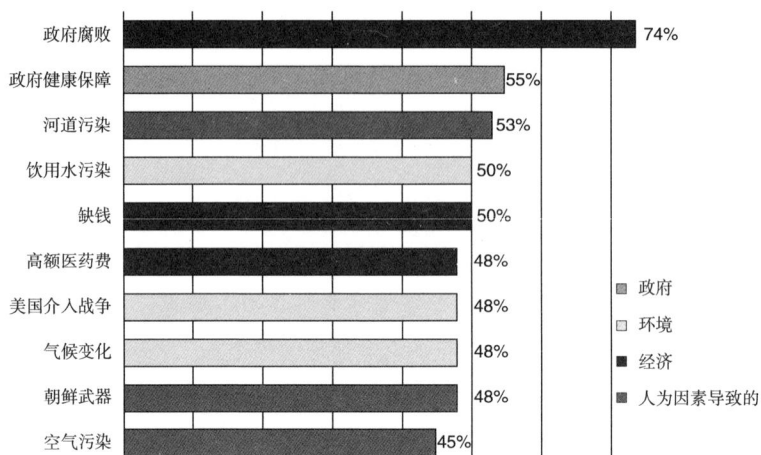

图 13.1 2018 年的十大恐惧

另外一个研究人员假定，我们对公开演讲的害怕源自我们在一个群体中不想站出来的原始欲望，因为这更有可能让我们被掠食者吃掉。当你站在讲台上时，让你害怕的并不是观众，你的大脑努力告诉你要离他们远点，他们是狮子、老虎和熊，无论如何，这是不是能让你有所安慰？

但是，不管你喜欢与否，在科学或科学传播领域中工作就需要做很多次公开演讲。有时只是面对一个小房间里的同事，有时需要面对像摇滚乐演唱会现场的观众一样大规模的人。

所以，我们首先得承认公开演讲并不容易，通过口头语言并不会成功地传播任何东西。对于初学者来说，有效地理解你的受众是困难的，然后你还需要向他们传播复杂的信息，那你就需要充分地了解自己。你需要把这个复杂的信息有效地翻译成你所有的受众都可以理解的更简单的语言，这是一个非常重要的任务。

不过，再重复一次，科学会给你提供答案，提供一些由实际的研究支撑的最佳公开演讲策略的建议。

我们先来看一下最担心的一个问题——如何克服在公开场合发言的焦虑。贝弗利·弗莱明顿（Beverley Flemington）在《今日心理学》（*Psychology Today*）上撰写的文章表明，对公开演讲的大多数恐惧来自害怕被受众评判，害怕遭到拒绝或被羞辱（而非被他们吃掉）。你非常害怕被其他人所评判，但是你忘了你才是掌控着别人如何看待你的权力的那个人。这是一个如何利用这些权力并从无助转向掌控一切的问题。

这一点请相信我，我也曾在做公开演讲之前惊慌失措。我的身体开始冒汗、颤抖，我不得不冲进厕所，我感觉心脏在我的胸口砰砰乱跳，我就要抓狂了。但是在我的工作过程中，我必须要做很多公开演讲，所以我开始查阅一些资料，看看是什么驱动了恐慌发作，如何克服恐慌。

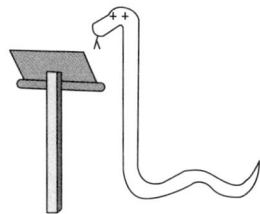

所有恐惧的加总：一条死蛇在做公开演讲

然后在演讲真正开始之前，我开始想象一次成功的演讲是什么样的，并且学会了掌控焦虑。我对演讲以及每个部分进行了详细的筹划，包括如果出错了该怎么办，所以我就掌控了一切。然后我把注意力集中在如何讲述可以让受众着迷的最好的故事上（见第8章）。

> 跟科学传播一样，公开演讲也是一种技能，这意味着每个人都可以学会，并且随着时间的推移和练习可以不断地改善，以做得更好。

如今，作为一个可以公开演讲的人，我非常自信。严肃地说，如果我可以做到，那你也一定可以。

本章有很多科学支撑的实用的小技巧，目的是帮助你成为一个梦寐以求的优秀的公开演说家。

一个小技巧是利用所谓的免疫训练。简而言之，这是让你通过想好应对任何意外情况的策略来使你对任何最糟糕的情况都做好准备。澳大利亚的研究人员发现，把恐惧与恐惧被消除的实际可能性进行对比（比如害怕忘掉你要说的每一个词，或者害怕因焦虑而晕厥），可以帮助你认识到，恐惧与它发生的可能性远不成比例。然后，当你用最好的可能回应来自己进行演练时（比如，如果你忘了要说啥，但是你做过记录，或者你以前从来没看到过有人晕倒在讲台上），恐惧的效果就会降到最低。

什么是好的传播？

总部位于得克萨斯州奥斯汀的量化传播（Quantified Communications）的研究人员分析了超过 10 万次演讲，并发现了一个好的演讲公式。

就职于该公司的梅根·史蒂芬斯（Maegan Stephens）认为，你不必天生就是一个优秀的公众演说家，你可以通过有一点奉献精神、努力工作和练习来获得这种技能。量化传播的团队分析了政客、CEO 和其他主旨发言人的演讲，并且得出了界定一个好演讲的一些算法。

他们还测量了面部表情、姿势和口头暗示，并且根据诸如清晰性、可信性、信心和热情这样的因素对演讲进行了分级。他们总共用了 25 个不同的指标来评估一个演讲，并且提供了改善你的公开演讲可以采用的 7 个基本技巧：

1. 受众是最重要的"人"

明白你的受众需要知道什么，是什么限制了他们知道这些，比如背景知识或可用的时间。

2. 内容才真的是当务之急

没有好的内容，你真的无法做一个优秀的公开演讲，无论你说得多么花言巧语（政客们请注意这一点）。

不要以为你写东西的方式或者人们读东西的方式与他们说和听的方式是一样的。

我确信，我们都经历过这样的时刻，坐在会场里听某个人正在奋力地阅读他的研究论文，观众们只是坐在那里，昏昏欲睡，强撑眼皮，心想把论文发邮件给我就好了啊，让下一个演讲人上场吧！

应对公开演讲的恐惧

美国的梅奥诊所（Mayo Clinic）整合了一份清单，以帮你克服可能存在的对公开演讲的任何恐惧。他们认为，这种恐惧的范围从稍微有点紧张到让人无法正常工作的恐惧和惊慌。他们保证，通过准备和持之以恒，你是有可能克服任何恐惧的。

了解你的话题。真的了解你的话题，这样你就不会迷失方向或偏离主题，如果你能这样做，那么你就可以迅速地恢复过来。

条分缕析。你准备得越好，就越能掌控一切，并且你的焦虑就会越少。如

有需要，可以使用列出大纲的手卡或笔记来协助你。

练习、练习、再练习。对着镜子练习是一个不错的做法，但是它不会给出很好的反馈。朋友和家庭成员会更好一些，但是他们要准备好开诚布公。

直面具体的担忧。罗列出你具体的担忧之处，然后直面它们，找到可能和可替代的结果是什么，或者说你担心的结果有多大的可能性会出现。

构思一下你获得成功的场景。想象一下你的演讲或报告会有多好。积极的想法有助于减少一些焦虑。

深呼吸。这非常有助于你泰然自若，所以要记住，在走上讲台之前以及在演讲过程中都要慢慢地做几次深呼吸。

聚焦于你的素材，而非你的受众。把你的精力和注意力放在你该放的地方，而非其他地方。

不要害怕片刻的沉默。如果你的大脑一片空白，那么你似乎就陷入了永恒的缄默之中，但这有可能只是几秒钟而已。用这个空当喝口水，或者只是深呼吸一下，然后再继续。

如果你不知道答案，可以推测一下。永远不要胡乱编造一个你不知道的答案，或者你可以推测一下答案可能是什么。

认可自己的成功。在做完演讲之后，别忘了自我鼓励一下，即便你没有期望的那样完美。

获取支持。如果真的需要，那就加入一个为那些在公开演讲方面有困难的人提供支持的小组吧，比如演讲俱乐部。

3.了解首因理论和近因理论

首因理论和近因理论认为，你的受众最有可能想起你说的第一件事和最后一件事。这告诉我们，如果你用冗长的抱歉开头，然后又用冗长的感谢结尾，那么他们可能只记住了这些。而他们不太可能记住很多你在中间部分说的那些真正重要的东西。

同样，介绍部分通常也是任何演讲最重要的部分，不仅因为人们会记住你说的第一件事，而且他们往往会在15秒钟左右就对你形成了一种初步印象。

所以建议不要用下面这样的开头："你好，我是克莱格，我今天来跟大家探讨下科学传播。"很有可能正在阅读本书的你就是用这种方式开头的。更好的开头是要用简洁且容易记住的内容，比如"我敢说在座的80%都只能记住我今天所说的第一件事和最后一件事。"

森林大火不仅影响荒地，而且会威胁到家园和公民个人，我们的家乡易于受到森林大火的袭击

今天我想谈一下森林大火，展示一下我们的实验，讨论一下结果，并且交流一下它们所带来的启示

4. 排练

音乐家会练习，运动员会练习，医生会练习（不好意思，这是一个冷笑话）。但如果练习让他们变得擅长做某件事，那么逻辑推论就是如果你想擅长做某件事，你就应该练习。

我发现练习演讲的最佳时间就是躺在床上，而不是站在休息室里对着狗滔滔不绝。我在自己的头脑中演练我要说的东西，并且设想自己处在要讲述这些内容的环境中，同样那种环境也会让自己感到更加舒适。然而，有很多人喜欢站在房间里，面向那些能给他们提供某些很好反馈的人进行练习，从这种情形中得到很多益处，你可能也是其中之一。练习并训练你的身体和思维，让它们去做非常接近你在真实情况下会做的事。试验一下，并找到对你来说最有效的方式。

5. 努力保持一种自然且真实的发言风格

这说起来容易，做起来难，但是通过练习可以变得简单一些，如果你把目光聚焦于人群中的一个人身上并且在头脑中想象着你只是在跟他交流，那么这也会变得简单一些（不要只是盯着他们并把他们吓得偷偷地溜出去）。量化传播认为，一个演讲的表现风格要比内容更重要，因为这是受众会给出更多回应的东西。

6. 录制演讲过程

如果你仍然对自己不确信，那就让别人把你的演讲录下来，然后坐下来分析一下。虽然这可能是一个痛苦的时刻，因为我们都会对自己的表现吹毛求疵，但是你会更容易地看到你做对了什么，做错了什么。

7. 跟踪你自己的表现

大多数演讲者都会用"感觉不错"来衡量一个演讲是否成功。但说实话，这

就和告诉你自己在工作场所放了个屁感觉不错一样有效——没有去核查其他人有什么感觉。

怎样才是一个好的演讲者？

我们都知道有一些伟大的公开演说家，而且也有其他一些人应该在自己的档案上盖上"永远不要在观众面前随心所欲"的大戳。然而，一些伟大的演说家承认他们在公开演讲中会非常非常紧张，包括圣雄甘地（Mahatma Gandhi）和亚伯拉罕·林肯（Abraham Lincoln）。

所以，充满信心的公开演讲是可以习得的。根据哈佛商学院教授约翰·安东纳基斯（John Antonakis）的看法，成为一个更好的公开演说家的基石就是充满魅力的实践。他的研究列出了很多领袖人物所使用的 12 种充满魅力的领导策略（CLTs）。并且，他认为当执行官们使用这些策略时，他们的领导力评分会提高 60%。

诚然，你不会尝试着去领导一个大公司，你只是想在不晕厥或跌倒在地的情况下做一个优秀的公开演讲，你还想给人一个好印象并且真正把某些相关的信息传递给你的受众。那么，我们来看一下可以用于公开演讲的关键领导策略有哪些。

- **关联、比较和对比**

根据瑞士洛桑大学（University of Lausanne）组织行为学教授约翰·安东纳基斯的看法，富有魅力的演讲者可以通过有效地使用能让你与受众关联起来的隐喻、微笑和类比来帮助听众理解信息，与信息建立关联并记住信息（见第 7 章）。

- **故事和轶事**

二者都具有叙事的力量，并且应该用来表明一种看法，把你正在谈论的情境与故事中的情境进行比较。你的故事越个性化，效果越好。

- **对照**

这是一种修辞手法，约翰·F. 肯尼迪（John F. Kennedy）说的那句话"不要问你的国家能为你做些什么，而要问你能为国家做些什么"是这种手法的最佳范例。通过将你所处的立场与相反的立场进行对比，一个好的对照就可以阐明你的立场。安东纳基斯引用的另外一个对照是商务经理对他的员工说的一句话："在我看来，当你需要更多进攻的时候，你却采取了更多的防守。"

- **参与和提炼**

反问和三段论法都是参与和提取一条信息的非常有效的方式，比如："所以你今天可能会有三个关键问题：我会告诉你我要告诉你什么？我会告诉你什么？我会重复我告诉了你什么？"

- **展示信心和热情**

你可能真的很关注自己的工作，或者关注要求你谈论的任何其他东西，所以在你的发言中展示出你的关心，让受众感受到你的工作有多么重要。

《别做这样的科学家》（*Don't be Such a Scientist*）的作者兰迪·奥尔森认为，你需要用身体的 4 个器官与受众建立起关联：大脑、心脏、肠道和性器官。他说："目标就是让这个过程从你的大脑进入你充满诚意的心（灵），然后带着幽默进入肠道（捧腹大笑），如果你可以做到的话，那么理想状态下还会利用性吸引力进入到性器官。"

林肯总统在让他的科学顾问撰写葛底斯堡演说时再三思考

如果你不知道最后一个器官意味着什么，那就到网上看看布莱恩·考克斯（Brian Cox）的行动，或者伊莎贝拉·罗西里尼（Isabella Rossellini）也行。如果你依旧搞不明白，那就跳过这部分的建议吧！

付诸实践

这些都是有用的提示，但是一个好的演讲在结构上应该是什么样的呢（见第 8 章）？我们知道这需要一个开始、中间和结尾，但还有什么呢？研究再一次给我们带来了答案。南希·杜瓦特（Nancy Duarte）运营着自己的公司——专门为大公司和著名人士提供设计演说幻灯片服务，她分析了很多有影响力的演说结构，并且找到了一个常用的结构，如图 13.2 所示。

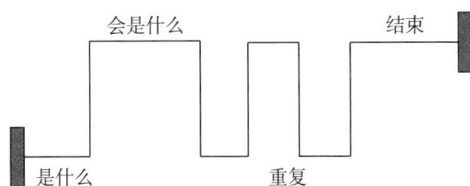

南希·杜瓦特的伟大演讲的结构

图 13.2 南希·杜瓦特的波形图结构

用大白话说，这个结构就是：

1. 用解释"是什么"作为开始，或用你想解决或带来改变的问题或话题是什么作为开始。

2. 然后解释"会变成什么"，即理想的结果会是什么。

3. 接下来解释为达到这个目标需要做什么，或者你需要经历什么样的过程。

4. 解释完所有的要点之后，用受众所期待的一个清晰的愿景来结束。

这类似第 8 章中所概述的 ABT 方法，如果你是一个 TED 演讲的粉丝，那就看看南希·杜瓦特在 TED 演讲中分享的演讲理论吧。

姿势的重要性

说到 TED 演讲，另外一项研究在打开声音和关闭声音的情况下对 TED 演讲者进行了分析，总的来说，所有的演讲者在有声或无声的情况下得分相同。怎么会这样呢？

你可能会说那是因为所有的 TED 演讲看上去都大同小异，但是远不止于此。我们往往在很大程度上会根据一个演讲者的相貌、站姿等来对他（她）进行判断。手势、微笑和声音的抑扬顿挫对于吸引住受众来说是非常重要的（没错，甚至有一个专门谈这个话题的 TED 演讲）。

采用一种有影响力的姿势

在线教育网站科学人（Science of People）的瓦妮莎·范·爱德华兹（Vanessa Van Edwards）发现，无论他们正在说什么，最受欢迎的 TED 演讲者平均会使用

465 次手势，而最不受欢迎的只用了 272 次。

手势可以在视觉上用来捕获受众的注意力、传递情感并且真正地强调你在说什么。位于纽约的科尔盖特大学（Colgate University）语言与大脑中心的心理学家斯宾塞·凯利（Spencer Kelly）副教授发现，姿势会让人们更关注演讲的声音效果。根据凯利的看法，"姿势不仅是语言的附属品，实际上它们是演讲的一个重要组成部分。"

在维基百科中，在"手势"这个词条下有一个有关手势的很棒的清单，它提供了一些如何使用这些手势的例子，比如克林顿的大拇指，特朗普闭合的大拇指和二拇指（"O 形手势"）。关于最佳的手势的指南，瓦妮莎·范·爱德华兹建议如下：

- 用你的手指来数数（理想的长度是三个，因为我们只喜欢三的法则）。
- 用你的手指或手来表明某些很大或很小的东西。
- 举起手掌——把手掌伸出来，就好像你要接受一个伸向你的传单。这会吸引受众看向你，就好像你要说的东西是非常重要的。
- 用手指指向某些东西——可以用来指向受众，或强调某个点。
- 手掌向内——可以把一个手放在胸腔，或者双手扫向自己，这可以用来强调有关你自己的或更个人化的东西。
- 有力的站姿——双腿分开，胸部稍微前倾，也许双手放在膝盖上。像一个获胜者那样站着，或像一个专家一样。你越感觉自己像一个专家和一个获胜者，受众也越有可能把你看成那样的人。

还有很多文章和研究发现提出了其他要做的和不能做的关键事项清单，下面是对某些最佳建议的简要总结。

- 不要死板僵硬，躲在讲台后面。自由地移动，但不要来回踱步。掌控讲台上可用的空间。
- 不要胡乱摆弄任何东西。双手放松，要有富有表现力的姿势。（不过，不要用奇怪地重复某些东西作为结束！观看一下自己的视频。）
- 引导你内心的帕特里克·斯图尔特（Patrick Stewart）[1]（对于那些没有与文化参照保持同步的人来说，那就是《星际迷航：下一代》（Star Trek:

_____

[1] 他有着威严的语调和口吻，非常适合吸引观众的注意力。——译者注

The Next Generation）中的舰长让-卢克·皮卡德），试着用好演讲的5个P：

> 投射（projection）——让你的声音在房间里回荡

> 节奏（pace）——用各种语速来匹配你在说的东西，并努力避免像紧张的机器人一样说话

> 音高（pitch）——你的声音应该抑扬顿挫一点，以强调某些东西（观看政客和TED演讲，观察他们是如何做的）

> 发音（pronunciation）——语言表达清晰，把棘手的词语讲清楚，否则就会偏离你想说的东西

> 暂停（pauses）——偶尔稍作停顿，深呼吸一下；暂停以示强调，或在阐明一个受众可能需要一点时间来消化的信息之后暂停一下

- 尽情享受（或者至少看上去你自己很享受！）。
- 重复，以保持受众的注意力，不过不要太过火。切记不要过火，绝对不要过火！
- 让自己成为某个主题方面的权威会增加你的可信性。
- 只有你非常擅长时才可以使用幽默（就像在办公室放屁一样，不要自我判断你多么有趣——问问那些会跟你实话实说的人）。
- 微笑（不要怪异地笑——我们都知道某些人在自己的档案上贴着"不要在公众场合微笑"的标签）。

当现场出差错时

我们都知道这不会真的发生在你身上，对吧？但是在你的头脑中应该有一个来应对这种状况的策略，没错吧？

职业演说家斯科特·伯坤（Scott Berkun）建议，如果你发现某些事情出现了大问题，比如信息技术让你失望了，或者你绝望地迷失在了自己的备注里，你应该在人群中寻找可以给你带来支持的面孔。他认为，那会成为一种情感基础。望着那个人，寻求支持，然后用那种支持来让自己前进，并回到正常轨道上来。

死于PPT

使用得好的话，PPT可以成为传播的一大福音，但如果用得不好，就真的会给你带来问题。

我知道，使用 PPT 被认为是一种牢骚满腹的事，就好像这是第八宗罪，但如果能创造性地使用，它真的可以协助你的传播工作。

我曾经聆听过一次优秀的演讲，演讲者的 PPT 上没有一个字，每一页都只是呈现了来自查理·卓别林（Charlie Chaplin）电影的图片，但是它却成为了讲者所提供信息的不可分割的部分。这真是一个超级赞的演讲，并且真的远胜于其他演讲。

在一篇题为《科学演讲的怪癖》（*The quirks of scientific public speaking*）的博文中，科学博主查德·奥泽尔（Chad Orzel）提出了很多人与 PPT 之间非常奇怪的关系。他认为，职业科学家在公开演讲中花费了大量时间，但因为在使用幻灯片上的表现非常糟糕，所以与政治领域和经济领域的演讲人相比，他们往往就显得有点业余。斯科特·伯坤列出了他认为演讲者使用了糟糕的幻灯片的 6 条理由：

糟糕的幻灯片代表着偷懒。我们知道，几乎所有愚蠢的事都比正确的事更容易做到。对于让人感到不愉快的事（即正确的事），大多数人在大多数时候很乐于只做到差强人意，然后就继续做下一件事。

幻灯片不仅用来辅助演讲。这方面的一个例子就是幻灯片的版面，在流通传阅的时候，它可以单独地作为笔记。

机构的传统要求糟糕的幻灯片。如果一个事件或机构内的大多数人都用同样无趣、难以理解且丑陋又分散注意力的模板，并且把项目列表投射在死亡之墙[①]上，那么这就会成为一种标准。

这让人觉得你好像做了大量的工作。对普通人来说，密集、沉重的版面似乎意味着你做了更多的工作，实际上，简单、清晰、简练的版面才需要做更多的工作。

他们真的不知道还有其他选择。有些人只是没什么见识，没有见过真正的好演讲。

演讲者把幻灯片作为他们自己的笔记。幻灯片应该是给受众而非演讲者本人看的，虽然在幻灯片中可以给自己留下线索，但是它们必须尽可能地少，而不至于对受众的体验形成干扰。

另外一方面，英国研究人员克里斯·阿瑟顿（Chris Atherton）发现，你在幻

---

① 这里指播放 PPT 的幕布。——译者注

灯片中使用的数据越少，大脑可以吸收的信息就越多。所以不要在幻灯片中充斥着数据点，只提供最简洁的文本（也许只是一个短语），理想状况是用一个图示或图表从视觉上对其进行辅助。他认为，稀疏的幻灯片会导致较少的注意力需求，而稀疏的视觉线索会导致对信息进行更好地编码。

简而言之，页数较多的幻灯片上较少的文字要优于页数较少的幻灯片上较多的文字。并且视觉会提供辅助，无论是一个图表还是来自查理·卓别林电影的图片。克里斯·阿瑟顿把他的研究放到了幻灯片共享网站 Slideshare 的一个 PPT 里，你可以去看看。

数据可视化

数据可视化的需求出现了大幅度的增加，但是就像给一个用户提供了太多的字体一样，这也会带来好的、不好的，甚至是糟糕的后果，比如，很多受众热衷于图，而不是信息。科学数据可视化充其量只是科学与艺术的结合，有越来越多的设计者和艺术家精通于此，他们基本不使用 Excel 程序。

如果你考察一下有效的数据可视化最早的案例，你会看到它们是如何以全新且令人信服的方式来用图表展示数据的。1854 年，伦敦一个名为约翰·斯诺（John Snow）的流行病学家表明，[注意不是《权力的游戏》中那个"你什么都不懂！"的琼恩·雪诺（Jon Snow）]，导致 500 多人死亡的流行性霍乱基本围绕在一个水泵的四周。他根据死者所住的位置，在一张城市地图上把每个死者的死亡地点绘制成一个点，从而直观地展示出，与水泵距离越近，死亡病例越多。这反过来让该城市有了更好的污水处理系统。

1858 年，弗罗伦斯·南丁格尔（Florence Nightingale）利用饼图的一种创新性形式——玫瑰图（她称为"楔形图"）直观地展示出了克里米亚战争（Crimean War）中士兵死亡的主要原因（见图 13.3）。通过利用不同的阴影来展示直接死于战斗的士兵与其他原因致死的士兵，人们可以轻易地看到有一个需要解决的问题——虽然你也可以表明她在旁边的文本中清晰地解释了这个图是什么意思，因为她的受众并不熟谙这种形式的数据。（在这里需要考虑的一个教训是，你做的是否是某些不熟悉的东西！）

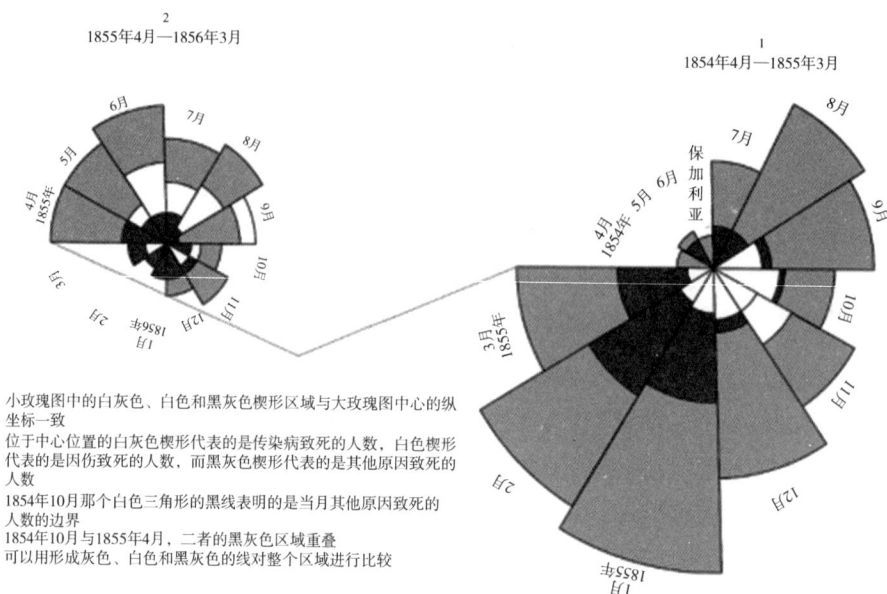

小玫瑰图中的白灰色、白色和黑灰色楔形区域与大玫瑰图中心的纵坐标一致
位于中心位置的白灰色楔形代表的是传染病致死的人数，白色楔形代表的是因伤致死的人数，而黑灰色楔形代表的是其他原因致死的人数
1854年10月那个白色三角形的黑线表明的是当月其他原因致死的人数的边界
1854年10月与1855年4月，二者的黑灰色区域重叠
可以用形成灰色、白色和黑灰色的线对整个区域进行比较

图 13.3　1858 年，弗罗伦斯·南丁格尔展示军队中士兵死亡原因的图表

　　有趣的是，她的研究是皇家委员会（Royal Commission）对克里米亚战争中士兵死亡原因进行调查的一部分，她与威廉·法尔（William Farr）并肩工作，后者是统计学领域的一个先驱，但是他并不赞成在报告中加入数据的可视化，只是在弗罗伦斯·南丁格尔的一再坚持之下才被纳入。

　　然而，我们还应该把目光放到好处之外，因为在历史上，数据可视化也同样有着不好的或丑陋的情况，包括扭曲了切片相对性的三维饼图、过于混乱的三维条形图，以及各部分加总没有达到 100% 的标准饼图［就像经常被引述的福克斯新闻的一个饼图一样，它表明 2012 年总统大选期间，共和党人中有 70% 的人支持萨拉·佩林（Sarah Palin），60% 的人支持米特·罗姆尼（Mitt Romney），63% 的人支持麦克·哈克比（Mike Huckabee）——加总后是 193%！］。其他常见的错误包括：

- 不可靠的数据
- 对可视化的选择错误
- 太多信息

- 尺度不一致
- 裁剪坐标
- 缺少标签或参考文献

跟充满敌意的受众交流

在你的职业生涯中，还有一些时候，你可能会发现自己要跟充满敌意的受众交流，无论是解释一个富有争议的发现，还是一个不受欢迎的科学决定。有时在利用类比之前，你会被捕食者攻击的这种原始恐惧可能会变成真的，对这种受众而言，你有很多事情可做，而非对抗他们。比如：

- 在跟他们交流之前先听听他们的看法。
- 从讲台后面走出来，坐在或站在距离他们更近的地方。
- 以一种你并非跟他们疏远而是表明你喜欢他们的方式来跟他们交流。
- 如果他们关切的不是科学本身而是其他东西，比如谁会受益，谁又会承担风险，那就不要陷入解释科学细节的泥潭。
- 从对人类的影响和收益方面来谈论。

不过，有时候你需要摆脱这种包容性的策略，比如当问题和答案失控的时候。让人们有发言权，但不要让他们成为主导，尤其是当你的报告有问答环节时。一些好的指南包括：

- 不是每个问题都有答案。有时候最好的回应是"这非常有意思。我们会考虑这个问题。"
- 如果有人对你的提议表示愤怒，不要为自己的建议抱歉，而要对他们的感受表示歉意。"非常抱歉你是那样看的。"
- 不是每个问题都是问题。很多情况只是陈述，你可以选择回应哪个问题，或者简单地感谢他们的评论并继续讨论下一个问题。
- 如果有想利用这个平台来展示自我的某个人，你最好走下讲台，来到受众中，到他身边，而非让他们来找你。亲近性也会改善关系，并且让敌意难以为继。（不要把话筒递出去，而是要自己拿着，递到他们的嘴边，以确保自己能掌控它。）

　　有关公开演讲的好消息是，好的公开演讲是可以习得的。可以通过练习和像学习好的案例以及心智可视化这样的技术来实现。

　　你也可以用同样的方式来克服对公开演讲的恐惧。

　　在一个优秀的演讲的结构和内容是什么样的方面，有一些你可以利用的有用的模式，让你的演讲具有叙事结构，并保持流畅。

　　让它个性化并使用趣闻轶事。寻找你认为最有效的关键原则并使用它们。

　　所以当下一次公开演讲的机会来临时，积极地做好准备，你更有可能以信心满满且富有成效的方式来完成它。

要点

- 对公开演讲感到焦虑是正常的，你可以用练习以及通过理解什么让你感到焦虑来克服它。

- 优秀的公开演说家会利用神奇的领袖感召力，这是可以通过练习得到的。

- 一个好的报告可以仿效其他好的报告的结构。

- PPT 可以很有效，前提是用好它。

- 面对怀有敌意的受众时，使用风险传播策略。

第14章

参与

"参与。"

——让-卢克·皮卡德舰长,《星际迷航:下一代》

与人们就社区参与进行的对话越多,我就越发现大多数人实际上并不知道这是什么意思,他们真的只是喜欢说这个词。或者他们有自己的意思。

社区参与,或者说公众参与,已经成为很多类型的科学传播活动的一个时髦行话了。通常来说,如果你在谷歌翻译按照其缺省设置来搜索这个词语,得到的结果可能类似于表14.1中所呈现的。

表14.1 把参与目标转换成它实际上的意思

原意	翻译成实际上的意思
"我们需要与我们的目标受众进行更多的社区参与。"	"我们需要更多的受众。"
"我们想开展更多的公众参与。"	"我们想告诉人们我们在做什么。"
"在我们的项目上没有充分的社区参与。"	"人们对我们在做什么没有一点头绪。"

那么社区参与是什么呢?

这个术语是一种特殊类型的参与,简而言之,它是关于共享信息以做出决策的。为了让你对此有所理解,我们来看看它是如何演化的,以及它如今是什么样子的,就像你分析一种鹦鹉或蜘蛛一样,我们需要通过考察它的演化来解释它现在的样子。

美国疾病控制和预防中心发布了一个名为《社区参与原则》(*Principles of Community Engagement*)的综合性文件,该文件解决了社区参与的很多理论与实践问题。它对社区参与提出了一个能够捕捉到其关键特征的非常有效的界定:

> ……与隶属于地理临近性、特殊利益或类似情况的人群共同协作并通过他们来解决影响这些人福祉的议题的一个过程。这是一个会带来环境和行为变化的强有力的工具，这些变化能改善社区及其成员的健康。它通常牵涉到伙伴关系和联盟，这种伙伴关系和联盟能帮助调动资源和影响系统，改变伙伴之间的关系，以及充当改变政策、项目和实践的催化剂。

显然，用这个界定来向你的祖父母解释事情或尝试着把它作为一种搭讪方式会有点不实用。南澳大利亚政府（South Australian Government）在《社区参与手册》（*Community Engagement Handbook*）提供了一个更简单的界定：

> 社区参与说的是让社区参与到决策过程之中，这对于政府、私人部门和社区顺利地做出可接受的政策和决策是至关重要的。

那么现在搞明白了吗？它说的是让社区参与到决策制定之中。

让社区参与进来而非试图向他们兜售什么东西的一个范例就是，在澳大利亚开展的一个与风力发电机有关的最佳社区参与实践研究。最初的问题是，很多社区对在他们的区域安装风力发电机的益处存在着严重的分歧。一般来说，那些出租自己的土地来建设这些巨型白色风力发电机的人对此表示支持，而那些没有获得益处的人则担心它们对风景的影响，以及这些风力发电机产生的低频率噪音所带来的可能的健康影响。

该研究发现，有效的参与需要超越传统标准的咨询方法，这种方法是一群专家站出来并告诉社区为何这对他们来说是很重要的，进而给他们提供一些科学和统计数据，然后收拾行李，各自回家。对于那些和你所从事的行为立场相同的社区来说，这种方法很有效，但是这种社区非常罕见，所以你可能只是在激起更多的担忧。

该报告建议，优质参与的基础是通过"为社区参与到一个项目的发展中提供有意义的、持续的机会"，来促进关系、建立信任、增加所有权的感觉，并灌输合作的意识。这个研究界定了最佳实践的几个关键原则：

- 互惠互利
- 互相尊重

- 建立关系
- 真实性
- 适宜性
- 持续参与
- 透明性
- 回应性

这项研究还绘制出了可能与不同的参与程度相一致的各种活动（见表14.2）。

表14.2　与不同层次的参与相一致的活动

	仅仅顺应社区参与水平的标准开发方法"给"社区开发		高层次的参与或社区开发者伙伴关系"与"社区一起进行开发		社区启动的风力电厂"为"社区或者"由"社区进行的开发
	告知	咨询	融入	合作	赋权
社区参与的目标	提供均衡的目标和信息。在问题、备选方案和解决方法方面协助社区对此加以理解	对计划、选择和决策获取反馈	在从可行性到可操作性以及停止使用的整个过程中与社区进行直接合作。确保关切和愿望能够始终如一地得到理解和考虑	在计划、开发和决策制定的每个方面都与社区形成伙伴关系，包括对备选方案的开发以及找到更偏好的解决方案	让社区引领风力电厂的建设。把最终的决定权交到社区手中
对社区的承诺	确保社区得到告知	确保社区得到告知。倾听并承认某些关切。就社区的投入会如何影响决策提供反馈	与社区一起合作以确保关切和愿望能直接地反应在所开发的备选方案中。就社区的投入会如何影响决策提供反馈	在形成解决方案时，向社区直接寻求建议和创新。尽最大可能把建议和意见整合到决策之中	贯彻执行社区所做的决定

	仅仅顺应社区参与水平的标准开发方法 "给"社区开发		高层次的参与或 社区开发者伙伴关系 "与"社区一起进行开发		社区启动的风力电厂 "为"社区或者"由"社区进行的开发
	告知	咨询	融入	合作	赋权
社区参与的结果	确保土地所有者的自主权。获取制订计划的许可。符合要求	最小化反对意见。有效地管理抱怨。良好的业主关系。一定程度的社区信任	对风力电厂形成长期的在当地的社会认可度。强化当地的关系和信任。当地的倡导者	社区—开发者关系,风力电厂的一部分由当地社区所拥有。更大的社区收益。受欢迎且具有支持性的社区主人翁精神。强有力的本土关系和信任。及时开发风力电厂。对风力电厂形成长期的社会接受度,并培养当地倡导者	对当地情境定制的收益共享模式。社区规模的项目。管理社区的技能和资本。不具备技能的社区成员管理这个项目。拥有和控制更大的社区

这是以参与的信息图形圣经（infographic bible of engagement），或者公众参与国际协会（International Association of Public Participation，IAP2）的公众参与图谱（spectrum of public participation）为基础的。每个严肃地对待公众参与的人，都应该知道由公众参与国际协会开发的公众参与图谱，它把参与分成了5个关键层次，其范围从简单的告知一直到赋权：

- 告知
- 咨询
- 融入
- 合作
- 赋权

每个层次都从直接的信息供给、获取反馈、紧密合作、结成伙伴关系以及最后将决策权转交给受众中获得越来越多的参与感。表14.3给出了适合于每个层次的参与的技术。

表 14.3　不同参与层次的技术

告知	咨询	融入	合作	赋权
明白纸	公众评论	研讨会	顾问小组	（更少地依赖于技术， 而更多地依赖于关系）
网站	焦点小组	协商式民调	讨论论坛	
广告	调查	社交媒体		峰会
新闻通稿	利益相关者会议	顾问小组		协商式民主
简讯	店面	讨论论坛		公民科学
邮件组	热线电话			协商式论坛
社交媒体	简报			公民陪审团
	反馈论坛			
	社交媒体			

　　这个模型十分重要，我强烈建议你像我一样把它刻在自己的脑海里。（是的，我实际上并没有，但是你知道，永远不要把那些只是听起来不错的随意主张接受为事实，对吧？）当承诺使用一个模式比如合作，但实际上却兑现了另外一个模型——比如融入，那么就会在参与方面产生一种最大的负面效果，因为在期望与兑现之间会出现隔阂。

　　很多社区群体或个体偏好采用更高层次的参与，比如合作或赋权，但是却被告知这不会发生，他们需要做的就是融入（involvement）。重要的是，要理解在你想要得到的与你计划兑现的之间是否存在差异，以便可以在早期解决那些错配的期望。

　　由于可以利用很多不同的社区参与模式，所以重要的是，要选择那个最适合你的受众模式。比如，在很大程度上抵制你的信息并且对科学缺乏认知的社区成员最好用融入模式（an involve model）让他们参与进来，那些极其支持科学并对科学有适当认知的人最适合用合作模式。

没人喜欢老鼠

　　对很多组织来说，放弃对决策制定权的控制甚至共享决策制定权并不容易，因为这些组织可能担心公众会做出错误的决策。但是证据表明，这种情况很少发生，人们在充分地参与到决策过程之中并获取到所有可用的信息时，往往会做出明智的决策。

　　这里有一个可以说明上述观点的例子。几年前，我在一次研讨会上听到一个研究人员讲了一个故事，有一种存在于理论上的病毒，通过研发这种病毒可以让老鼠绝育并预防老鼠泛滥成灾。故事是这样的，研究人员走进了澳大利亚某乡村社区，问那里的人们对研发让老鼠绝育的病毒怎么看。得到的回应并没有他们所期望的那么好，因为很多人担心这种病毒是否会进入到本土老鼠的身上，或者进入到人身上，等等。

研究人员思考了这个问题之后并没有进一步地开展咨询工作，而是发起了一个更充分的社区参与项目。他们返回到那些受到季节性老鼠泛滥极大影响的社区，并跟社区居民进行了交流。这样做的出发点是，每一位社区居民都认同他们不喜欢老鼠，所以在一开始就取得了共识。

通过与社区进行合作，他们继而认真检查了摆脱掉老鼠的所有选择，比如也许可以引入更多的猫，或者射杀老鼠，或者毒死它们，或者雇佣一个魔笛手（pied piper），我不确定都有什么选择，但是我确实知道的是，其中一个选择包括了研发可以让老鼠绝育的病毒。

当社区成员积极地参与到如何控制老鼠的决策之中，并且评估每种选择的风险、收益、成本和可行性时，他们总是认为病毒是最好的选择。

因为一系列复杂的原因，这个研究项目本身从未取得进展，但如今，我们需要在利用基因驱动来控制害虫上进行类似的讨论。不过，这个故事的寓意是：分享数据和决策过程，公众一般就会做出明智的决策。

社区参与的演化

很多研究人员勾勒出了社区参与的演化过程，以及它得以从中演化的很多学科和有意思的领域。一个关键的触发点是英国政府上议院科学和技术特别委员会在 2000 年发表的报告。

上议院对科学和社会的关系进行了一次质询，它们的报告标志着全球科学传播出现了一个重大的转折点。一个关键发现（其影响尚未达到它应该达到的那样深远）就是如果要让更多持怀疑态度的公众成员以及不太参与进来的公众成员参与到科学之中，那么光靠教育活动是不够的。该报告建议了一种不同的方法——通过对话，或者说参与，那些试图推广科学或基于科学的证据的人可以借此来倾听公众的关切。

这导致全球范围内出现了一种躁动，把更多基于对话的方法整合到了与科学有关的公共咨询之中（尤其是争议性议题，比如转基因食品或人类胚胎研究——这是如今两大热点话题）。这些公共咨询活动尝试了很多不同的方法，比如辩论、公共会议、研讨会、公民陪审团以及共识会议。

社区参与的最佳实践的观念仍在持续演化中，这很大程度上是以于欧洲发展起来的日益增长的理论和实践为基础的，通常是围绕着争议性技术的，比如，荷兰的拉特瑙研究所（Rathenau Institute）开发的社区参与的最佳实践指南就包括：

- 区分风险议题和更广泛的辩论，并且积极地解决风险议题
- 在制定政策中纳入关键的非政府组织，并且协助小型非政府组织的介入
- 对风险治理和不确定性提供清晰的信息
- 制定一个广受支持的公共议程
- 把这个话题的社会性特征告知公众
- 通过小规模的参与活动让公民有发言权

这个研究所发现，小规模的参与，可以与政府支持的大规模、高调的参与活动同样有效，包括在英国举行的纳米陪审团（Nano Jury）和基因改造国家（GM Nation）。

有时，明显地认同公民陪审团理念的某个人会问我对运行公民陪审团的看法。我通常的建议是，这就像律师一样，你永远搞不清楚陪审团会向哪个方向走。这是一个高风险的策略，不过可以通过招募人数较少的陪审团而非组成一个大型陪审团来缓解。

拉特瑙研究所还发现，不存在一种"放之四海而皆准"的方法，如果所定制的活动能够符合不同细分人群的动机，那么不同的活动就会更有效。

越来越多的研究人员和从业者提出了不同的方法论、实践和建议。这意味着，如果你严肃对待公众参与，会有许许多多可以利用的研究。但这也意味着，你可能会有让自己淹没在已发表的文献之中的风险。澳大利亚的一个研究人员约翰·吉尔伯特（John Gilbert）仅在与森林大火有关的参与或教育项目方面就找到了大约60种不同类型的文献。

当社区需要拥有社区参与时

很多参与可以是有关给社区赋权的，以便让他们对自己的福祉做出决策，比如有关森林大火或环境净化的决策。这种参与的目的是，让社区成为解决某些问

题的积极的合作伙伴。

当社区拥有了参与时，也意味着社区在"成功者"和"失败者"之间做出了折中方案，并且取得了共识。不要试图替社区做这件事，否则你最后会成为坏人。并不是每个人都能够认识到他们的关切在结果中得到了体现，因为在任何社区中都有观点的差异，但这至少应该是大多数人的一致意见。

对于那些不支持某一结果的人，应该为他们提供持续的对话，并且随时告知事情的进展。

给社区赋权以让其对会影响社区的某些事做出决策可以带来益处，如增加对你的机构的信任程度。另外一种益处是人们对减缓风险的信息采取行动的可能性会增加。比如，在人际关系生疏的阿拉斯加社区针对应对海啸而开展的一项研究发现，赋权增加了社区在准备应对这种灾害上的投入和动机。

什么是好的参与？

很多专家坐在山顶上，仔细考虑着那个问题，当开展探索的社会科学家爬上山顶，问他们什么是好的社区参与时，他们说："那完全取决于情境。"他们说得没错。你读到的最佳实践活动的任何名单都需要适合你的特殊环境和目标，但是也有一些需要理解的原则。

因为每个社区都不同，都是由不同的个人所组成的，因为不存在适用很多社区的一个公式化的方法，并且在一个社区内开展的讨论的类型可能在另外一个社区就不适用。这就要求在公众参与方面开展工作的员工擅长社区讨论的各种方法，并且授权他们试验这些方法，进而增加他们的知识基础。

好的参与通常开始于承认并确认人们现有的信念和态度，然后就人们珍视的东西进行对话。通过利用对他们最具价值的话题来给对话设置框架的方式，可以为如何最好地让社区参与进来提供一些洞见。它还会让你更好地把公众的价值观融入决策制定中，并且测量公众与关键的权衡决策相关的偏好。

所以，理想状况下，有关开发一项新技术的好的公众参与应该是这样的：

> 科学家开发了一种新的工艺或提出了一种创新，在应用之前，他（她）就将受影响最大的社区希望如何开发和使用这种技术与社区成员进行了一次讨论。
>
> 社区成员与开发者、监管人员、其他专家以及受影响的利益相关者一起坐下来，通过明确且合理的方式讨论了应该对什么类型的应用投入资源，应该开发什么类型的产品，从各个方面对议题进行了评估。
>
> 在切实理解了公众的关注点后，甚至是获得了操作的社会许可之后，才能让研究按照某个特定的方向持续前进，用于开发的资金也更容易获得，并且产品才能被开发出来。
>
> 公众、科学家、资助者、监管者和开发者都对结果很满意。

不过在现实情况下，围绕着开发一项新技术的公众参与往往是这样的：

> 科学家提出了一个好的创意，然后四处搜寻可以使用这种创意的地方，聚焦于最有可能提供研发及商业化经费的领域。
>
> 当一项创意最终变成了应用，它就会被带到市场上，因为各种原因，它有可能成功，也有可能会失败。
>
> 如果有社区在此时对这种应用提出了反对意见，那么科学家就会开展参与活动，通过解释这里的科学及其益处，并且与公众共同工作来最小化风险认知，以尝试着向社区兜售该产品或工艺的益处。
>
> 这项技术一路跌跌撞撞——虽然不是每个人都对此感到满意。

对于第一个模式，我们的脑海中不会浮现出太多的例子，第二个模式会有很多的例子。绝大多数第二种情况所基于的假设是，如果一个创意吸引到了资本的投入，那么它一定是个好的创意。但是思考一下，如果转基因作物的开发者在开发出这种技术之前就走到公众中，并且说道："我们有一种名为基因技术的新技术，它基本上是这样发挥作用的。那么你希望我们用它做什么呢？你们最可能支持哪种类型的应用呢？"那么转基因作物的发展路径会有什么样的不同？

你可以非常确定，很少会有人回答说："我们一起培育一种对你公司生产的杀虫剂或除草剂具有抗性的广亩（broadacre）作物吧！"更有可能的是，他们会要求更健康的作物，或者从温室种植的作物中提取的药物。我们永远不会知道那样做的答案会是什么，因为我们今天所拥有的大量有关转基因作物和食物的参与活动——已经有大量的活动了——都是在产品被开发出来之后才开展的。但是在基因编辑技术的新应用方面，存在着更好的公众参与的迹象。

最佳实践什么样？

美国疾病控制和预防中心认为，好的社区参与应该有三种关键结果。

能力建设：社区赋权理论强调，没有外部实体应该认为它能给一个社区赋予其在自身利益方面采取行动的权力。相反，那些致力于让社区参与进来的实体，在恰当的时候应该提供工具和资源，来帮助社区在其自身利益方面采取行动。

社区赋权：赋权使被边缘化的个体和群体对自己的生活和环境获得更大的控制权，并且得到有价值的知识和资源。赋权应该既是社区参与的一个过程，又是一个结果。

联盟搭建：社区参与越来越被视为一种有价值的过程，不仅是在确保社区参与到（participate）影响他们的决策方面，而且强化了社区和政府或其他机构之间的关系。这个概念说的是在地方层面上促进人们参与到决策制定之中的公众参与（public participation）。

不同的社区参与类型可能包括如下 5 种。

基于决策的对话：这些旨在就具体决策与特定的决策制定者建立伙伴关系的对话，将涉及多元的视角，但是决策制定者在制定决策中将保证考虑所收到的信息输入。

提高意识的对话：这可能在特定的决策制定者和特定的利益相关者之间举行，

既增加对决策是如何制定的认知，又告知和拓宽决策制定。

参与式技术的评估：这通常被称为协商式对话，这些对话是在决策制定者和社区之间举行的，并且涉及分享对议题的研究和分析，让社区参与为特定技术的发展设定方向，考察正反两面，以及当前和未来的影响。

话语性的公共论坛：这种参与试图为公众制造机会，以使他们参与到与专家和决策制定者的更亲密的对话或小组讨论中，来帮助形成更好的决策。

回溯上游参与：位于"上游"背后的理念是要在发展的初期参与进来。下游参与是在科学（或技术、产品）已经被开发出来之后进行的。好的参与需要是上游式的，人们在这方面已经写了很多论述了，但因为上游参与有时在本质上来说是高度试探性的，尚不确定一项科学或技术的轨迹会如何发展，所以现在有中游参与的说法，因为对很多情况来说，这可能是更现实的。

我可以用一整天的时间来给你提供最佳实践原则的名单（如果这是一个奥运会比赛项目，我会是奖牌的竞争者之一），但更重要的是，要理解每个原则后面的理念，因为在参与方面没有一个完美的模型，就像一个社区之内没有一套统一的视角一样。有时更加非正式的参与方法是首选，那可能包括单一的对话。有时需要社区的很多成员进行更广泛的参与。

在转基因技术和纳米技术这样的议题上，我参加过很多参与性活动，并且发现为受众找到正确的模型就是成功的一半。与社区进行参与的好的模型可以建立在如下基础上：

- 积极地倾听人们的态度、观点以及产生这些观点的更深层次的原因
- 用非常小的步骤来让人们踏上一个旅程，从当前的立场转向共识可能会出现的立场
- 告诉人们他们已经在想什么，并证明这样认为是合理的
- 理解并承认人们的价值观
- 同等地考虑所有意见并且兼顾所有的意见
- 坚信不同的意见是以某些支持性证据为基础的
- 让精确又相关的信息可供所有参与者使用

同样重要的是，要知道好的社区参与需要，在开展社区参与的组织内以及

在你试图与之进行交流的社区内出现文化上的变革。这是一个持续的过程，它的实现需要相当长的时期。比如，西澳大利亚消防与紧急服务部社区参与框架（Western Australia Department Fire and Emergency Services Community Engagement Framework）提供了一个为期 5 年的时间表，来开展包括持续改善在内的参与的最佳实践。

> 记住，当你面临的选择与你应该怎么做的清单有点让你吃不消时，你要找到与你如何开展工作产生共鸣的那个模式并且坚持使用它。在将来的某个时候，可能会用到其他的选择，也可能不会用到。

多元利益相关者的参与

另外一种类型的参与是，你需要让多元利益相关者参与进来，他们代表着非常广泛的利益相关者群体，在一个话题上存在着彼此竞争的看法。这些群体彼此之间可能不会相处得特别好，最终你会得到如同联合国试图在某个争议性话题上达成一致那样的结果。浮现在我脑海或记忆中的一个例子就是在转基因作物方面的参与，它的参与者需要包括农民、有机作物种植者、研究人员、监管者、当地权威、社区群体和科学家。这么说吧，他们不是一个来参加你的晚宴并表现得彬彬有礼的群体。

虽然在领域上存在着差异，但是让多元利益相关者参与进来这个过程，主要意图是利用非常广泛的知识和视角，并让它奏效，也期望达到一个共同的结果。为达到这个目标，众多的利益相关者必须愿意在赢得一些东西的同时放弃其他一些东西。参加到这个过程之中但是根本不愿意在任何方面做出让步的人都不是真正地参与了这个过程。很多这种类型的参与就是要在转向寻求任何共识之前进行坦诚的倾听和视角共享。

科学技术参与路径的社区参与模式

科学技术参与路径（Science and Technology Engagement Pathway，STEP）模式是以围绕着纳米技术的多元利益相关者的参与为基础的。它为在复杂议题上与复杂的受众进行交流提供了一个好的模型。这个模型被国际公众参与联盟（International Association of Public Participation）授予了最佳实践奖，它以 7 项参与原则为基础：

1. 承诺和诚信

在组织者和参与者中有高层次的承诺和诚信，包括有保持透明度和公信力的机制。

2. 目标和范围的清晰性

对参与的目的是什么，有什么方案，成功是什么样子的保持清晰。

3. 包容性

在人和视角的多元性上具有包容性，所以把一系列广泛的视角带入讨论中，并且所有与之存在利益的观点都能被倾听到。

4. 好的过程

包括一个恰当且结构化的过程；自始至终和参与者进行交流和咨询；适当地独立监督和评价。

5. 共享有质量的信息 / 知识

共享相关、精确和均衡的信息以及知识。

6. 对话和公开讨论

真实、互动且协商式对话；开放而非封闭的讨论。

7. 影响决策制定

展示对决策制定的影响。

应该由多元利益相关者群体自己来处理优势和劣势，直至通过正在协商的共识来达到某些一致。可以让普通公众成员到场来代表更广泛的公众，以让这个过程得到强化，因为很多利益相关者会主张他们正在为了更广泛公众的利益而工作。如果在场的公众成员不认同激进团体对公众利益所做的修饰过度的武断式陈述，那么它在降低这种武断式陈述上就非常有效。

通过公民科学实现社区参与

公民和科学家都对公民科学越来越有兴趣，随着更多的科学家认识到可以从公民科学项目的合作中获得益处，以及从这个项目中获得的数据非常好，有关公民科学不是"真的"科学的理念正在逐渐消失。

公民科学也为向非常投入的受众传播科学提供了一个巨大的机会。

很多公民科学的模型和界定漂浮在我们周围，但是我最喜欢的一个来自科学启动器（Scistarter），它有 4 个关键原则：

- 任何人都可以参与

- 参与者都使用同样的协议，所以可以对数据进行组合，并且质量也很高

- 数据可以帮助真正的科学家得出真正的结论

- 由科学家组成的一个广泛社群和志愿者共同工作，并且共享公众以及科学家可以获取的数据。

社区参与的不同模型

研究人员罗威（Rowe）和弗鲁尔（Frewer）发现了 100 多个正在实践的参与的案例，无论你采用哪种案例，它都会对你的结果产生巨大的影响。然而通过观察表明，人们往往会选择那些最适合组织者所偏好的结果而非参与者所偏好的结果的模式。他们引述的模型包括：

- 公民陪审团

- 社区晚宴

- 基于计算机的技术

- 热线电话

- 家庭招待会

- 学习圈

- 世界咖啡馆

研究人员针对参与的不同模型所进行的另外一项研究发现了 7 个主要类型的模型，并且考察了这些模型的代表性，以及人们偏好哪个模型。这些模型分别是：

1. 对话

2. 参与式技术评估

3. 法律公开听证会

4. 与外行公众和专家举行共识会议

5. 把利益群体纳入其中的拓展性的共识会议

6. 投票表决会议

7. 情境工作坊

分析发现，在大多数模型下，一个或另一个群体对权力持有关键立场：

- 在共识会议中，持有这种立场的是外行。

- 在公共听证会中，持有这种立场的是管理人员。

- 在参与式技术评估模型中，持有这种立场的通常是科学专家
- 不过，在投票表决会议和情境工作坊这两个模型中，所有参与的群体都有同等的权利。这些模型被认为更加"均衡"。

澳大利亚的 4 位研究人员珍妮·戴维斯（Jenny Davis）、尤安·里奇（Euan Ritchie）、珍妮·马丁（Jenny Martin）和莎拉·麦克拉根（Sarah Maclagan）认为，最佳状态下的公民科学可以给个体和社区赋权，并且可以揭开科学的神秘面纱，以及制造绝佳的教育机会。

不管这涉及在郊区后院采集鸟类数据，分析博物馆数据还是星图，很多项目都可以从参与其中的志愿性公民科学家大军那里获得益处，尤其是环保项目。这些项目通常还能把人与自然重新连接起来，并在科学的过程中激发出想象力和激情。

作为公民科学的一个很好的验证，在 2017 年的一个公民科学家项目中，来自达尔文的一个修理工发现了一颗系外行星，这个项目涉及参与者仔细地审阅来自美国国家航空航天局开普勒太空望远镜的数据。这个项目是 BBC 电视节目《观星指南》（*Stargazing Live*）的一部分，活动的主角是英国物理学家布莱恩·考克斯。

实际上，这一发现让考克斯深受触动，他说："在我运营《观星指南》的 7 年里，这是我们迄今所做的最重大的科学发现。"

可以在一系列情境下开展公民科学项目，从独自一人坐在家里的计算机前到全家人一起外出到某个特定区域计算动物或植物的数量。所有这些都给人们提供了拥抱他们内心的科学家的机会，这从本质上来说是极好的——对吧？这形成了一个具有科学素养的社会。

你会这么想的，我与一些赞同这种看法但仍然对数据的质量表示怀疑的科学家进行过交流。

他们组成 7 人研究团队，开展了一项研究，他们对公民科学项目中的 1000 多个志愿者进行了考察，根据志愿者目前对科学的参与程度，将这些人分成了 6 个小组。他们发现参与程度最高的人不仅更有可能参与到公民科学项目中，而且会产生非常好的数据，这没什么好奇怪的。通过对公民科学项目采集数据的 1300 个案例与职业科学家的数据进行对比，该研究首先发现，虽然很多研究人员对在

他们的定性讨论中使用公民科学数据持乐观态度，但是比较的结果只有 50%~60% 满足了科学研究要求的足够精确性。

然而，研究人员还发现，当对公民科学家有更多培训以及当他们对研究的结果存在着经济或健康方面的利益时，他们就会提供更高质量的数据。

所以，如果你介入到公民科学项目中，就要确保对参与者进行很好的培训，并确保他们与这些项目有一些个人利益关系。

通过分析几个公民科学项目，我们发现了什么才是成功的项目，以色列理工学院给出了一份清单，它包括：

- 清晰的科学目标
- 清晰的教育目标
- 与现有的社区合作
- 用户友好型的界面
- 采集数据的简单平台
- 在线视频、教程和工作指南
- 社交平台支持
- 明确地传播扩散研究结果

新罕布什尔大学（University of New Hampshire）提供的另外一个名单是：
- 把关联用到地方
- 找到并会见潜在的志愿者
- 满足志愿者的需求
- 保持协议的简单
- 让它有趣
- 人们喜欢与人打交道
- 定期地提供机会来更新进展
- 记录你的成功
- 感谢并回报参与者
- 共享你的结果
- 评估你的项目

那么什么是不好的参与？

每个硬币都有另一面，研究人员对澳大利亚维多利亚地区的参与选项进行了研究，这项参与是关于应对洪水的，他们考察了因参与策略计划不周或执行不周而引发的有效参与的障碍，以及修复这些问题的努力所产生的结果，如表 14.4 所示。

表 14.4　参与的障碍以及克服这些障碍的策略

问题	策略	结果
通过不熟练的咨询顾问来处理较差的社区参与过程。 利益相关者认为社区咨询的水平和层次不充分且不理想	咨询顾问召开另外一次预览策略草案的会议	利益相关者报告说他们不想在最后的这个阶段做出任何改变
关键的利益相关者感到自己被排除在外了，并且忽视了重要的本土知识	在回应这些关切方面，咨询顾问展示出了某种灵活性	利益相关者怀疑他们的投入是否被视为是可靠的或权威的
因为没有给利益相关者提供充分的信息以参与讨论，所以在群体之间出现了信息共享的缺乏。咨询顾问对利益相关者的利益期望较低	没有记录在案的策略	利益相关者认为他们的投入是象征性的

导致潜在的好的参与最终变成了较差的参与的原因有很多，其中一些可能不在你的掌控范围之内，但是失败的参与的三大忌分别是：

- 让它更多地变成了营销，或者试图让一个利益相关者群体转换成另外一种思维方式。
- 开发的参与活动脱离于需要参与进来的所有利益相关者。
- 对政策或技术发展没有产生影响。

最后一项非常重要，也是很多理论和研究模型失败的地方。他们开发了一个优秀的模型，每个人都报了名，并且开展了优秀的参与，但是位于政府或任何其他地方的掌权者对结果不以为然，它没有产生什么巨大的影响。

那么，让我们回到本章开头的表 14.1，看看它应该如何克服谷歌中那些胡说八道的过滤器（表 14.5）。

表 14.5　将参与目标翻译成它实际上的意思

最初目标	实际解读
"我们需要与我们的目标受众进行更多的社区参与。"	"我们需要开发一些参与模型来更好地与受众进行互动。"
"我们想开展更多的公众参与。"	"我们真的希望与公众进行参与，并协同设计他们最希望我们提供的东西。"
"在我们的项目上没有充分的社区参与。"	"在参与活动中，我们有充分的社区参与，我们需要通过询问社区来找到什么才是更有效果的。"

应对策略

社区参与已经成为科学传播的一个重要组成部分，因为现在人们了解到，对于很多议题来说，只是简单地提供信息是不够的。社区成员想成为影响他们决策的积极参与者。

有很多很多可供你选择的参与模型，但是它们的基础都是为与你进行合作的社区提供某些权力——无论是决策制定的权力，还是获取更好的信息的权力。

可以让你在大多数情况下顺利出线的 5 条基本原则是：

1. 找到你打算开展什么层次的参与，以及与你进行参与的社区在这个过程中会有多大的权力。

2. 对你正在开展的参与的水平开诚布公，以避免你的期望与社区的期望出现失调。

3. 当你与社区成员进行会面时，对可能存在的任何关切的感情（或任何其他强烈的情感）进行验证。

4. 对人们不同的价值观进行讨论，并围绕着这些价值观对参与设置框架。

5. 当人们想要科学事实时，他们就会去寻求这些。不要认为你需要在此之前给他们提供这些。

要点

- 在实践中有很多社区参与的形式，其范围从告知到赋权，当你转向赋权的时候，这就需要更高水平的参与。

- 社区参与的根本目的是给社区赋权去做决策，你所选择的任何让社区参与进来的方法都应该支持这个目的。
- 有很多的参与模型可供利用，要找到那个最适合你的。
- 有效的参与需要花很长时间来实现。
- 有效的参与也需要花很长时间来学习，有效的策略应该追求为那些承担任务的人提供充分的技能，比如得到职业参与协会的认可。

第 **15** 章

P 值：政策和政治

"在发展研究中，让一项新的发现进入政策和实践之中和发现本身同样重要。"

——莫林·奥尼尔，国际发展研究中心前总裁兼首席执行官

我记得有一天，在一个组织的管理课程上，让房间里每个人都昏昏欲睡的老师突然讲了一些非常深刻的东西，甚至他说的其他东西都被我淡忘了，这些东西还一直萦绕在我的脑海中。他说任何一个有机体的首要目标就是维持其生命，这是组织管理上的一个隐喻。你的首要目标就是维持你的预算，没有了预算，其他都无所谓了，因为你也不复存在了。

他说的没错。如果你是一个商业实体，比倒闭更重要的就是缺乏收入。如果你是一个政府机构，这同样也适用。如果得不到资助，你也就不复存在了。

因此为公共部门服务的很多科学传播者发现自己越来越多地承担着营销或联络利益相关者的任务。在财政紧缩时期，你的技能更重要的一种用途就是帮助筹款。你可以这么想，你的身体在危机时刻会把所有的血液都吸引到最关键的器官上。如果你都冻僵了，你还要手指头干吗？你需要用那些血液来维持你的心脏和肺部正常发挥功能。

所以更有效地向政策制定者和政客们进行传播，你就有更多的机会保持住资助，而不是让它减少，然后你就可以继续传播科学。

但是，科学家和决策者越来越多的意识到，科学并没有很好地与决策者接触，科学信息并没有真正对科学政策做出应有的贡献，特别是在有争议的领域。然而，我听到有科学家和科学传播者说，他们面临的最大挑战之一是如何影响政策制定者和政治家。问题是缺乏尝试还是缺少正确的策略？

无论你倾向于站在哪一方，决策制定者和政客们都是你不能忽视的重要受众。他们难以触及，但是他们是重要的，因为他们通常是控制着你的预算的人，因而也是掌握着你的未来的人。

科学和政治之间的界限

尽管某些科学家认为他们的工作应该是非政治性的，但是在科学和政治之间总是存在着相当模糊的界限，并且在科学家充当政客的顾问或直接地拥护政府方面有着悠久的历史。一个常常被引述的例子就是，阿尔伯特·爱因斯坦在1939年给罗斯福总统写信，敦促美国政府加快核连锁反应的学术研究。这封信最终促成了开发原子武器的曼哈顿计划（Manhattan project）。

有意思的是，6年后，帮助爱因斯坦起草了信件的利奥·西拉德（Leo Szilard）给杜鲁门总统写了一封信，表达了对把曼哈顿计划中科研成果用于政治目的的担忧。

但是对于很多科学家来说，获得政客们的关注是一件非常困难的事。在澳大利亚，游说团体澳大利亚科学和技术组织（Science and Technology Australia）运行着"科学与议会会面"（Science Meets Parliament）项目，在让数百名科学家进入政客的办公室向他们解释自己的工作及其重要性上，这个项目被证明是行之有效的。但是鉴于一个政客需要处理的议题数量之大以及给予每一个议题可能关注的时间之短，真正让科学发挥出所需要的影响仍然不太容易。

无论你喜不喜欢，科学家们很少有那些穿着职业装的各路人物所具有的政治或游说影响力，这些人定期地排着队与政客们进行交流。绝大多数游说团体都是权力集团，他们像决策制定者和政客们一样思考，他们的言谈举止也像决策制定者和政客，当双方交流的时候，各自都非常明白对方在说什么。

实话实说，绝大多数科学家来自完全不同的集团，他们说着不同的语言，有着不同的习俗和信仰。因为任何一个集团都往往偏好于本集团的人所持有的看法，并且认为他们拥有看待事物的正确方式，所以这对集团之外的人来说就更加困难重重。

对此，我们和政策制定者权力集团一样充满内疚。如果我们隶属痴迷于科学的善男信女（见第6章），那么我们就被自己的集团包围起来了，并且在社交媒体上与其他集团发生战争，向他们发射虚拟的明枪暗箭。

我们可能批判那种把收益置于可持续性之上或者把房地产置于研究之上的短线思维，或者我们看到了物种丧失或单一种植的危险，又或者我们有些愤愤不平地沾沾自喜，因为知道我们是能够看到在研究中的理智投资会带来广泛的社会、环境和个人收益的集团。

但是还有很多其他的集团，他们并不是用同样的方式来看待世界的。这些集团可能甚至不会认为科学研究能带来很多回报，他们可能认为科学对他们来说既不有趣又不相关。甚至还有些集团认为科学并不能解释世界上那些无从解释的所有事情，但愿不是这样的。

如果你想证实这些，只需近距离看看当地理事会或州政府或联邦政府中大多数政客所做的基于科学的政策就知道了。你真的需要仔细地看看他们，因为他们是权力集团。

权力集团往往主要与其他权力集团互动交流：行业机构、金融顾问、大型游说团体、消费者群体、工会，等等。这种集团非常多，而且通常富得流油并且关系密切，但是科学家并不是其中的一分子。没错，我们确实比其他集团拥有更多的权力，比如我宁愿去捕鱼集团（I'd Rather Be Fishing Tribe）或喵星人集团（LOL Cats Tribe）。不过我们只是没有出现在具有更大权力的集团之中。

所以这个简单的问题就是，我们如何成为有权力的集团，并且真正地影响更多的事情？

有三个关键的方式可以让我们达成所愿：

- 更有效地渗透到现有的权力集团之中。
- 壮大我们的集团规模，让它在数量上有更多优势和更强大。
- 二者兼而有之。

我要在美国和墨西哥之间建造一个超级超级大的强子对撞机！它会非常大！

当科学有效地影响了政治时……

我们需要找到一些方式来让其他集团更频繁地思考科学，并且把科学视为他们自己世界观的一部分，把我们的世界观呈现为他们的世界观。我们需要在不使用"科学"这个词语的情况下来谈论科学。

就像著名的生态学家兼人类学家贾雷德·戴蒙德（Jared Diamond）指出的，

权力集团忽视了围绕在他们周围的基于证据的声音，并且当他们的世界观被证明与可持续性不一致时，他们就会灭亡，千百年来，这样的例子举不胜举。正如有证据表明确实存在着这样的集团，他们可能看到了自己面临的问题，但是却没有处于当权的位置，所以对此也无能为力（是不是听起来似曾相识？）。

那么到底谁是决策者？

我有幸在几个政府机构工作过，与决策者进行过密切的合作，可以说，实际上他们在大多数方面与你我这样的普通人类似。他们中的一些人拥有科学背景，也有很多人的教育背景和经历与科学无关，这会因为他们工作的性质而影响他们对自己职场的看法，并且会影响他们对你的职场的看法。

但是更重要的是，他们工作的性质会影响他们自己对生活的看法。

他们的工作涉及很多需要考虑的源源不断地输入进来的因素，包括经济、政治、选举、预算和媒体压力、政府偏好、游说团体偏好、关键舆论领袖、产业视角、其他政策方向、竞选承诺等，他们还需要向他们置身其中的政治领域输出一些东西。

虽然决策者并不总是具有所需的科学专业知识，但是他们通常具有所需的政策专业知识。虽然你经常听说"基于证据的决策"这种说法，但实际上，它真正的意思是"受证据所影响的决策"。

坦率的前新西兰首席科学家彼得·格鲁克曼爵士（Sir Peter Gluckman）认为，政策就是有关权衡取舍的，这些取舍很重要。在长期收益与短期选举风险之间通常会存在着政治选择。不过，他还认为在后专家、后真相和后信任的世界中，做出艰难的决定更加困难，政策挑战已经变成了如何在分歧的世界观中达成共识。

这对科学争议来说尤其困难，因为不仅存在着互相竞争且分歧的世界观，而且还有像企业、游说团体和非政府组织这样有组织的群体，他们也有自己的议程，并且在向你输出不同的政策结果方面，他们也有自己的利益。对他们来说，获得他们期望的政策结果要比精确地理解科学更加重要。

这促使有些科学家成为他们自己所持立场的游说者或倡导者。对于婴儿疫苗接种这样的议题，要证明它的正当性比较容易，但如果涉及经费应该投向何处这样的话题，就比较困难了。有很多政治决策，科学家都希望向其施加自己的影响，但是如果这些决策本身就是政治性的，那么光靠科学家自己是无法回答的。

接触决策者的最佳方式是什么

简单的答案就是，让你自己与他们的需求相关。幸运的是，很多科学家和科学传播者历尽艰辛后终于明白了如何更好地接触决策者，并且把他们的经验总结成了有用的建议，下面就是其中一些。

在高等教育政策研究所（UK Higher Education Policy Institute）的所长、前政治顾问尼克·希尔曼（Nick Hillman）看来，在与决策者或政客进行沟通交流时，你需要知道的前 10 件事是：

1. 找到政客们在有限时间内做出的存在竞争的主张。

2. 保持理性的谦逊，因为通常存在着相互竞争的证据，而且决策者不希望被情绪化的论点所左右。

3. 在你的工作是热门话题而非已经完成并发表之后才主动出击。

4. 不要认为有人会看你已经发表的成果。

5. 注意员工会出现从一个职位换到另一个职位的走马灯式更迭，这会打断联络的持续性，也会让事情出现退缩。

6. 如果你不喜欢现在的天气，那就等一会儿。要有耐心，情况是会发生变化的。

7. 为无知但聪明的人撰写材料。

8. 富有建设性。很多政策文件都有强劲的数据，但是结论却很弱或非常不足。

9. 在蓝图上留下你自己的印记。符合政府当前叙事的政策建议更有可能被采纳。

10. 记住，没人会记住你说了什么。

同样来自英国的保罗·凯尔内（Paul Cairney）和理查德·克维亚特科夫斯基（Richard Kwiatkowski）认为，你可以利用来自心理学研究和政策研究的洞见，来协助你与决策者或政客进行更有效的沟通。他们提出了三条关键的建议：

- **简洁。** 让你的证据简单明了，从而最小化认知负担，为结论设置框架，而非期待你的证据会不言自明。

- **找到利用"机会窗口"的恰当时机。** 当政治条件恰好合适的时候，通常存在着影响一个人的恰当时机。

- 参与到真实世界的决策之中，而非等着"理性"又有序的流程出现。"对强权说真话"而没有建立起信任是达不到预期效果的。

前澳大利亚首席科学家伊恩·查伯（Ian Chubb）认为，为成功地影响政客，你需要依靠三个 P，即激情（passion）、坚持（persistence）和耐心（patience）。

他认为，这是一个漫长的过程，也是一种你不能期望轻易或迅速地产生重要影响的事情。

什么是政策简报

政策简报是政府人员通常阅读起来感到轻松自在的一种文件类型。科学家阅读期刊论文也同样感到轻松自在。如果你从来没看过政策简报，那找一份看看是值得的，可以了解下作者是如何为你打算与之进行交流的政府或政府机构撰写材料的。你会发现政策简报是一份既简洁又独立的文件，它着眼于需要政策关注的具体议题：

- 解释并表达了议题的"紧迫性"。
- 对该议题提供了政策建议或启示。
- 提供证据以支持做出这些建议的理由。
- 告诉读者从何处可以找到有关这个议题的其他资源。

政策简报还应该

- 简明
- 可用
- 实用
- 专业但不学究
- 以证据为基础
- 视觉上有吸引力（必要时可用图形和图表）

如果你不能应付这些要求，也不用担心，由专业的决策者撰写的政策简报也很少满足这些要求。

科学与议会面对面（Science meets Parliament）

在澳大利亚，有一种非常有效的参与模式，大约 200 名科学家每年会到访位于这个国家首都堪培拉的议会大厦（Parliament House），他们去那里不是为了抗议，而是要跟政客们会面，了解政治是如何运作的。这类似于美国的"国会山日"（Hill Days），科学家们会到访国会山（Capitol Hill）一样。

由澳大利亚科学和技术组织运营了近 20 年的这个项目会持续两天时间，为联邦议会成员和在科学与技术领域工作的人加强彼此理解和联系提供机会。它还设法确保科学始终位于政治议程之内。

参与这个项目的科学家会接受一些技能方面的培训，比如政策是如何发挥作用的，如何在 45 秒之内宣传科学，这与快速地直面问题实质的政治需求相一致。

汉娜·布朗（Hannah Brown）是 2018 年这个项目的参与者之一，她对早孕保健开展了研究，她认为从参与这个项目中学到的最有价值的教训是，记住了即便政客们对他们的工作和责任充满激情，他们也是有复杂的生活和其他兴趣的人。

抑制决策的 5 个 S

英国政治家文森特·凯布尔（Vincent Cable）认为，决策者实际上会利用以研究为基础的证据，因为他们受限于 5 个 S。

1. **速度（speed）**：他们需要快速地做出决策。

2. **表面性（superficiality）**：他们覆盖广泛的任务。

3. **倾向性（spin）**：至少在一个合理的期限内，他们必须坚持一种决定。

4. **保密性（secrecy）**：很多政策讨论必须保密。

5. **科学上的无知（scientific ignorance）**：决策者很少是科学家，他们并不理解对一个假设进行验证的科学概念。

案例研究：为何政治决策中很少考虑科学

对不起了，科学家们！但这就是残酷的事实。当谈及绝大多数政策决定时，科学很少成为一种主要的考量。

举例来说，澳大利亚西南威尔士州近期决定不捕杀位于高地的国家公园中的野马。有明显的证据表明，野马是一个入侵物种，它会给脆弱的高山地区带来巨大危害，并且这种危害会进一步威胁濒危物种，比如受人爱戴的小型科罗澳拟蟾。科研人员发布的很多科学报告都表明了这一点，他们认为需要捕杀野马，以减少它们的数量，减小它们所带来的消极影响。

但是与科学证据相抵触的是，我们对野马具有某种情感。它们代表着在拓荒者时代以及在民族主义的诗歌和影视中体现出来的一部分澳大利亚遗产。

同样要了解的是，禁止捕杀野马的《国家议会法案》(State Parliament Bill)是由西南威尔士州的副总理约翰·巴里拉罗 (John Barilaro) 引入议会中的，他的摩纳罗选区就包括高地国家公园。那里是把野马当作遗产一部分的人的家园，是定居者后代的家园，这些后代在高地建立了牧场，他们主要是坐在马背上放牧。

像澳大利亚野马联盟 (Australian Brumby Alliance) 这样的组织直言不讳地说到了野马对国家遗产的重要性，他们给出了这样的陈述：

这很神奇。这真是一种美妙的感觉；你就是会对这种充满威严的马匹感到惊讶，它可以在没有任何人为干涉的情况下于公园中自生自灭。这令我精神振奋。

相较而言，科学家们的言辞往往是这样的：

当欧洲人首次探索这个区域时，野马就于19世纪30年代出现在了雪山地区 (Snowy Mountains)。大量季节性放牧的（位于高地区域的畜群和牧场主会每年一度地在夏季向牧场迁徙）牛群和羊群很快就紧随其后出现了，并且持续了150多年。

我们应该知道，众多不同的因素会影响政治决策，包括经济因素、利益群体的游说、政治意识形态、媒体报道以及科学证据。

当然，大多数科学家会认为科学证据的权重要远远超过其他因素，或者说至少要等量齐观。但那不是我们所生存的世界，不是吗？

如果我们有一个谱系，可以在情绪和选举这两个方面显示不同因素对政策的敏感性，那么我们会发现几乎上述所有因素都位于高敏感性的一端，只有科学证据除外，它会孤零零地位于另一端，展示着它对选举和情绪较低的影响（见图15.1）。

那就意味着，对于在情绪或选举上不敏感的议题，很有可能科学因素会引人注目。但如果这个议题被情绪所左右，并且对选举来说具有敏感性，那么就不好意思了，科学退后。

我的意思是说，你认为下述哪种叙事最强有力？

- 证据表明，野马正在破坏敏感的环境，它们需要被捕杀，最好是从直升机上扫射。
- 野马是澳大利亚遗产的一个标志性组成部分，它反映了澳大利亚精神，屠杀它们是残忍的，不人道的。

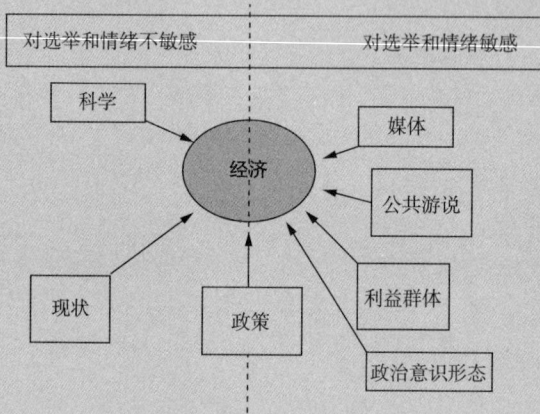

图 15.1 政策的输入

上述科学叙事实际上会让情绪反应与之抗衡，因为我们知道，人们对较大的入侵动物采用非致命的控制方式有着强烈的偏好，尤其是对于城市居民来说，他们的住所与徜徉在敏感环境中的这种动物隔着十万八千里。

在很多争议性议题中都发生着同样的事，这时科学证据与情绪反应存在着冲突，无论这个话题是气候变化、煤层气开采、免疫接种还是胚胎干细胞，情绪的影响都要远胜于科学证据。

鉴于科学家和科学传播者通常无法利用情绪来抵消充满感情色彩的观点，那么他们该怎么做呢？在努力对政策施加影响方面，你是否会永久地处于被操纵的地位呢？

并不一定是这样的。有可能为你的论点重设框架，以便为与你相反的充满感性色彩的论点融入一些要素。在这个案例中，可能围绕着把野马的福祉放在第一位来为信息设置框架。敦促采取措施把它们的数量降下来以便野马不会扩张到威胁其自身福祉的地步。

为信息设置框架可以让你变成一个野马爱好者，而非野马的厌恶者。

总之，如果你卷入了政策辩论之中，那么就不能仅仅依赖于证据。情感敏感性和选举敏感性通常会更重要一些，你需要找到一些处理这两种敏感性的方式。

社区参与在政策制定中的作用

我们生活在这样一个时代，与科学或技术有关的绝大多数政策辩论不仅是科学或技术性议题，并且需要在政治、价值观和专家知识交叉的地方做出决定。这需要更好的参与方法，以允许进行辩论而非发生信息战。

另外，互联网让更多的公众成员在他们感兴趣的议题上更有见地，实际上，他们通常要比决策者或政客更了解情况。这是现代生活的一种现实情况，政客们要为他们漠视了这个事实自担风险，这也是决策者在推行特定路线或讲述与一项政策决定有关的故事时经常出错的原因。

因而，为了克服像气候变化这样的议题的认知僵局，或者为了让公众参与到有关植物生物技术和纳米技术的社会性决策之中，以及为了让利益相关者和更广泛的公众在任何议题上参与进来，构思精巧的公共拓展活动和参与都是至关重要的。

要点在于，科学传播通过提供特定类型的公众参与，来让自己变得对政策制定更有价值，这种公众参与会提出与公众的期望或偏好相一致的政策建议，并且避免造成损失的政治纷争。

应对策略

你想影响决策者或政客吗？你需要考虑的第一件事就是，以他（她）所熟悉的方式为其提供所需要的信息，而不是以你熟悉的方式提供你偏好的信息。

然后仔细思考一下，你打算如何让自己与他们关联起来。他们的工作环境是什么样的，他们最想寻求的对工作有所帮助的东西是什么？有些东西你可以问，有些东西就只能靠猜了，不过我认真听完很多次政策简报会后，感觉有很多就像学术会议上的论文一样，知道自己说到点上、有证据支持又纳入了情绪和政治资本的简报少之又少——总共也不到 5 分钟的时间。

认真想一下你想成为这两类中的哪一类。

澳大利亚科学院有一个来自富有创造性地影响政策的有趣的案例研究。他们有一个非常流行的主要是在脸书上进行推广的视频频道，每一个视频都有过百万的点击观看，他们把气候变化的影响制作成了一个短片，并怀着双重目的把短片带到了政客面前，政客接触到了视觉数据，并且这条信息被百万以上的人关注过，从而进一步增加了它的影响力。

要点

* 政策决定通常是有关权衡的。

* 决策者通常会寻求基于证据的决策，但是因为他们需要管理来自很多不同领域的不同输入，所以他们更有可能会做出"被证据所影响的"决策。

* 知道决策者正在寻找什么，以他们熟悉的方式为其提供这些东西，这有助于帮你接触到决策者。

* 科学传播者所具有的一种角色就是，承担公众参与活动，以帮助开发与公众需求和期望更一致的政策。

第 16 章

评估：度量和统计数据

"沟通中最大的问题就在于我们很容易臆想着它已经发生了。"

——萧伯纳，作家

我们在前文已经对评估你的科学传播活动进行了一些讨论，但现在我们要更加认真地对待这个事。

观察评估某些科学传播活动的方式让我想起了一个故事。某个人站在路灯下找钥匙，反反复复找了很多遍，却怎么也找不到。另外一个人走了过来，问"你在找什么？"这个人说："我的车钥匙丢了。"

第二个人说："我帮你一起找吧！"

他们找了大约 10 分钟，第二个人说话了："我到处都找了，也没有看到。你确定你把它丢在这儿了吗？"

"不是的。"丢钥匙的人说："我把它丢在了黑暗的地方。"

"那你为啥不去那里找呢？"

"因为那里没有路灯！"

即便你认为这个故事不好笑（你出什么问题了？），你也可以明白其中的道理——在太多的科学传播活动中，我们测量的是路灯下的东西，而非位于黑暗处更难以测量的东西。就像测量的是观众的数量而非测量他们是否对科学有所了解；就像测量有多少人拿走了小册子而非测量有多少人真正地阅读了小册子；就像测量在你弄爆了什么东西时有多少人发出了"哇"的惊呼，而非测量有多少人理解了位于这个爆炸背后的化学原理或物理学原理。

这促使我不得不问一个更重要的问题：对于科学研究来说，为何评估如此重要，并且对科学传播来说，为何评估经常被遗忘或被贴上了事后诸葛亮的标签？

研究人员怎么说

不过，这真的是一个重要问题吗？如果你在绝大多数有关科学传播的图书中去核实，就会发现并非如此，因为这些书中甚者都没有关于评估的章节！

让我们看看一些专家和研究人员怎么说。

首先，根据英国华威大学（University of Warwick）的艾瑞克·詹森（Eric Jensen）的看法，即便在资源最丰富的科学传播机构中，经常采用的也是劣质的评价方法。他说："这导致了疑窦丛生的数据、华而不实的结论、科学传播实践的质量和有效性出现了发展的停滞。"

此外，美国的一篇论文针对互动性的健康传播考察了基于证据的方法，结果发现，传播人员经常把评估视为一种不必要且代价高昂的步骤，从而弃之不用，因为这个步骤仅仅展示出了他们认为自己已经知道了的东西。

在英国对很多博物馆考察后发现，"用来建议开展学习或建议特定学习形式的证据充其量也是脆弱的。"

10多年前，在英国开展的另一项调查考察了公众对科学活动的认知进行评估的文献，结果发现很多文献在形式上写的都不是很详细，而对照他们的目标进行的评估则少之又少。你可能会认为这会带来一些进展。

但是，结果显然没有。因为艾瑞克·詹森就这个话题写了很多文章，也写得非常好，所以他再次表明，作为稳健的评估技术的替代，组织机构开展了收集轶事的活动，以诱导着得出他们的项目有多精彩的肯定性结论。

我反复多次地给那些科学传播者提出问题，他们正对自己的最近一次活动欢呼雀跃并庆祝有很多人前来参加活动："你怎么知道你真的带来了影响？"

当参与活动的人对此感到非常满意时，你很容易就相信自己成功了。当你让某种东西发生爆炸时，你很容易被冲昏头脑的观众所发出的欢呼声冲昏头脑。

不过，在你打扫满地狼藉的地板时，问一下自己，你是否真的对科学素养做出了贡献，如果答案是肯定的，那你怎么衡量这种影响？尤其是长期影响。如果我们不能对此进行衡量，那么我们所冒的风险就是，我们会成为自己最大的敌人，并且仅仅因为我们喜欢这项工作所以就认为它会奏效（即甲之蜜糖，乙之砒霜）。

一项好的评估看起来应该什么样

在为现有的多元科学传播活动策划一项标准评估的工作时，澳大利亚政府的科学传播动议——激励澳大利亚（Inspiring Australia）为评估开发了一个指南。不幸的是，我曾见过有些人找到了这份指南，并认为它在满足需求方面太过于复杂了，这就是努力找到一个适合于每个人的通行方法所带来的问题。

来自南非斯坦陵布什大学（Stellenbosch University）的玛丽娜·朱伯特（Marina Joubert）是一个备受尊重的科学传播者，她为评估科学传播项目开发了一个含有关键原则的实用指南。

她认为，总而言之，对一个科学传播项目进行评估的秘诀就在于计划详细。同样，也要从你的错误中吸取教训。

她承认，向公众传播科学包含非常多样的方法，包括公开演讲、辩论、展览、出版物、科学剧院、电视纪录片，以及像共识会议这样的公民项目。而参与这些不同活动的观众也是不同的，从幼儿到青少年再到家长、商业领袖或政治领袖。

为参加如此多元活动的多元受众找到单一的评估工具是很困难的。

不过回到这个活动的总体驱动目标是有用的（见第4章）。开展这个活动是为了鼓励青年人考虑从事科学的职业？还是为有关科学和社会议题的对话和明智决策提供支持？又或者是促进公众对新技术的接受程度，以期改变态度或行为？又或者开展活动的目的仅仅是形成一种科学"文化"？

如果这样，这些就是你真的需要去测量的东西。不是去测量有多少人参加了活动，而是这个活动如何有助于实现总体目标。

目的与目标

如第4章所述，目地是你试图实现的宏大图景，比如提升科学素养或鼓励更多人从事科学职业。而目标则更具体一些，它也是可衡量的。比如让100人参加活动，或者让人们对你的活动的认知提升10%。

玛丽娜·朱伯特认为：

> 不要因为评估看起来昂贵或困难，或因为你害怕负面的结论就对评估望而生畏。不要在项目结束之后才进行评估。除非你从一开

始就对评估进行了策划，否则你无法找到开展评估的人、设备或资源。你将错失采集数据的关键时机，并且最终的结局可能就是，没有充分的证据表明你的项目所产生的影响。

她还认为，在涉及评估计划时，让合作者介入其中是非常有用的，这样他们就会有共享产权的意识，并因而也会对此有责任意识，以帮你确保评估的成功。换句话说，不要采用自上而下的模式。让每个人都参与进来，无论他们是科学家、科学传播者，还是管理者。

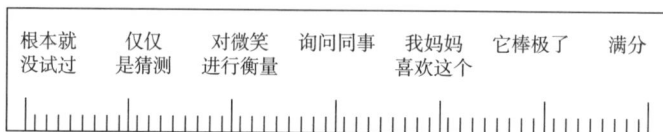

| 根本就
没试过 | 仅仅
是猜测 | 对微笑
进行衡量 | 询问同事 | 我妈妈
喜欢这个 | 它棒极了 | 满分 |

借助正确的测量工具可以改善评估

关键的评估原则

定量评估一般测量的是数字，比如参与活动的人数，或者一个网站的访问量。

定性评估利用访谈或问题和答案来建立更多基于质量的计量。

最佳的评估发生于一个项目的前期、中期和后期，对消息进行测试，测量某些事情是如何发生的，然后测量它的实际影响。

观测工具包括利用照片和录像片段来记录用于分析的真实行为。

评估性网站应该包括监测有多少人浏览了网站，他们在特定的地方用了多少时间。

最好用简单的问卷对活动进行评估。越简单越好，只忠于你的关键问题。对于较大的活动，采用复选框的形式，而不要让人们书写答案。

在活动一结束就对人们进行访谈会给你提供当前影响的信息，但对评估的长期影响来说，可以把详细资料提供给他们，并在几天之后再次联系他们。

焦点小组是由一小群人组成的，他们通常是专门招募的，代表着特定的人群，并且对一个议题进行讨论。

如果能够诚实且批判性地完成，自我评估可以弥补外部评估。

测量一个项目是否引发了态度或看法的变化，需要开展大规模的、价格较高的调查，最好与经验丰富的社会科学研究人员合作完成（不过实话实说，从一个经验丰富的社会科学研究人员那里受益的任何评估技术都值得从他那里获取一些建议）。

分析媒体报道可以有助于表明一个项目更广泛的影响。

在实践中的评估

让你的评估简单、实用且对用户友好。冗长或复杂的问卷形式会把人们吓跑的。

对评估工具进行前测，以确保它所产生的数据对你有用，并有助于你对目标进行测量。

确保所用的语言对受众来说是恰当的。

看看你能否从衡量对你的项目的认知而获得的一些基准数据开始，这样你就真的可以测量是否在认知上发生了变化。

通过把研究结果注入未来的活动中扩大对发现的应用。

共享你的研究结果，包括你的失误，对于你的团队成员、伙伴、合作者和赞助者来说，这都是有价值的信息。

有可以用来开展评估的越来越多的新技术包括：

- 参观者应用程序（苹果手机和安卓系统中的应用程序）
- 通过自动分析得出实时结果的参观者洞察指示板
- 咨询亭和触摸屏
- 对有关参观经历的社交媒体数据内容进行自动分析

非传统的评估方法

因为说起来容易做起来难，所以有很多你可以采用的替代指标，它们涉及一点横向思维，但是却可以用不同的方式来抓取数据。这些指标包括：

快照式访谈（snapshot interviews）。这是简短的面对面访谈，很少超过两分钟，可以在较短的时间内开展很多这种访谈。

墙上涂鸦（graffiti walls）。邀请参与者在墙上或一大张白纸上涂写、画画或粘即时贴，让他们表达自己对一项活动的想法或感受。

反馈板（feedback boards）。与涂鸦类似，但是有提出具体问题的标题。

叙事（narratives）。让人们用自己的语言讲述他们的故事。

定性的或定量定性相结合的媒体反馈（qualitative or mixed media feedback）。这是表演艺术用来衡量成功与否的一种方法，也适合科学传播。

科学中心和科学活动

说到评估，我们需要特别提一下科学中心和科学活动。很多科学中心发现真的难以有效地衡量它们对受访者的影响，这已经不是什么秘密了，不过一直以来，那些给科学中心提供资助的人都在寻找度量指标。这促使很多人转向了最容易达到的目标，把重点放在了那些他们能够衡量的事（如观众的数量）而非他们应该去衡量的事（如影响）。

当查看表明参观科学中心的人通常当时对科学有更多兴趣的数据时，人们非常容易进入错误归因的陷阱，也许值得考虑的是，那些经常参观科学中心的人恰恰也是那些对科学更感兴趣的人。

对科学中心的影响进行的最佳评估也许是 2014 年的一份报告《国际科学中心影响力报告》(*International Science Centre Impact Study*)。该报告发现，参观科学中心与对日益增加的科学和技术知识及理解，以及对作为一门学校课程的科学的参与和兴趣有显著的正相关关系。这份报告的数据来源于一般性的社区，也来自科学中心的参观者，从而可以进行有意义的比较，该报告也承认，相关性不等于因果性（见图 16.1）。

当然这不是十全十美的，但应该努力去尝试着测量那些非常难以测量的东西。

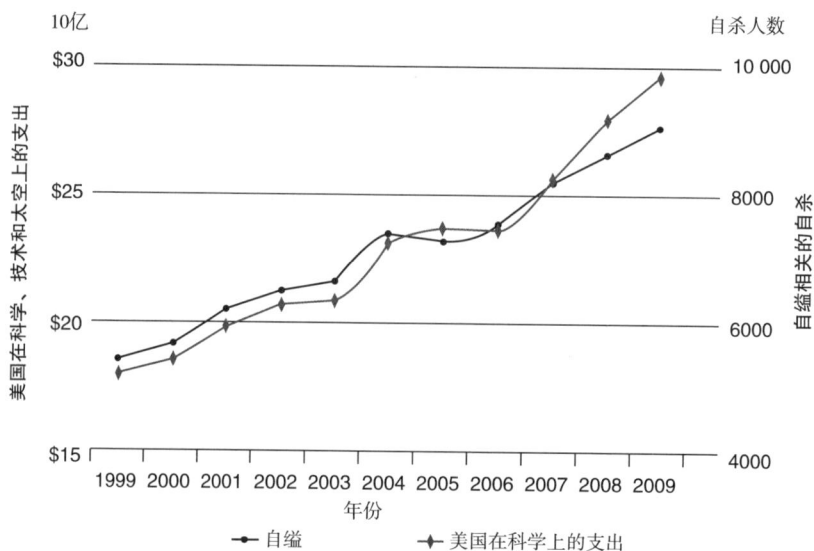

图 16.1 相关性不等于因果性：美国在科学、太空和技术上的支出与自缢和窒息而致的自杀之间的相关性

需要避免的传播评估

这种类型的评估（不奏效的或者偏好于有偏见的答案的，或者允许参与者跟你说他们认为你想知道的内容的）包括：

- 问人们是否认为一项传播工作会影响他们的行为。
- 依赖于你的直觉来判定某些事情是否非常奏效，而不是用证据来测试。
- 忘记了轶事＋轶事＋轶事≠证据。
- 混淆了定性研究与定量研究，并且认为焦点小组的发现就代表着更广泛人群的发现。
- 忘记了你可能不是目标群体之一，并可能不会像他们一样去思考问题。
- 在对行动中的某些事进行评估时，没有从你获得的数据中学习。
- 认为即刻的事后评估与长期行为和态度变化有相关性。
- 依赖自我汇报的知识水平或意图。
- 从定量的角度而非影响力来测量社交媒体，比如推文的数量。
- 以英寸或厘米为单位来测量媒体版面，而非测量他们的影响。

提出正确的问题

就像在公众态度研究中一样，你提出问题的方式会决定你得到什么样的答案。如果你只是问一些是与否的问题（比如，你喜欢这个活动吗？□喜欢，□不喜欢），受访者就面临着非常有限的选择，可能就无法获取到他们如何看待事情的全部信息。在人们的思维中，他们的答案很少只有"是"与"否"。他们的答案可能会是"有一点是"或者"有一点不是"，又或者不置可否，等等。

在获取一系列回应方面，利克特量表是比较有效的，它采用的问题是这样的:（ ）非常喜欢（ ）很喜欢（ ）有些喜欢（ ）有点喜欢（ ）不喜欢（ ）。

给人们提供用自己的话表达出某些东西的机会也是一种能够获得更多信息的有用方式。大多数人选择不去回应那些开放式问题，但是回应这些问题的人所提供的反馈是非常有价值的。

应对策略

如果在开展一个良好的评估方面，你是认真的，那么你就要在传播活动中提早对评估进行策划，并且让它与你的目标关联起来，而非仅仅与那些最容易测量的东西关联起来。

就像很多目标一样，太多的评估都有些空洞无物的味道，并且真的证明不了什么东西。比如测量有多少人参加了一项活动而非测量有多少人从中学到了新东西。正如你在开展一项科学传播活动中有一个目的一样，那些参与这些活动的人也有自己的目标。

一个好的评估会发现这些人的目标是否得到了满足，而非仅仅是你的目标。

在采集数据方面有很多工具，如果你不确定，可以跟经常采集数据的人交流一下，你会惊讶于他们用非常简单的方法就可以提供你想要的东西。我参加过一次观影活动，每个人都拿到一个纸条，上面写着这个项目的信息。纸条的侧面是一个评定表，每个观影人员需要做的，就是在与他们满意程度相符的那一个数字前面打勾，然后在离开之前把纸条放进一个特制的箱子里。此次活动的回应率极高，因为这项任务极简单。

要为得到你不喜欢的结果做好准备，这对你调整活动非常有用。

要点

- 评估非常重要，但是对于科学传播活动来说，它通常接近于"太难了"那一栏，并且常常以"狗尾续貂"而非计划周详为结局。

- 目前存在着很多很好的评估工具，比如手机应用程序和替代性的评估指标。找到这些工具，并使用它们。咨询那些已经日常使用这些工具的社会科学家是个好办法。

- 当你决定采用一种评估工具时，要对它进行测试，以确保它能够奏效。

- 不要落入"只衡量容易衡量的因素"的陷阱，比如衡量参与者人数，而非实际的影响。其实通过一个简单的问卷，你可能就能衡量人们在知识方面是否有所增加。

当情况变得困难时

第17章

我是信徒！理解不同的信念

> "我会相信真实的事，也会相信不真实的事，还会相信那些没人知道它们真实与否的事。"
>
> ——尼尔·盖曼，《美国众神》

可以把信念看成我们每个人都拥有的那种令人讨厌的小习惯，如咬指甲，或者做一些奇怪的耸肩动作，又或者手指抽动，因为就像我们难以摆脱这些习惯一样，我们也无法理解自己是如何学会这些习惯的。

对于科学传播者来说，理解一个人的信念，或者信念体系，要比理解他们的态度更加重要，因为态度通常是可以改变的。但是对于信念来说，它极少会改变。

那么到底什么才叫信念呢？

它可能和相信人们不应该破坏自然环境一样简单。或者不论以往的战绩如何，人们都会相信他们的球队将赢得下一场比赛。又或者认为不明飞行物曾经造访过地球，并且绑架了一些人，对他们做了奇怪的实验。

> 如前所述，气候变化议题不是有关你知道什么的，而是有关你是谁的。

不过，对于信念来说，最重要的是要知道人们真的相信这种信念。我说过我们不会在这里谈论态度的问题吧？我相信我说过。

我们真的需要了解另外一个有关信念的事就是，任何证明这种信念是错误的事实都不会对信念有任何影响。你可以在酒吧中跟任何一个狂热的球迷进行一次对话来测试这个观点，你可以用统计数据告诉他们，为何他们的球队不会赢得下一场大赛。

当然，他们不会相信你所说的。他们甚至可能会用金钱来跟你打赌。因为信仰构成了人们世界观的一部分，并且决定了他们到底是谁。如果你挑战了某个人的信念，那么你威胁到的不仅是他们对世界的理解，而且还威胁到了他们是谁。

当你向人们展示的数据证明他们的信念是错误的时，为什么气候变化否认者、支持枪支管制的人和反对疫苗的倡导者的行为会如此疯狂呢？因为这些数据威胁到了他们个人，所以这些数据必须被视为不精确的、错误的或者具有误导性的。

用一个类比来说就是，驳斥某个人的一般信念跟驳斥人们的宗教信仰是类似的，二者并不会相去甚远。当然，如果这有助于你意识到当人们觉得他们的信念遭到了侮辱时，他们将会变得有多敏感以及他们的情绪性反应会是什么样的，那么这个类比就是有用的。

理解一个共同体内信念的广度

任何共同体都有不同种类的信念。比如，有些人可能会相信自然是神圣的，或者认为跨国公司是不值得信任的，而其他人则相信经济发展对于我们这个星球上的人类成就来说是至关重要的。在对世界的理解上，其他人在心中可能有更多的精神信念，比如天使的存在，或者精神预感或占星术。**整个社会的信念，范围可以非常宽泛，科学世界观只是与其他世界观存在竞争的另外一种信念而已。**

科学家或科学传播者太容易把其他人的信仰嘲笑为低人一等的或错误的，就像怀疑论组织的很多成员那样，但是那并不会通向传播之路，反而会阻断传播路径。要更好地理解都存在哪些不同的信念，并且把这些信念看作你置身于其中的现实环境。

> 共同体价值观和信念不应该被视为需要改变的东西，而应该被视为理解共同体视角的一种路径。

以科学为基础的看法与一般的共同体看法之间不仅存在着巨大的隔阂，而且大量的调查显示，以科学为基础的看法也通常占少数，距离一般的共同体看法的平均值较远。二者之间的隔阂越大，理解不同的视角就越困难。

虽然你可能会跟你的朋友或同事一起坐下来喝一杯，嘲笑那些相信有不明飞行物存在的人，但是这些人很有可能也会在觥筹交错的时候嘲笑你。

为何这种不同的信念会存在？

我们要怪自己的大脑。在可能并不总是存在意义的地方，我们会热衷于寻找意义。我们不仅热衷于寻找，而且热衷于找到对我们来说有益的模式。比如，如果你努力去看，你会发现火星上的人脸，或者在一片吐司或墙壁潮湿的污点上看到黑暗中的基督印记。

举个例子吧。

最近，我与我成年的女儿以及她的男朋友去参观位于堪培拉的澳大利亚国家美术馆（Australian National Gallery），站在杰克逊·波洛克（Jackson Pollock）的名画《蓝杆》（Blue Poles）前面的一个卫兵把我们拦住了。你知道，在任何一个地方被卫兵拦住都不是什么好事。但我们没想到会发生这样的事情。

这幅作品是抽象表现主义的一个精品，澳大利亚政府在1973年以130万美元的价格购买了它（这笔支出大约相当于今天的数万亿美元），多年来，它一直是媒体关注的一个话题，很多人要么视它为"旷世精品"，要么认为这是金钱的极度浪费。毫无疑问，每个人都想前往美术馆看看它为何让人们如此大惊小怪。

在1998—1999年于纽约的现代艺术博物馆（Museum of Modern Art）展出时，挂在墙上的这幅作品被视为该次展览的代表作，因而成为了最后一个艺术馆的主导，这幅作品被描述为以"不是砰的一声而是一声抽泣"而告终[1]。

这幅作品用了丰富多彩的滴漆和明亮的色彩，杰克逊·波洛克也因这种做法而闻名天下，这幅画在一个巨大的帆布上留下了8个蓝色的杆子。色彩在这些杆子之间跳来跳去，就好像移动的电火花一样。至少这是我坐在这幅画作前面时看到的画面。

但是这名卫兵打算向我们展示他看到了什么。他告诉我们，这幅画里面有隐藏的面孔。然后他煞费苦心地挥舞着双手，用他夹在一个小册子上的笔来向我们展示一个人的头部草图、一匹马和一头猪，甚至还有一只考拉。

是的，如果我们眯着眼睛、倾斜着脑袋并且仔细观看的话，我们可以设想到

---

[1] 在《空心人》（Hollow Men）中，托马斯·艾略特最后写道，"世界就是这样告终的，不是砰的一声而是一声抽泣。"——作者在这里变相地应用了这首诗，实际上是想表明这个展览以一个轰动画面作为了结尾。——译者注

这样的画面，杰克逊·波洛克可能在这幅画里隐藏了一个近似人的脑袋的粗糙模样甚至是一匹马。但是至于考拉，难道作者会知道在他去世17年后，这幅画会被澳大利亚政府购买不成？

但更关键的是，我知道有一种名为面部空想性错视的疾病，人们会以此模式观察他们周围的面孔。我的理性大脑这时发挥了作用，在我们溜达到另外一个展厅的时候，我跟卫兵说非常感谢他的讲解。当然我们三人都翻了个白眼并且轻蔑地笑了一下，我忘了奥斯卡·王尔德（Oscar Wilde）说过的那句话了（也许这句话指的并不是有面部空想性错视的博物馆卫兵，或有其他奇怪信念的人，但是这句话却适用于他们）。他说："即使最糟糕的诗人也是真诚的。"

我一直相信这是他说的，但是当我仔细核查的时候，我发现他实际上是这样说的："用真情实感写就的诗篇，都比较糟糕。"

这本身就是一个范例，我们的大脑对数据进行了重新解读，比如记忆中的数据。以更好地与对我们来说有意义的事情保持一致。所以如果我嘲笑那个在这幅抽象画中看到了人脸的卫兵，那么我也在嘲笑我自己，因为我相信了奥斯卡·王尔德的引述中我最想相信的东西。

令人悲哀的事实是，我们在某种程度上都对此感到内疚。甚至是我自己，甚至是你。

曼德拉效应

实际上存在着一种名为"曼德拉效应"的状况，它得名于南非自由斗士纳尔逊·曼德拉（Nelson Mandela），曼德拉于20世纪80年代在南非的监狱中死去。很多人仍然记得听到这个新闻时的感受，以及他的葬礼出现在电视上时是多么令人感动。但是他不是于80年代在监狱中去世的，他被释放了，并且成为这个国家的第一位黑人总统，直到2013年才去世。

但是很多人发誓说，他们记得有关他如何在监狱中去世的新闻报道。事实上，有很多深深地植根于文化之中的被记错或被曲解的事实，被误引的诗句，被搞错的生日和忌日，或者被搞错的科学发现。

在科学上最大的错误之一就是，错误地认为某些儿童疫苗会引发自闭症。最初的故事是这样的，1998年英国医生安德鲁·韦克菲尔德（Andrew Wakefield）和他的几个同事在备受尊重的医学期刊《柳叶刀》（The Lancet）上发表了一篇论文，认为，麻疹、风疹和腮腺炎三联疫苗可能"容易使儿童出现行为退化以及广泛性发展障碍"，或者叫自闭症。

不过，在经过更仔细的审查后，更多的问题开始浮现出来。首先，这个研究的参与者只有 12 个孩子，不足以成为一个有用的样本规模。其次，韦克菲尔德没有披露他得到了一些律师的资助，这些人正在介入一些家长诉讼疫苗生产公司的官司之中。最后，人们发现他选择性地利用了那些符合他的论点的数据。

由此造成的后果是，他的合作者在这项研究中把他除名了，论文被撤回，韦克菲尔德医生也因违背伦理的行为和其他学术不端行为而被撤销了行医资格。

但是这个报道就在那里，并且不会从人们的头脑中消失。你可以在网络上搜索一下，看看有多少人仍然清晰地记得这个研究。"权威机构"费劲地去查封这个报道的事实只是证明了这项研究一定有某些道理。毕竟，大型制药公司和政府把各种各样的东西放到了我们的食品和饮用水中，并且还试图掩盖这种做法，难道不是吗？

如果你相信是这样的，那它就是这样的。如果你相信它是这样的，那你就会去找到证实这种信仰的信息。

美国记者艾莉亚·E. 达斯塔吉尔（Alia E. Dastagir）为备受尊重的美国杂志《今日美国》（*USA Today*）撰写过一篇文章，题目是《人们信任科学，但为什么他们不相信科学？》（*People trust science. So why don't they believe it？*）。在文章中，她认为：

> 回想一下你搜索信息的方式。如果你是一个相信疫苗会引发自闭症的新手妈妈——在你的妈妈群里的很多女性也都是这样认为的，那么你搜索的是表明疫苗是否真的会引发自闭症的研究，还是在谷歌中输入"疫苗引发自闭症"来找到证实你的信念的报道？

她还引述了政治科学家查尔斯·泰伯（Charles Taber）的话，他说：

> 在保持你自己的信念不变以让违背你先前观点的任何东西真正地大打折扣方面，人们存在着一种基本的心理倾向。

此外，轶事传闻或故事的力量要比事实都强大很多，很多确认偏见的基础就是轶事传闻。我姑姑的邻居的侄子的小孩注射了疫苗，立刻就出现了自闭行为！事实上，孤证不立，但因为轶事具有情感力量，这样的"孤证"进而会证实某种特定的信念。

为何聪明人会相信蠢事？

你怎么看待下述事实？大约每两个人中就有一个人相信像超感官直觉这样的心灵能力；或者每三个人中就有一个人相信不明飞行物的存在；或者每5个人中就有一个人相信魔法；又或者每10个人中就有一个人认为占星术是"非常科学的"，而每10个人中会有3个人认为这"有点科学"，只有一半的人认为这根本不科学。

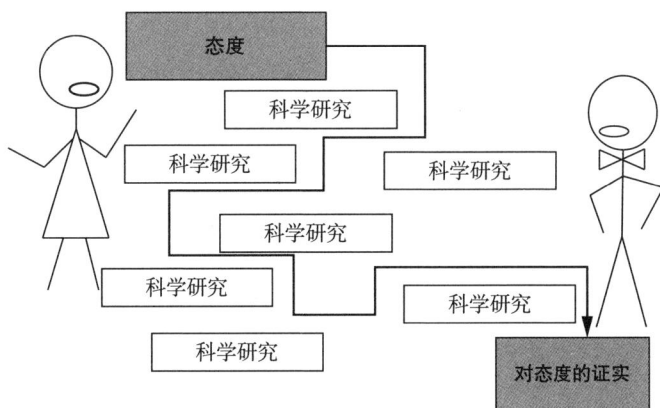

确认偏误的决定路径

实际上，在澳大利亚、美国和英国开展的调查表明，大约80%的人持有至少一种超自然信念。

或者，我们应该如何看待对替代医学的信任？发表在《澳大利亚医学期刊》（*Medical Journal of Australia*）中的于2005年开展的一项调查结果显示，每两个人中就有一个会采用某种形式的替代医学——有1/4的人甚至不会告诉他们的医生自己正在采用替代医学。

我敢肯定，我们所有人都会在某次聚会上遇到一些人，他们试图让我们相信最新的替代疗法的好处，如果这些疗法无害，那也还好——但当传统医学本来可以救治他们，而边缘医学信念却使得人们信任替代疗法或信仰疗法而致死时，会发生什么呢？

斯蒂夫·乔布斯（Steve Jobs）有时候被看成这方面的一个例子，如果他更早一些选择传统手术而非替代医学，他的癌症可能会得到很好的治疗。

回到疫苗接种与自闭症的话题上来，美国疾病控制与预防中心发现，有 1/5 的美国人相信疫苗会引发自闭症，40% 的美国人则因为担忧疫苗的这种副作用要么推迟给他们的孩子注射疫苗，要么就是拒绝。

> 非科学的信念是非常根深蒂固的，并且不太可能受到任何科学事实的影响。

同时，澳大利亚国家免疫研究中心（National Centre for Immunisation Research）的数据显示，在开展把免疫接种与儿童抚养费关联起来的全国性运动之前，两岁儿童的疫苗接种率跌至覆盖率仅为 85% 的水平，低于社区范围内疾病预防所需的 90% 的比例，并且这样的水平更有可能引发致命但可预防的疾病的爆发。

我们应该为此担忧吗？只有当我们认为非科学和伪科学的危害是实实在在的，并且认为对非科学信念广泛存在的支持会抑制社会在愈加复杂且靠科技驱动的世界中发挥功能或抑制社会与之进行竞争的能力时，我们才应该对此表示担忧。

英国《卫报》（The Guardian）的专栏作家兼《坏科学》（Bad Science）一书的作者，知名的班·高达可（Ben Goldacre）博士这样问道，“为何聪明人会相信蠢事？”

就像许多复杂问题的答案一样，这个问题的答案也非常复杂，但是在是“什么让理性的人拥有非理性的信念”以及“我们可以做什么来阻止它”这两个问题上，已经开展了可以给我们提供一些洞见的大量的科学研究。

为更好地理解导致反科学信念的因素，并帮我们了解它们是如何影响科学传播的，我们需要考察 5 个关键问题：

1. 信念的程度
2. 心理捷径和动机性推理
3. 恐惧因素
4. 直觉思维的危险
5. 不确定性原理（测不准原理）

我们还应该考虑社会中的价值观，它们会让某些反科学的信息与人们产生共鸣。只是因为你有某种边缘理论和一个网站并不意味着人们就会去选择它。为了做到这一点，就需要有与现有信念产生共鸣的东西。

所以在我们的列表中位于第 1 位的是：

1. 信念的程度

在绝大多数事上，人们并不是简单地分为支持阵营和反对阵营，尽管经常用那样的方式来区分他们。我最喜欢的一句话是这样说的：世界上有两种人，一种是认为你能把人们分成两个阵营的人，另一种是认为你不能把人们分成两个阵营的人。

就信念的力量来说，通常存在着广泛的范围，或者用更有科学性的词语来说就是连续统。所以，只是

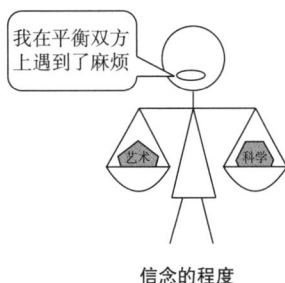

信念的程度

因为你相信顺势疗法并认为基因作物是非天然的，并不意味着你不能在其他事情上采用科学的世界观。但是在顺着这个连续统来到极端反科学的思维一端，更科学的思维就会被拒绝，让位于那一端的人改变他们的立场是不太可能的。

所以，首先我们需要理解一个人所拥有的信念处于何种程度，因为一个人越接近两端——也就是他们积重难返的地方，他们就越不太可能改变自己的态度或信念。

这就让我们来到了第 2 点。

2. 心理捷径和动机性推理

用大白话解释就是，这意味着人类有采取心理捷径的趋势。社会科学家把这称为启发法（这是另外一个更有科学性的词语）。这是我们对抛来的快速且复杂的信息做出回应的方式。我们需要迅速地对其归类，一种简易的方式就是根据我们既有的信念体系或价值观来对它进行分类。

诺贝尔奖得主兼畅销书作家丹尼尔·卡尼曼在他的《思考，快与慢》(*Thinking, Fast and Slow*) 中非常好地捕捉到了这一想法。他把慢思考描述为分析性的但消耗了很多大脑能量，而把快思考描述为以我们的心理捷径为基础，并且强烈地偏好于使用较少的大脑能量，但这也更容易出错。很多人都读过这本书，并且获取

了这条信息。但是另外一条关键信息则很少被引述，那就是虽然我们通常会发现其他人思维中的错误，但是我们几乎从来没有在自己身上发现过。

这也适用于有关转基因食品、纳米技术安全性、气候变化、你最喜欢的政党等的信念，议题越复杂，人们越有可能依靠信念或价值观做决策，并且越有可能犯错。但是你自己从来不会那样，是吧！我在平衡二者上存在着一些困难。

你会吗？

耶鲁大学的丹·可汗对他称为文化认知效应（很棒的科学性词语）的问题进行了研究，简而言之，这种效应认为，我们的价值观对我们态度的影响要比任何标准的人口统计学特征如年龄、性别、种族或社会政治地位更强烈。

对政治左翼和右翼的态度差异进行考察，以及对他们在转基因作物和气候变化上的价值观和态度的差异进行考察，可以发现很有意思的一点。在传统上，左翼支持气候变化背后的科学，但是却对转基因作物背后的科学不屑一顾；而右翼倾向于支持转基因作物背后的科学，并且轻视气候变化背后的科学。原因何在？一方符合持续的工业化进程的世界观，另一方则符合需要珍视自然的世界观。如果你环顾四周，可能会发现，在某些话题上我们每个人都是科学的否定者，因为它与我们强烈坚持的价值观不一致。

不，不要让我动脑子！如果我们注定要动脑子，可能就不会有智能手机了！

人类大脑偏好于节省能量

在一个理想的世界中，我们会考虑不同的信息，并且认真地对其进行分析，以及做决定。但是当我们没有这样做的动机或能力时，那种方式就无法奏效。在数据日益变得海量的世界中，时间却变得越来越匮乏，这迫使我们更频繁地使用心理捷径，利用我们所拥有的（常常来源于媒体而非源于正规教育）任何现有知识，或者转而依靠我们的基本信念。

在信息网（我造了这个词）的时代，信息—传播流与我们曾经习惯的方式已经完全不可同日而语了，甚至与 10 年前都是完全不同的。

我们都知道，在给我们提供大量信息以让我们变得更聪明和更好方面，互联网的前景就类似于电视早年的愿望——让我们更有教养并且将教会我们多种语言等相反，我们更善于通过电视观看人们唱歌跳舞、勾肩搭背或者通过电视学习烹饪，在网络上我们淹没于如海啸一般的无关资料中——招猫逗狗、游戏演示、美味佳肴，并且淹没于算法之中——通过我们的搜索历史确定了我们的现有信念，并且事实上对信息进行了过滤，以有选择地将支持我们现有观念的信息提供给我们。

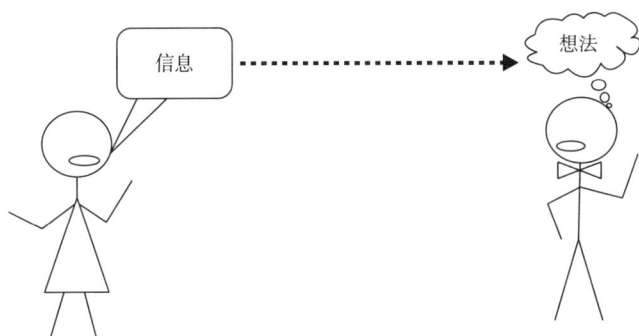

从信息到态度的设想路径

不应该完全怪罪互联网，它只是提供信息的一种渠道而已，但是互联网上可获取的可信性可疑的海量数据以及这些数据并不能轻易地把评论与研究、博客和新闻区别开来，这从根本上改变信息和知识之间的关系。

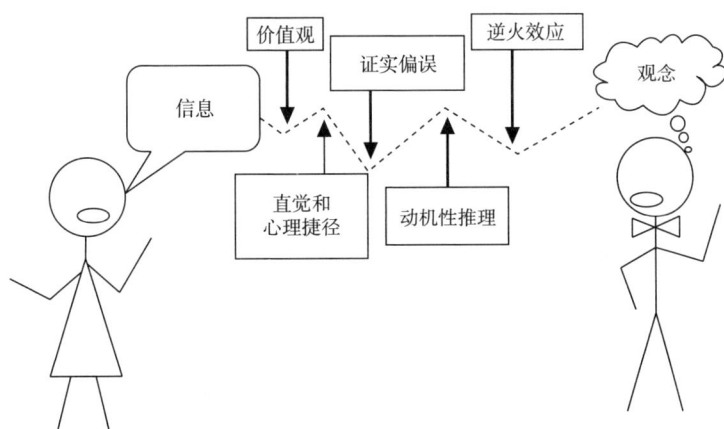

从信息到态度的真正路径

曾经，如果我们萌生了某种古怪的想法，我们会努力向教师这样的专家求教以验证它的有效性，或者通过阅读一部百科全书来验证它的有效性，而今我们有了一种能力，可以在世界的某些地方找到一群拥有类似但从来没有被专家验证过的古怪想法的人。

通过对古怪想法持续的确认和强化，它们就会变成信念，并且不容易改变。如果你对此表示怀疑，那就用搜索引擎去搜一下"王室成员是身高 7 尺的变形外星人"，看看对这个观点有多少不同的网站提供了大量的确证信息，你就知道我所言非虚了。

在互联网上能够获取到的关于某些看法的广度之大也揭示出，当被淹没在信息的海洋中并且使用心理捷径时，人们会转向"动机性推理"，这意味着我们只承认与我们的信念相一致的信息，并且会对同我们的信念不一致的信息置之不理。

澳大利亚国立大学的博士凯西·弗雷泽（Cathy Frazer）在 2003 年研究了免疫接种和未进行免疫接种的家长，这为我们提供了一个非常有意思的统计数据。研究中的所有家长都拿到了卫生部有关免疫接种的标准出版物，但是在选择免疫接种的家长中只有 1.6% 会通过互联网来获取更多信息，但是未进行免疫接种的家长在互联网上获取其他信息的比例高达 36.2%。所以结果一定是，他们在互联网上获得了更多更好的事实，对吗？

或许不是。

密歇根大学（University of Michigan）的布伦丹·奈恩（Brendan Nyhan）开展了一项研究，他发现，向人们提供证明他们的信念是错误的信息时，他们实际上在自己的初始信念方面会变得愈发不可动摇。这在商业上被称为"逆火效应"。

而且更重要的是，高智商人群往往要比低智商人群遭受到更多的逆火效应——这有点像一种疫苗，让我们对与我们强烈坚持的信念背道而驰的任何事实都免疫了（虽然第 24 章对此提供了一个备选方案）。

> **不是由逻辑和事实所形成的态度也不能被逻辑和事实所影响。**

如果我们仅仅向公众提供更加平衡且事实性的信息以便他们可以自己做出决定，那结果又会如何呢？当你向公众呈现一个故事的各个方面时，给他们提供赞成的观点和反对的观点，那可能也会是一个问题。研究表明，有这种态度的人往往会对他们起初的看法更加根深蒂固，并且不太可能看到其他看法的优势所在。

上述研究是由安德鲁·宾德（Andrew Binder）博士开展的。他发现，当面临与科学和技术相关的一个议题时，绝大多数人会根据各种心理捷径和倾向性的信念相当迅速地采用对此予以支持或反对的初始立场。并且，越多持有反对观点的人谈论一个引发分歧的科学和技术议题，来自不同阵营的人越不可能在任何议题上达成共识或者甚至采用同样的方式来看待这个议题。

宾德认为：

> 这是有问题的，因为它表明在对争议性议题讨论的过程中，个体在选择他们的讨论同伴时是非常挑剔的，并且他们只听自己想听到的东西。

如今，因为媒体总是倾向于在他们的报道中寻求平衡，尤其是在争议性的报道中，比如在气候变化或转基因食品方面，提供了支持一方的观点，然后又提供了反对方的观点，这实际上恶化了让极端观点极端化的问题。

这里还要补充一点，人们对某个话题越情绪化，他们就越不可能受到任何事实和数据的影响。所以看看你周围谁在打"恐吓牌"，并且对某些事情煽动情感关切。人们越激动、害怕、不安或生气，他们就越善于接收引发情绪反应的信息，并且越不愿意接受事实。

这让我们说到了第3点。

3. 恐惧因素

富兰克林·D.罗斯福（Franklin D Roosevelt）说过，"我们唯一恐惧的是恐惧本身"。

当说到恐惧因素时，甚至大脑的物理布局都会对我们不利。研究已经表明，感官输入是由类似于大脑邮局的丘脑进行分类的，然后被输送到大脑的不同区域做出回应。但是杏仁体——大脑中"危险，威尔·罗宾逊！"的部分恰好位于隔壁，人们认为它得到信息的速度要比距离更远一些的或缺乏很多神经连接的大脑的其他部分更快。我们更高阶的思维和决策发生于前额叶皮质区，它并未与杏仁体如此紧密相连。

研究人员大卫·洛佩克（David Ropeik）认为：

> 大脑的实体架构与生物化学确保了情感和本能都比理性与合理性更占上风。在你知道自己害怕之前，你就害怕了。不可避免的事实是，当说到风险时，我们天生就是先感觉后思考。

因此，我们需要知道第4点。

4. 直觉思维的危险

美国反疫苗运动的名人领袖珍妮·麦卡锡（Jenny McCarthy）认为，她对疫苗的拒绝承认主义是以直觉为基础的。与她类似，很多另类医疗师主张，人们应该信任自己的直觉来证明他们选择的正确性。所以，如果人们选择不给自己的孩子接种疫苗，那不是因为他们愚蠢，他们之所以不给孩子接种疫苗是因为他们对预防接种的恐惧要远远超过他们对不接种疫苗的恐惧。

案例研究：澳大利亚实际上并不存在

我经常告诉怀疑论群体的成员不要嘲笑也不要诋毁那些有其他信仰的人，因为这只会孤立他们。但是有几个群体可以作为例外。其中一个是相信"地球是平的"的那类人，根据近期的一个报道，他们认为澳大利亚根本就不存在，而声称居住在澳大利亚的人是美国国家航空航天局付费的演员。

当这个想法在英国伯明翰召开的一次"地球是平的"的笃信者大会上被提出来时，它获得了大量的媒体报道，这次会议上"有200多人彼此共同证实了地球不过是一个巨型蛋糕"。

对"假澳大利亚"（fake Australia）这个故事，可以追溯到2017年开始出现在红迪网上的一个帖子，这是由雪莉·弗洛瑞德（Shelley Floryd）发布的，自那时起，这个帖子就得到了大量的支持。比如，脸书上一个有关地球是平的帖子认为，不仅澳大利亚是一个骗局，而且18世纪和19世纪大英帝国也没有往那里运输过任何罪犯，相反，这些人在中途就被从船上扔进了海里，在他们再次看到陆地之前就已经被淹死了。

"这是历史上被隐匿的最大的大规模屠杀之一。"

而且，你在照片或电视上看到的任何澳大利亚人实际上都是计算机产生的人物（不好意思了，休·杰克曼），如果你自己曾经去过澳大利亚（down under），"那你完全搞错了"。因为飞机把你带到了南美洲的某个地方，飞机也是这个阴谋的一部分！那些"地球是平的"的笃信者所提出的其他观念包括：

- 万有引力不存在，自然界中唯一真正的力量是电磁力。
- 国家航空航天局发布的太空俯瞰地球的照片是假的。

但是扪心自问一下……

但事实是，虽然你可能感觉这有点好笑，并且认为"地球是平的"的笃信者一定是傻了，你要扪心自问一下，自己是不是真的想相信这个故事，只是因为这会让"地球是平的"的笃信者看起来很蠢？因为找到对此进行转发的似乎确认了这个故事的网站，并对这个故事进行的事实核查表明，脸书上起初的帖子只不过是一个笑话。但是一个笑话却导致那么多人信以为真了。这就是信念如何奏效的，不是吗？

我们通过接种疫苗所预防的疾病是未知的、不可见的。我们不会再眼睁睁地看着儿童死于百日咳或忍受脊髓灰质炎的折磨了，但是我们确实会看到，有人大力宣传因为免疫接种而导致的儿童遭受自闭症和其他疾病的折磨。所以无论一种风险有多小，它们都是可见的、已知的，因而风险会更加突出。

当然，百日咳或麻疹的一次暴发就可能改变这一切，在当前这个发达的世界的某些地方是存在着这种危险的可能性的。美国的健康官员在20世纪之初说到了对"傻瓜杀手"的需求——一次灾难性的天花暴发足以让人们信服需要进行接种免疫。

要是没有发生这种情况，我们中的很多人会完全依赖于自己的直觉，它会告诉我们自闭症或其他副作用是一种可能的风险，被接种预防的疾病所具有的风险没那么危险，尽管来自研究的证据表明情况恰恰相反。

美国国家科学院主席、《科学》期刊的前主编玛西娅·麦克纳特（Marcia McNutt）说："成为科学家只意味着，当我对某件事产生了直觉时，我会测试那种直觉，来看看我是不是正确的。"

我们的直觉已经为我们很好地服务数万年了，例如它阻止我们踏出安全的洞穴而进入充满危险的漆黑的夜里，但是它不再适合21世纪，我们也不再居住于洞穴之中，并且它还会导致错误的信念，比如迷信、超自然现象以及伪科学。

这就给我们带来了我们需要了解的第5个问题。

5. 不确定性原理（测不准原理）

位于很多非科学信念的中心的是控制。我们栖息于一个总是不确定且越来越失控的世界之中。但是迷信的信念和伪科学会通过简单的答案给人们一种控制感和确定性，这会降低我们对不受控制的事情的压力水平。这是一种必要的适应性机制，也是我们天生就倾向于去寻找的东西。

不过问题是：科学主要是以不确定性为基础的，而边缘信念则通常是以提供确定性为基础的。就这点而言，确定性完胜！

那么我们该怎么办？

这个问题可以简单地归结为：很多人正栖息于一个技术驱动的世界中，与生俱来的直觉理性使我们在这方面准备不足，而并没有解决这个问题的简单方案。

但是好的科学教育能够有所帮助。

有些证据表明，接受过更多科学培训的成年人会更经常地抵制占星术或幸运数字，并且更能接受进化论。与此类似，加拿大的艾丽莎·泰勒（Alyssa Taylor）在 2002 年开展的一项博士研究中发现，参加批判性思维的课程会让对超自然主张的信念出现大幅下降。

不过，我们需要用这个发现对另外一项在加拿大开展的研究结果进行调整，该研究发现，一个批判地考察超自然信念的为期 13 周的演讲课使对超自然现象的相信比例从 56% 降到了 41%，但是一年后，这个数字又慢慢地回升到了 50%。

所以，在形成强烈的态度和信念之前，我们需要对人们进行教育。在教育方面，更重要的是要教会人们**如何**思考而非思考**什么**。让人们对伪科学更具防御性的一种方式是，趁他们年轻时，即在替代信念体系形成之前，把科学思维的价值和方式有效地传授给他们。

谁也不能保证这对所有人都有效，但是如果不尝试着去解决这个问题，那么就会使太多的人任由我们的思维捷径、恐惧、直觉以及对复杂议题的简单答案的渴望所摆布。这将不利于我们很好地应对未来的挑战，尤其是当马克·麦克林德尔（Mark McCrindle）这样的营销大师告诉我们，现代消费者更多的是在情感尺度而非认知尺度上做出某种行为时。

大卫·艾克（David Icke）与 12 英尺的外星光照会

我们都需要信念来帮助我们理解世界，即便有些信念有些时候稍微有些极端。

作家乔恩·容森（Jon Ronson）讲述了大卫·艾克的故事，艾克以前是英国的足球守门员、电视体育节目主持人，他后来成为自我宣称的上帝之子，如今他游走于全球各地，向人们解释英国皇室以及重要的美国政客实际上是变形的外星人。如果你想深入地了解艾克的情况，那可以到网络上查一下有关艾克的信息。

容森讲道，大卫·艾克曾经计划前往加拿大发表演讲，但是如潮水一般的

抗议者开始反对他的到访。并不是因为他相信变形的爬行动物一样的外星人，而是因为他的花言巧语明显是对犹太人的一种隐喻。

有一个委员会组织人们起来抗议这次访问，容森讲述了该委员会一个成员的故事。"大卫·艾克代表着一种政治威胁。"会议上的一个发言人说道："他的作品是反犹太人的。大卫·艾克认为，全球的精英——那些主导了我们生活各个方面的光照派成员从基因上来说起源于一种外星的爬行动物种族，他们于不久前以人类的形式来到了地球，他们能够改变自己的外形，参与仪式性的儿童献祭活动，吸食人血。"但是这些人并没有被这种隐喻所愚弄。

不过，多次访谈过大卫·艾克的乔恩·容森并不十分确定。他写道："我想，当他说秘密地统治世界的12英尺的蜥蜴时，他真的就是指蜥蜴。"

实际上，大卫·艾克宣布，那个众所周知的赝品——《锡安长老会纪要》（*Protocols of Zion*）——不仅是一个犹太人的阴谋，而且是一个光照会蜥蜴的爬行动物阴谋的证据。

所以当大卫·艾克抵达加拿大时，官方把他迎进了会见室。在允许他进入这个国家之前，他们需要更多地了解他的反犹太立场。

大卫·艾克随后跟他们讲述了自己的理论，有一个通过所有种族来运作的基因网络，有一个融合了人与爬行动物基因的特定的精英血统。

在经过4个小时的盘问后，移民官也得出结论，当大卫·艾克说到蜥蜴时，他指的就是蜥蜴。

抗议者继续追着他跑遍了加拿大，他在广播节目和电视节目中出现，并且造访了书店——并不是因为相信很多世界的精英人士都起源于会变形的爬行动物的人太离谱了。因为对很多人来说，这个完全针对犹太人的隐喻是唯一一个符合他们自己信念体系的故事。

在 1995 年出版的图书《魔鬼出没的世界——科学，照亮黑暗的蜡烛》（*The Demon-Haunted World: Science as a Candle in the Dark*）中，卡尔·萨根认为，科学思维对于确保我们的民主制度和技术文明是必要的。他说，我们需要向人们教授科学思想的怀疑主义和奇观。

他认为，如果人们广泛理解了有关知识的任何宣称在被接受之前都需要有充足的证据，那么伪科学就没有存在的空间了。

所以在评判一个社会的科学素养时，我们的依据不应该是我们知道或不知道什么，而应该是我们是如何思考的。即便我们不知道太阳距离地球有多少千米，或者不知道我们呼吸的氧气是在空气中天然地出现的还是由植物释放的，这些并不是真的那么重要，但是我们确实需要知道如何根据证据而非与我们的情感相一致的模糊主张来做决策。如果没有这些，那么我们还将继续徒劳地用科学事实同事实和逻辑不会发挥什么作用的非科学的价值观进行争论。

最后一个大大的"但是"

但是——本章的最后一点是一个大大的"但是"——我们需要明确的是，对伪科学的信念或者说替代信念的驱动力加以理解的总体目标不是去做那些在怀疑主义者中非常普遍的嘲笑别人愚蠢的事情。关键是要去理解。

你可能会觉得，表明某种人生哲学要优于另外一种很容易，无论有些人从他们的人生哲学中获得了多少目的和意义。但是科学研究表明那些相信并且祈求好运或者福分的人在一系列测试中往往比那些不相信的人有更高的分数，我们又该怎么看待这一事实呢？

或者说，我们怎么看待这个更棘手的伦理问题，谁有权认为因为传统信念是以迷信而非科学事实为基础的，所以它们就不那么有效？

因为我们也天生倾向于把人们分成我们和他们两个阵营，科学传播者迈克·麦克雷（Mike McRae）在他的著作《部落科学：大脑、信念和糟糕的想法》（*Tribal Science: Brains, Beliefs and Bad Ideas*）中把这描述为有着志趣相投信念的部落。但如果我们可以克服直觉的恐惧去接纳一种科学的以证据为基础的思维方式，那么我们肯定可以克服直觉的部落习性，并且寻找允许复杂的世界观存在的共同价值点。很多科学家都是基督徒或者是穆斯林、印度教徒、犹太教徒，他们也许会经常地参考自己的星座，这意味着你也可以有共存的多元信念。

在另外一个极端，地球上的每个个体都有权通过完全愚昧的——不好意思，是替代的——信念和行为让自己离开基因库而成为达尔文进化奖（Darwin Awards）的竞争者。

但是允许任何危险的信念或行为扩散到整个社会中对于共同体的基因库来说是非常有害的——那也是我们必须挑战的东西，无论它是以我们的本能为基础的，还是以我们的科学推理为基础的。

胡说八道

人们用不合逻辑的论点来支持他们自己的信念的做法一点也不新鲜，但是我们确实需要抵制那些有目的地用不合逻辑的论点来愚弄其他人的人。

尤其是那些"感觉"正确并且成为错误信息传播的工具的不合逻辑的论点。

在很多情况下，谬论非常有效的原因在于，虽然世界很大又很复杂，但是我们的大脑偏好于简单的解释。我们倾向于寻找一些观念来证实我们已经有所怀疑的东西，我们倾向于信任那些我们认为更有吸引力的人，并且我们倾向于接受我们个人的经验，并把它视为证据。

你应该提防的被别人所采用的一些不合逻辑的论点包括以下4点。

逻辑破损（broken logic）：逻辑破损的一个例子就是，把因注射疫苗而生病的一个孩子作为表明所有的接种免疫疫苗都是危险的并可能会让你的孩子生病的证据。有些时候，人们会觉得逻辑破损的陈述是精确的，但是只有当你认真地对其进行分析后，你才会发现它们是不精确的。有些时候，他们只是笨手笨脚的，比如在一份有关气候变化的报告中找到一处错误，然后利用那个错误来表明这份报告中的所有东西都是错误的。其危害在于，那些为支持一个本已反对气候变化科学的立场寻求"弹药"的人会黏附于破损的逻辑，似乎这就是实际的逻辑并且拒绝被说服。

稻草人论点（straw man arguments）：就好像一个用稻草做成的人一样，这是非常容易推翻的东西，这通常发生于你表达了实际上你并非如此的一种对立主张并继而驳倒你误信的论点时。这方面的一个例子就是，澳大利亚广播惊世骇俗的唱片节目主持人阿兰·琼斯（Alan Jones）说："当然，二氧化碳不是一种污染物。它是一种对生命来说必需的无害的痕量气体。"

墨尔本莫纳什大学（Monash University）的天文学副教授马克尔·布朗（Michael Brown）说：

气候科学中的稻草人忽视了真实世界的复杂性。年复一年的变化以及不同地方的变化被认为让人类行为引发的气候变化蒙受了不白之冤。

虚假均等（false equivalence）：虚假均等通常是通过把道德上和情感上让人无法忍受的某件事与某个人正在攻击的科学的某些方面进行对比来实现的。近年来，我所听过的有关虚假均等的最糟糕的一个例子就是，澳大利亚疫苗怀疑论者在2015年把婴儿疫苗接种比作强奸。

孤证（case study of one）：这通常发生于像下面的这种陈述之前，"当我的姑姑去参观大堡礁时，她说她根本没有看到任何的珊瑚白化……"，虽然这常常是以一个人对单个事件的经验为基础的，比如否认气候变化的澳大利亚政客宝琳·汉森（Pauline Hanson）认为，大堡礁明显处于很好的状态，因为当她造访其中一小部分的时候，它看起来非常不错。

来自乔治梅森大学（George Mason University）的约翰·库克（John Cook）把科学否认者们经常使用的不合逻辑的谬误描述为 FLICC，意思是：

- 假专家（fake experts）
- 逻辑谬误（logical fallcies）
- 不可能实现的预期（impossible expectations）
- 选择性地描述证据（cherry picking）
- 阴谋论（conspiracy theories）

所以要对这些保持警惕，无论所做出的论点是有关同性婚姻的还是有关科学的——不要羞于称它们为"不合逻辑的谬误"（或者仅仅用大白话把它们说成"胡说八道"）。

应对策略

如果你遇到了不认同的一些态度，不要贬低蔑视它们，而是要努力找出位于这些态度背后的信念体系，然后就这些信念（而非态度）与人们进行一次对话。

在我们生活的这个世界上存在着范围非常广泛的信念，并非所有的信念都是以科学为基础的，并且其中的很多并非容易改变的。不过，一旦你理解了某人的信念，你就会更好地理解这些信念来自何处。

然后努力去找到你们之间的结合点，这真的非常重要。寻找任何共同的信念或价值观，比如，如果你和某人就气候变化进行争论，那就深入探究一下，看看是否你们都认同需要确保未来有可资利用的资源，或者食品安全，又或者改变天气模式。

一旦找到了你们都认同的东西，你就有继续开展对话的基础。它可能不是以科学对话为开端的，比如确保儿童的安全或者经济稳定，但是在不久之后就有可能会触及科学。

比如，如果你遇到了一个反对免疫接种的倡导者，你们可以就免疫接种是否具有优点进行毫无实际结果的无休止的争论。相反，你们可以从讨论如何保护儿童免受传染病的侵袭开始，那将很快把你们的讨论引向对疾病的接触和暴露。从这里开始，你们就可以讨论为保护个体需要保持高比例的对疾病免疫的儿童。所需的逻辑步骤是，指出如果一个没有进行免疫接种的儿童周围的其他儿童都进行了免疫接种，那他才是安全的，否则他就是不安全的。

你可能永远无法让一个人改变自己的主意，但如果你让他们认识到给自己的孩子进行免疫接种是一件好事，并且对他们来说试图让其他家长转而反对免疫接种实际上会给他们的孩子带来危险，那这可能是一个比较理想的结果。

要点

- 人们有各种各样的信念，这些信念界定了他们是谁。
- 很多信念是反科学的，科学数据对这些人没有什么影响。
- 我们天生就会用心理捷径来理解复杂的信息，但是那些心理捷径严重地依赖于我们的偏见和直觉，并且经常导致不正确的假设。
- 错误的信念会变得非常根深蒂固，并且会腐蚀信念，比如婴儿接种疫苗会导致自闭症。
- 相较于自己，人们更容易发现其他人思维中的错误。

第 **18** 章

一项有风险的事业——对风险进行传播

> "不适当的风险传播正在成为其本身的一种环境风险。"
>
> ——克里斯汀·乌尔曼，环保风险传播专家

有时你会发现，你学到的有关科学传播的所有东西都突然间无效了，就像你遇到了《星际迷航》（*Star Trek*）中适应了你的武器的博格人（Borg）一样，你的战略不再具有任何效果。

其中的一种情形就是你在处理风险传播的时候。

我近期受邀前往一个正致力于修复被污染的土地的政府机构，他们说自己遇到了一个问题，我也许可以给他们提供一些帮助。所以我如约前往，登记后进入了大楼，并被引入一个会议室，那里坐满了脸上写着官司的西装革履人士。

我落座后，发现自己穿得有点寒酸。我让房间里脸上写满焦虑的那些人概述一下问题，他们说，那些他们正致力于共同合作的、比他们还要焦虑的社区没有回应他们的传播活动，就好像他们所有的传播工具都坏掉了似的。

所以，我在座位上稍微前倾了一下身体，把紧扣的双手放到了桌子上，然后说道："你们正处于一种风险传播的环境中。标准的传播对你们来说不再奏效了。"（我所用的口吻是那种你告诉某人他们患上了某种经由性行为而传播的严重疾病或者他们突然被运到了远离银河系的没有网飞的地方）

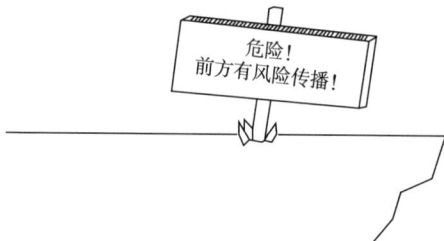

危险！
前方有风险传播！

界定风险传播环境

那么，到底什么才是风险传播环境？它们往往是你所处的境况：

- 愤怒
- 低信任
- 高风险认知
- 你的受众极其追捧的广为流传的有关科学的替代报告或不同立场
- 对你的武器免疫的外星太空飞船（这是一个隐喻，不过你知道这是什么意思，对吧？）

就像试图实现行为改变或态度改变一样，有效的风险传播既不会轻易实现，也不会快速实现。但从积极的方面来看，那些在聚会中介绍自己是风险传播者以试着给人留下深刻印象的人产生了大量的研究成果。他们研究不同的人为何会有不同的风险视角，以及如何以最佳的方式向不同的人传播风险。

他们还发现，因为很多针对风险的态度往往是以个体价值观为基础的，所以理解价值观有助于开展风险传播活动。

好的风险传播基于这样的观点：与利益相关者和社区形成伙伴关系以在如何用最佳的方式来缓解任何风险上对风险形成共同理解，并且共同决策。这种观点让把社区看成伙伴成为一种必需，对于不善于放弃对外来物种的控制（我想你现在明白这个隐喻的含义了）的很多机构来说，这有时会是一种挑战。

通过关切和影响来理解你的受众

在风险传播中，一个好的能奏效的工具是，给你的受众绘制一个图表，来展示他们认为自己受到一种风险的影响有多大，以及他们对一种风险有多关切，如图 18.1 所示。

第一象限。低关切，低受影响程度。需要对这个象限中的目标受众采用一些以信息为基础的方法，比如信件、资料页、问答集以及面对面交流。这是最容易打交道的一个象限，理想状态下，很多风险传播工作的目标就是把其他象限的目标受众转移到这个象限中。

第二象限。高关切，低受影响程度。位于这个象限里的人对风险有较高的关切，但是并不会受到风险的直接影响。对这个群体来说，最佳的风险传播策略就是倾听他们的关切，让他们自我表达出来，并且承认他们有这种关切。然后，他们最有可能对提供给他们的信息表示出更多的接受度，并且努力把他们转移到第一象限中。

第三象限。低关切，高受影响程度。这个象限里的人不太关切实际的风险，对他们来说，风险传播的风格应该以教育为基础。你需要利用更深层次的信息共享、对话交流，并且用细节对风险以及如何管理风险进行解释，更重要的是，去核实一下你的受众是否理解了你告诉他们的东西。

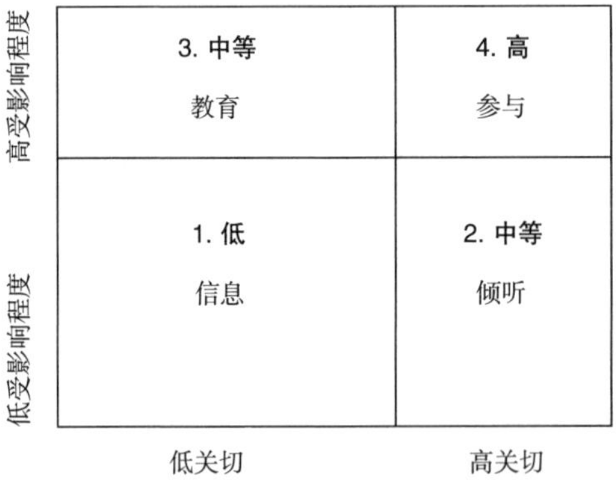

图 18.1 根据关切和影响划分的风险传播受众

第四象限。高关切，高受影响程度。位于这个象限里的人从管理上来说是资源密集型的，你需要超越到信息和教育之外，让他们参与到信息共享和决策之中，以便他们认为自己融入了这个过程。你需要与他们建立起良好的工作关系，因为当向高关切、高受影响程度的受众进行传播时，关系是至关重要的。这是一个你需要把风险传播做对的群体，因为你通常不会有第二次机会。

在没有掌握一些基本的风险传播原则之前，千万不要"裸奔"。这些原则包括：

- 对风险认知进行的管理不是对数据进行解释，而是要降低愤怒。
- 绝大多数风险争议背后都存在着公平和控制的问题。
- 当情感得到承认和合法化时，风险传播就会变得更容易。
- 当公众共享风险决策权时，就会有更好的风险决策。
- 解决风险的最佳方式是行动，而非"光说不练"。
- 公众不关心你知道什么，他们想知道你关心他们。

传统的做法是，当我们处理一个风险传播的议题时，比如某种环境污染、食品安全或者健康安全议题，又或者任何会影响到可爱的动物或儿童的东西，有些人决定让科学家走上台，站在出离愤怒的公众面前，跟他们解释这种风险远未达到他们所认为的那种程度。

比如，打算在某个社区的附近建设一个核电站，首席科学家站出来说，数据表明每 50 万人中才有 1 人会因核电站所产生的额外辐射而死，所以不用担心。或者研究人员告诉母亲们，因工厂、化学品泄漏、杀虫剂或者其他任何东西所导致的污染水平非常低，甚至她们的孩子都可以摄入，所以不用担心这会引发任何的健康危害。

为证明这种观点，这样的做法通常会伴有大量的数据和图表。

接下来会发生什么呢？

这很少奏效。科学家和他们的顶头上司可能会回到家，还彼此交流说："这真的很不错，你觉得呢？""是的，非常好。我们告诉了所有人我们的研究表明了什么。"

然后愤怒真的愈发高涨！

到底是怎么回事？

回头再看看第 6 条原则。**公众不关心你知道什么，他们想知道你关心他们！**风险传播要求你采取一个不同的思维模式，在这种模式中，传播的规则不再以有关风险的证据为基础，而是更多地建立在"一系列证据的、文化的和经济的考量"之上。

很有可能绝大多数前来参加会议的人并不打算听你对数据的看法，所以你也可以在怎么看待这个议题上听听他们想说什么。还是留着你的数据吧，等人们真的需要的时候再拿出来，不要假想人们会对听取数据感兴趣。

对风险传播的讨论实际上是关于倾听的。

对风险的科学认知与公众认知

重要的是，当你对基于科学的思维与一般社群的思维方式之间的缺口绘制图表时，科学的观点通常是占少数的，距离一般公众的正常视角相去甚远。这意味着每个群体在彼此理解对方视角的能力方面都有所欠缺。

一个社群中很少有成员会对风险拥有科学的看法。他们有可能对风险持有更情感性的看法。所以重要的是，我们要知道不应努力改正人们思考问题的态度，更有效的是与他们进行协作。正如我们已经了解的那样，有根深蒂固信念的人是不容易放弃这些信念的，即便向他们展示了相反的证据。

对风险的讨论需要考虑既有的关于风险的不同视角，与需要被承认的这些观点进行真正的对话。根据风险传播大师——文斯·科百罗（Vince Covello）和彼德·桑德曼（Peter Sandman）的看法，最好把一个社群对风险的认知看作某种"对我们所珍视的风险的或真实的或感知的，或量化的或不可量化的威胁"。

让对我们所珍视东西的威胁变得恶化的要素包括：

- 谁应该对风险负责的问题。
- 对秘密指控和觉察到的掩盖企图。
- 通过可辨认的英雄、恶棍、受害者等体现出的人情味。
- 与现有的引人注目的议题或人物性格的关联，风险 = 概率 × 影响。
- 对很多人的暴露（"也许会是你！"）。
- 强烈的视觉冲击。

对风险的科学评估和公众对风险的评估可能完全不同

表 18.1 总计了影响风险认知的惊恐因子。

表 18.1　影响人们风险认知的惊恐因子

如果属于下列情况，那么在这些事上所感知到的风险就是低的	如果被认为符合下述情况，它们的风险就更高
自愿的	非自愿的
常见	罕见
非致命的	致命的
一直的	未知的
科学上已知	科学上未知
可控	不可控

如果属于下列情况，那么在这些事上所感知到的风险就是低的	如果被认为符合下述情况，它们的风险就更高
陈旧	新的
即刻的	延迟的
天然的	人造的
可察觉的	不可察觉的

危险与愤怒

当在风险传播环境中开展工作时，同样重要的是，要理解危险与愤怒之间的差异。根据彼德·桑德曼的看法，危险可以被理解为某些东西可能会引发多大的伤害，而愤怒可以被看作它可能会让人们有多不安。例如，人们在美容院自愿地接触化学品是真正的危险（但是却有很低的关切），而防晒霜中低风险的纳米粒子却会引发愤怒（但是危险水平却很低）。科学家们往往专注于危险，却忽视了愤怒。彼德·桑德曼认为，应该把风险理解为：

$$风险 = 危险 \times 愤怒$$

他还认为，在风险传播环境中，当真实的风险很高时，你应该对危险做出回应；而当风险认知很高时，你应该对愤怒予以回应。

1. 当危险很低但愤怒很高时，风险传播的目标应该是"愤怒管理"——打消过度不安的人们的疑虑。这是风险传播中最常见的情况，有一个基于良善科学的合理的政策决定，然而人们对此却很关切或表示不安，比如给公共饮用水加氟化物。不正确的默认解决方案就是尝试着解释科学问题而非解决人们的愤怒或关切。

2. 当危险很高而愤怒很低时，风险传播的任务是"风险预警"——用严重的风险预警警告那些没有充分地表示不安的人。通常有一些人会认为，最好不要谈论房间里庞大的黑猩猩，并且避免谈论这种危险，但这是短期受益长期受累。当愤怒不可避免地开始增加时，你将丧失从提供早期的风险预警中建立起来的受信任的地位。

3. 当危险很高、愤怒也很高时，风险传播的任务就是进行"危机传播"——

帮助恰如其分地感到不安的人应对严重的风险。这要求采用一种"我们将共同克服"的方法。危机传播实际上是传播的另一个完整子集，最好通过参与（见第 14 章）而非标准的传播实践来加以解决。对不确定性的承认也很重要，和透明性一样，它会为后来可加以利用的信任奠定基础。

还有一些不应该被忽视的经常心照不宣的愤怒：专家和高级管理人员因公众不听取他们的数据而表达的愤怒，以不得不承担某种形式的公众参与为代价的愤怒。在这些情况下，最好的办法是身着博格人的服装，并且告诉人们，"抵抗是徒劳的"。

认知偏差：理解人们是如何思考的

与风险传播有关的很多问题来源于这样一个事实，即对风险的科学界定与有关风险的社群认知是不同的。风险认知在很大程度上是由我们的思维方式所驱动的，我们通常会高估或者低估风险，并且会做出被情感所左右的决定。比如，人们认为坐飞机的风险要比它实际上的风险高很多，而认为驾驶汽车的风险要比它实际上的风险低很多。或者人们认为其他人开车的时候用手机要比他们自己这样做风险高很多，又或者他们认为不涂抹防晒霜站在太阳下太长时间对他们的孩子来说会有风险，对他们自己则不会。

这个问题的核心是，我们心理上天生的思维方式会导致我们在自己的思维中产生常见错误，这些错误会引起对风险的扭曲看法、不精确的判断或不合逻辑的阐释。我们不妨去问一个烟民吸烟有多大的风险，或者问一个青少年驾车速度太快有多大的风险，又或者问一个在有机食品店购物的母亲食用转基因食品有多大的风险。

影响了我们思维方式的常见认知偏差（我们在第 17 章详细地论述了这个问题，不过这里值得回顾一下）包括以下 4 点。

1. 当时间紧张、被数据所淹没、不确定、被恐惧或情感所驱使时，我们往往会根据心理捷径或价值观而非事实来评估信息。

2. 在面临与科学技术有关的议题时，绝大多数人会根据一系列心理捷径和有倾向性的信念而非科学证据来采用一种支持或反对的初始立场，这些心理捷径和有倾向性的信念包括：

> ➢ 偏袒于否定气候变化的人类中心主义世界观

> ➤ 偏袒于反转基因立场的一种自然的世界观
> ➤ 偏袒于反对胚胎干细胞研究的生存权世界观

3. 当向人们提供了证明他们的信念是错误的信息时，他们实际上会让自己初始的信念变得更加根深蒂固。

4. 越多具有相反观点的人谈论某个话题，他们越不可能认同这个话题，或者甚至会用同样的方式来看待它。

有关认知偏差更详细的名单以及巨型的信息图，请查看巴斯特·本森（Buster Benson）的"认知偏差备忘录"。

这意味着你的有关风险的科学数据不仅可能是无效的，而且可能还会给你带来逆火效应，并产生更多的忧虑和愤怒。

> 简而言之，**不是**由**逻辑**或**事实**所形成的观点是不能轻易地受到**逻辑**或**事实**所影响的。

风险认知

风险认知是很多风险传播工作的基础，但是在使用过程中它也可能是一个有问题的术语，因为它意味着对风险的独特看法只是一种认知，或者是一种需要被纠正的对风险的错误看法。我们最好要知道，对于那些持有这种认知的人来说，认知变成了现实，所以对他们而言，这不是风险认知，而是真正的风险。

当人们感到紧张的时候，他们的认知和决定会受到一系列因素的影响，技术事实往往被认为是最不重要的（其重要性少于5%）。重要的是，要知道，当存在任何程度的愤怒时，人们是不会把目光聚焦于事实之上的。

增加了风险认知的另外一种现象被称为风险的社会放大，某些东西会借此引发"涟漪效应"，就像在池塘里扔进的一块石头一样（或者像一个博格人的光子激光被在近地轨道引爆了一样）。这既会增加一种认知到的风险的强度，也会增加它的持久性。一种常见的涟漪效应就是"蒙上污名"，这是一种风险与负面特征及高风险之间持续存在着的关联。比如，有关在鲨鱼洄游期间下海游泳的风险的媒体报道会让人们在鲨鱼已经游走之后的很长一段时间里仍然远离那片水域。

信任

信任也是有效的风险传播的重要组成部分。就像我们在第 13 章讨论过的那样，当一个发言人或专家站在任何受众面前时，受众会在起初的 15 秒左右的时间里来评估对他们的信任程度。这种信任经常是以对被同情和关心的认知为基础的，这远远超过对专业技能和知识的任何认知。

为和一个社群建立起信任关系，重要的是你要倾听他们的意见而非跟他们说话，因为在听你说话之前，人们想告诉你他们是怎么感受的。当存在很多不确定性时，承认截至目前还有什么是未知的风险和不确定的风险，能够建立起社群信任。

富有同情心的风险传播也有助于建立信任。它旨在让你的利益相关者感到"在房间之中"而非让他们感到自己被暴露在外。这是以承认人们的感受以及确认这是一种可理解的感受方式为基础的。

解释风险

重要的是，要知道人们如何理解风险的计算会影响他们对风险的理解。只是用文字会给理解带来很大的变数。比如，告诉人们他们遭受某种药物副作用的可能性很低通常是无效的，并且这实际上会增加他们对风险的认知。

更有效的方式是，给他们提供有关风险的数值估计，即便如此，也必须小心从事。美国食品和药品监督管理局在对风险进行传播方面给出了 10 项要求：

1. 提供表明风险和收益可能性的数值。
2. 提供绝对风险，而非仅仅提供相对风险。
   聚焦于个体的风险，而非个体相较于他人的风险。
3. 确保进行比较的分母保持恒定。
   比如，1:10 000，37:10 000。
4. 保持时间框架恒定。
5. 如果可能的话，利用象形文字和其他视觉辅助。
   图表会让数值型信息更容易理解，信息图是传播知识的最佳方式。
6. 弄清楚风险的基线和减轻风险之间的差异。
   在象形文字或信息图中用一种颜色来表明风险的基线，用另外一种不同的颜色来表明因治疗而减轻的风险。
7. 尽可能降低所展示的信息数量。

8. 提供积极框架和消极框架。

　　对一种行动无论是用积极术语描述还是用消极术语描述（比如生存率与死亡率），人们，尤其是那些计算能力较差的人会过于受此影响。只要有可能，就用这两种框架对风险和收益进行描述。

9. 在传递重要信息的含义时，要小心使用阐释性的标签或符号。

　　对数值型信息的含义（从好的方面或不好的方面）进行阐释，会影响人们的风险认知，并改变他们的决策，所以要确保使用对受众而非对自己来说有效的符号。

10. 在使用之前要对你的传播方法进行测试。

　　桑德曼还认为，能够让你所说的话"偏转"会大大降低激起愤怒的可能性。他引用了一个有关环境污染的例子，如果你提出了物业价值的问题，那么人们将更容易接受在物业价值方面可能存在着一些担忧，而非承认他们自己实际上相较于比如公共健康更加担心物业价值（见表 18.2）。

表 18.2　跑题的陈述

未跑题的	你	"你真的不是很担心健康问题！你担心可能会受到影响的物业价值。"
跑题的	我	"当我居住在一个工业园附近时也遇到过类似的情况。甚至让我比健康影响更加担心的是我的物业价值会受到影响的可能性。"
更跑题的	他们	"你的一个邻居上周跟我说了这种情况，他最担心的事情是这对他的物业价值所产生影响的可能性。"
执意跑题的	有些人	"处于这种情况之中的有些人可能会担心他们的物业价值。"
最跑题的	他	"有可能的是，会对物业价值有一些担忧。"

媒体

　　这里谈谈与媒体打交道的看法，因为虽然你做了最大的努力，但是如果遇到了糟糕的媒体报道，那么你周围所有的东西都会轰然倒下——与银河级星舰（Galaxy Class）遭受到克林贡猛禽（Klingon Bird of Prey）的攻击并无两样。没错，在风险传播情境下与媒体打交道本身就是一种风险，但有时不与媒体打交道会是更大的风险。

理解处于风险情境下的媒体的本质，会带来很多好处：

- 在风险报道中，记者往往会报道观点而非"事实"。
- 风险报道通常会被简化成二分法。
- 记者们对简单的兴趣要超过对复杂性的兴趣。
- 记者们往往会让风险报道个性化。
- 对风险的主张通常要比对安全性的主张更加有新闻价值。
- 记者开展工作所用的专业知识和时间都是有限的。
- 对于很多风险场景来说，这就是我们所栖息的世界的事实，与宣称风险实际上低很多的任何科学家相比，宣称存在着特定风险的少数声音更有可能得到更多的媒体报道。并且不确定性会被用来暗示不确定性就等于高风险。

这还不算，媒体试着把一个故事进行平衡的倾向，意味着他们要寻找一个持有异议的声音——即便是一个科学的声音，并且给它提供近乎相等的报道时间，不管它距离科学共识有多远。看看有多少科学家是气候变化起因的异议者，再看看他们的科学专业背景就知道了。

美国疾病控制和预防中心有一个关于在危机中如何与媒体打交道的小册子非常棒，小册子中写道，重要的是，通过对事件寻找另类视角和解释，以及确保其他的观点也得到媒体的报道是记者的工作。你需要意识到，你对一个报道的阐述角度不会是唯一一个被报道的角度，并且你只能期盼在影响任何致力于辩论、讨论和推断的媒体报道上所获得的成功是有限的。

不过，如果你能让事情对从事自己工作的记者来说尽可能地变得容易，那么这对你也是有帮助的，所以要让你的观点清晰、简练且一致。

如果你发现媒体呈现了错误的信息，尤其是如果它会对公众有害时，你要尽快地向媒体以及通过自己的社交媒体渠道向公众传播正确的信息。

另外一个跟媒体打交道的任务清单提供了 10 个关键点：

1. 对记者以诚相待，并且让记者可以联系到你。

2. 尊重他们的截稿日期。

3. 提供定制性的信息，以满足不同媒体类型所需，比如同期声、图表和电视所需的其他视觉辅助。

4. 就所采访的特定话题与记者提前达成一致，并且在采访中坚持这个话题。

5. 提前准备有限的几个正面关键信息，在采访中多次重复这些信息。

6. 对复杂的风险议题提供背景素材。

7. 不要推测，只说那些你愿意重复的内容。

8. 保持采访简短。

9. 依照约定，追踪报道所产生的赞誉或批评。

10. 努力与特定的编辑和记者建立长期的信任关系。

社交媒体

社交媒体通常在风险传播中发挥很大的作用，个体或群体会开设一个媒体账号，整理了强调一种风险——虽然你的科学数据表明这种风险可能非常小——吓人的故事和稀有的数据。如果发生这样的事，你要知道用你的数据对一个社交媒体进行报道或对一次运动进行辩护实际上毫无效果。

社交媒体，尤其是在风险情况下，不是关于讨论事实和数据的。它更多的是有关经验和叙事的，或者是关于经验和情感战胜了理性思维的。所以，最好把风险传播之中的社交媒体看作社群对话的一种延伸，理解社群所思所感的一种可靠的来源。它应该很少被视为另外一种传播渠道，尤其是当企图驳斥社交媒体上贴出的不正确信息时。因为这通常是从低信任度的立场上来完成的，而且它的影响力也非常有限。

从好的方面来说，社交媒体可以为关联起社群和个体提供一种快速的方式，它可以提供指导或者安慰，而非仅仅是传播恐惧和错误信息。

应对策略

如果你发现自己处于风险传播环境中，并且你通常用的传播工具似乎不再有效了，那么就要使用你的风险传播工具包。

首先，你需要仔细看看三项基本原则：知道你的受众、有清晰的信息，并且知道你为何传播。可能的情况是，你会发现不知道自己的受众，也不知道自己的想法，你没有一条足够地聚焦或清晰阐述的信息，你可能甚至要重新思考一下传播的目标。要非常明确你的传播目标和信息是有关"现在就撤离"还是"让我帮你处理不确定性的问题"，又或者是"证实你的感受"或其他一些关键的需要。

例如，当与不支持婴儿接种免疫疫苗的人进行沟通时，其目标并不真的是让作为个体的他们改变自己的想法，而是要确保社会中有足够的儿童进行免疫疫苗接种，以便存在有效的群体免疫。这是一种有些细微但非常重要的区别。

其次，你需要从工具包里拿出的第二个内容是，在危机情况下把信息扔给人们这种想法不太可能实现目标。这主要是因为危机情境是有关情感的，不以对情感的承认为开端（以及以对情感的承认为结局，并且把每一个构建都与情感关联起来）的任何形式的传播都会产生问题。

在任何风险或危机情况下，一种有用的工具就是，在讲述你知道什么以及你不知道什么时开诚布公。要知道，不确定性是非常重要的。

从风险传播工具包里取出的另外一个很好的工具是，实际上，在一般的社群中，非常少的成员会科学地看待风险的问题。

最后，他们对风险的看法更有可能是感性的。

我们都会用情感和思维来对一些情况做出反应，特别是在高感知的风险情况之下，情感会占据主导地位。

要点

- 常规的传播规则通常不适用于风险传播场景。
- 人们往往会高估或者低估风险，并且会始终如一地对风险持有与风险的科学评估不同的看法。
- 处理愤怒要比解释危害更加重要。
- 不是由事实和逻辑所形成的态度也不会受到事实和逻辑的影响，所以在明确地表明需要数据之前，先把它"雪藏"起来。
- 公众不关心你知道什么，他们想知道你关心他们。

第19章

尊重价值观

塞西尔·格拉汉姆：何为愤世嫉俗者？

达林顿勋爵：一个知道每个事物价格而不知道价值的人。

——奥斯卡·王尔德，《温德米尔夫人的扇子》

本章是相对较短的一章，因为绝大部分内容都分散在全书的其他章节中了，到现在为止，你应该已经明白和理解价值观在理解如何更好地传播时所发挥的作用了。正如我们所看到的，价值观不仅界定了我们是谁，而且还界定了我们是如何思考的。当科学和技术挑战了人们的信念，并且威胁到了他们深信不疑的价值观时，他们对科学和科学信息的态度就会受到严重影响，从而导致他们拒绝这种科学的有效性或者对其不屑一顾。

首先还是要讲个故事。

我正在给一群努力向公众传播有关森林大火的科学传播者开一个讲座，我说："你知道近期出现的更频繁的森林火灾是如何改变一切规则的吗？"

房间里的很多人点头回应。他们明白，森林大火变得如此巨大、如此猛烈、如此具有破坏性，甚至可以杀死位于土壤里的微生物，甚至最佳的火灾控制线和林中空地都不能减缓它们可怕的步伐。他们知道，森林大火会产生它们自己的天气模式，把浓烟和颗粒物质送入平流层，甚至会产生强大闪电，可以在距离大火前锋千里之外的地方导致新的火灾。

"没错。"我告诉他们说："现代传播也是一样的。我们正面临一场产生了它自己天气模式的完美的变化风暴，我们所使用的传统工具再也无法奏效了。"

那场完美的传播风暴包括：抛弃了传统媒体机构，社交媒体自我选择的回音壁效应，作为专家的狂热个体的崛起，政治的普及化与极化，这些是以我们的价值观为基础而导致的对很多我们个体的偏见的赋权。

让我们实事求是一点儿——所有人都用价值观来做决策，那不是科学家和科学传播者有免疫力的东西。我们不会因为自己的正义而对偏见超越理性的原则具有先天免疫力，就像疫苗的否定者不会因为他们的正义而对麻疹和百日咳拥有免疫力一样。

但是，理解我们的价值观并且认识到它何时会发挥作用，有助于我们理解如何管理价值观。

我参加过一次活动，到澳大利亚维多利亚州的小型社群中，跟人们探讨他们对火灾的态度，并且找到对一个社群来说能做些什么以最小化火灾风险的方法。很快我就明白了，这些社群对有关火灾的科学和数据并不是特别感兴趣，却对他们在自己的社群中珍视的那些被火灾所威胁的东西更感兴趣。所以我们基于社群感、旷野、与自然的亲近性，当地的学校等东西制作了价值观地图。

当消防局跟类似的社群谈论火灾风险时，我们建议他们收起统计数据和图表，而是与社群就他们珍视的东西进行对话交流。然后他们就可以为如何防止这些东西面临诸如火灾这样的风险进行对话开一个头了。

与此类似，生物学家安德鲁·泰勒（Andrew Thaler）在他的博文《南方瓦解了科学》（*Southern Fried Science*）中说到，当他不得不与受众谈论气候变化时，他会以谈论那些对他的受众来说重要的东西开始。"比如钓鱼、洪水、耕作、信念和未来。"这些会成为讨论全球气候变暖的一个入口。这样一来，受众就能够把科学证据视为与他们的价值观相关的，而非互相矛盾的。

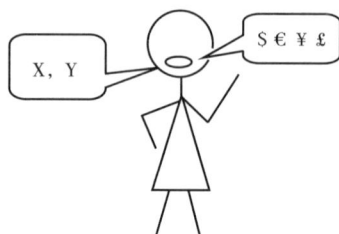

对价值观的误解

价值观棱镜：理解价值观以及接近这些价值观的工具

我们在前几章中对如何通过对话或调查或参与过程来测量和理解个体、群体或社群的价值观进行过很多讨论，但是那只完成了这个任务的一半。然后需要把这些价值观与你自己的价值观（或者你所就职的机构的价值观）进行比较。毕竟，每一个数据点都需要根据它与另外一个数据点的关系来理解。

如果你能够描绘价值观的差异，就可以有一个坚定的信念，价值观在何处会最协调一致，事情在何处将相对平稳顺畅，或者何处会出现可能抑制有效传播的最大的价值观冲突。

如图 19.1~ 图 19.3 所示，价值观棱镜是描绘这些差异的有用工具。它的运行方式是：以蛛网图或雷达图为基础画一个价值观棱镜，你可以根据需要放入尽可能多或尽可能少的分割线，给每一个特定的值起一个名字，这些名字是你认为与你正在努力的传播任务相关的。它们可能是对政府的信任，或者独立性、个人健康、保护环境。对于国家公园的用户来说，它们可能是利他主义、利己主义和享乐主义。

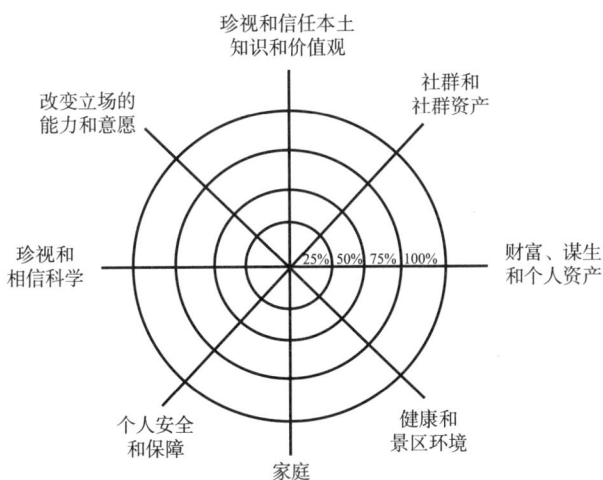

图 19.1 价值观棱镜

把图 19.1 的最中心赋值为 0，然后向外扩展，依次是 25%、50%、75% 和 100%。然后就可以描绘出正在与你一起工作的社群或群体的价值观了。人们有时会问我："当如果不知道他们的价值观时，我们该怎么办呢？"

我们会把谜底搞清楚。你甚至可以让他们描绘一下自己的价值观。

最好的事情莫过于提出能得到你想要的答案的正确问题。

我知道有时候你会从一个社群得到范围广泛的回应，在任何一个单独的议题上都有很多不同的价值观，但是你只需要描绘它们的强度，或者找出最常见的回应。

一旦完成了这个任务，你就有了一个价值观近似的图表。这是一个粗糙的工具，但也是一个提供了大量见解的工具。

然后画出你自己的价值观，或者你所就职的机构的价值观。在存在结合点的地方，传播和参与可能就会开展得相当顺畅。但是在有明显分歧的地方，你就知道你需要更加努力一些了。

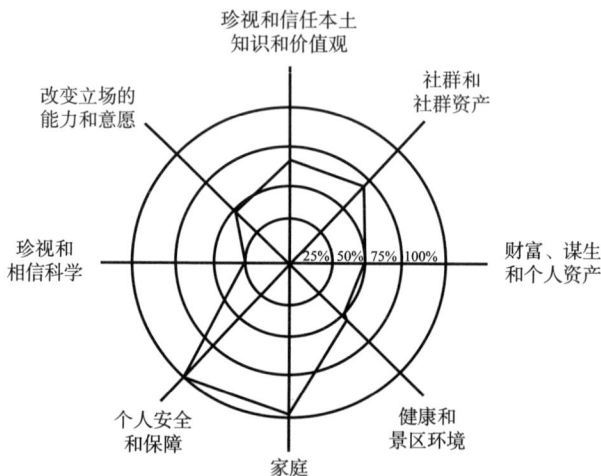

图 19.2 描绘出一套价值观的价值观棱镜

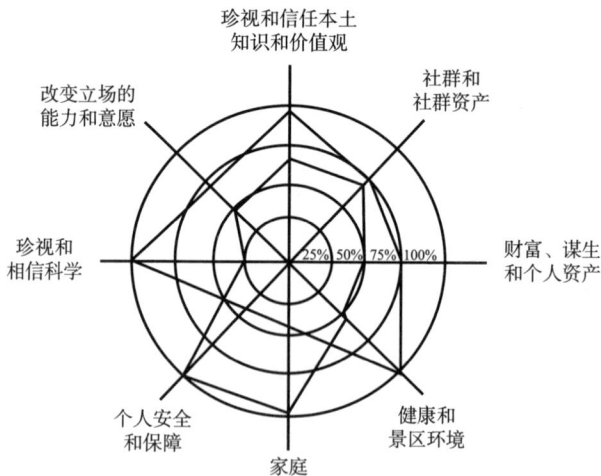

图 19.3 描绘出两套价值观的价值观棱镜

但是且慢，还有更多的问题！（就像试图在你酩酊大醉并且观看重播的《家有仙妻》（*Bewitched*）或《通天奇兵》（*The A-Team*）时向你兜售蹩脚货的深夜电视广告说的那样——或者是朋友告诉我的！）。价值观分歧的规模会指引你去了解哪种类型的传播策略有可能是最适合采用的：

如果你们的价值观有 75%~100% 的一致性，那么在一个议题方面，你们非常有可能位于同一个阵营，你也不需要在传播信息方面放手一搏了。你可以期待能够采用更多的以信息为基础的策略。

如果你们的价值观有 50%~75% 的一致性，那么你们位于同一个阵营的可能性还是有一点的，但只是有一点而已，所以你可能需要更多地利用以教育为基础的策略，在更深的层面上对事情进行解释，让人们参与到更积极主动的学习中。

如果你们的价值观只有 25%~50% 的一致性，那么你们就不位于同一个阵营，但是却可以远远地看到对方的营帐。你可能需要采用某种形式的社区参与或者其他的协商性技术，以让你的目标受众参与到讨论和协商之中。

如果你们的价值观只有不到 25% 的一致性，那么你甚至都不知道另外一方会在哪里安营扎寨。你将面临很多挑战，也会发现任何一次对传播进行的尝试都以失败而告终，而且每一次失败的原因都不同。在这种情况下，你可能需要转向以框架为基础的策略（见第 12 章），因为人们倾向于对以看起来与他们的价值观相一致的方式呈现出来的信息保持更加开明的态度。

另一个价值观图表起初由研究人员玛丽·道格拉斯（Mary Douglas）和艾伦·韦达夫斯基（Aaron Wildavsky）开发，此后被多次使用。这个图表建立一个四重的标度，分别是个人主义与公有主义、层级体系和平均主义（见图 19.4）。受个人主义驱动的人更有可能反对婴儿接种免疫疫苗，因为他们不进行免疫疫苗接种的决定完全基于他们孩子的个人风险，而具有公有主义的人更有可能同意让他们的孩子进行免疫接种，因为这是对整个社会都有好处的事情。

关于价值观，你需要知道的一些事情

当信息很复杂时，人们会根据价值观和信念来做决定。

人们寻求对他们的态度（或信念）进行证实并且会抵制任何与他们的态度（或信念）相抵触的信息或事实，无论这些态度（或信念）多么边缘。

不是由逻辑所形成的观点，不会受到逻辑论证的影响。

对争议性科学或技术的公众关切几乎从不是关于科学的，因而科学信息几

乎不会影响这些关切。

人们最相信那些他们认为其价值观反映了他们自己价值观的人。

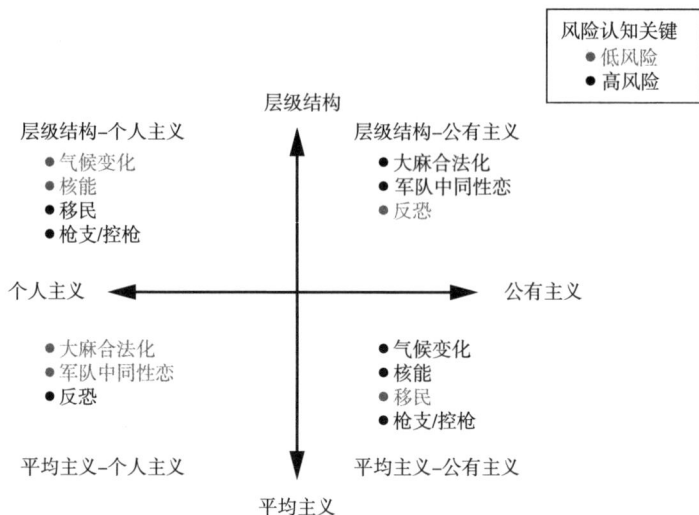

风险认知关键
○ 低风险
● 高风险

层级结构

层级结构–个人主义
○ 气候变化
○ 核能
● 移民
● 枪支/控枪

层级结构–公有主义
● 大麻合法化
● 军队中同性恋
○ 反恐

个人主义 ←——————————→ 公有主义

○ 大麻合法化
○ 军队中同性恋
● 反恐

● 气候变化
● 核能
○ 移民
● 枪支/控枪

平均主义–个人主义

平均主义–公有主义

平均主义

图 19.4　文化认知世界观

图19.4表明，位于层级体系和个人主义那个象限里的人更有可能把气候变化、核能和枪支看作低风险，但是却把控枪和移民视为高风险。在相反的那个象限里，也就是那些位于平等主义和公有主义象限里的人更有可能把气候变化、核能和枪支视为高风险，而把控枪和移民视为低风险。

那些位于层级体系和公有主义象限里的人更有可能把大麻合法化和军队中的同性恋视为高风险，而把反恐行动视为低风险。在相反的那个象限里，也就是公有主义和个人主义象限里的人更有可能把大麻合法化和军队里的同性恋视为低风险，而把反恐行动视为高风险。

这可以在一定程度上解释当你的家庭成员聚集到一起时会发生争吵的原因。人们在很多话题上有分歧，因为这与他们的价值观相冲突，当你理解了某人位于哪个象限中，你就可以预测他们的价值观，并且知道你们最有可能认同或不认同的话题是什么。

价值观可以是理解大量有关你的目标受众或利益相关者的一个关键要素。理解那些价值观可以让你有能力去把信息与那些价值观协调起来。就像信念一样，价值观不会轻易地改变，并且在很多情况下，价值观构成了态度和行为的基础。

找出人们的价值观不像听起来那样困难，因为人们通常非常乐于讨论他们的价值观，以及他们所珍视的东西。

所以基于价值观的对话是开启任何类型的参与的一个非常好的方式，因为它们不仅提供了一些你需要的洞见，而且还为更深层次的参与提供了起点。

如果有需要，利用价值观棱镜可以描绘出你自己和你受众的价值观。这是一个有用的工具，它可以帮你简单地了解到可能存在的价值观分歧。然后，你就可以开始开发与你受众的价值观相一致的策略和信息了。

如果你发现，你们的价值观是不可调和的，那也有其他方式可以有效地传播一些观点。比如，当我遇到某些事威胁到了他们根本的价值观的人时，比如经济进步与发展以及生活方式选择而坚决不相信气候变化这件事，我会说："你不必相信气候变化就能接受世界正在越来越暖这个事实。你不必相信气候变化就能接受我们正在遭受像干旱和飓风这样的更多的极端气候事件这个事实。你不必相信气候变化就能知道我们需要在缓解这些事件上花费资源。"

换句话说，不要就"气候变化是人为导致的还是全球的一个自然循环"进行辩论，这不会让你在有些人身上得到任何结果。相反，讨论一下为处理变迁的气候事件所带来的影响，我们需要哪种类型的举措来缓解气候变化。无论你相信什么，这都是一个保持恒定的东西。

要点

- 本章内容很短，但也要认真阅读一下！
- 描述你自己与你受众之间的不同价值观，可以让你匹配实现最佳效果的不同传播手段。

第 20 章

你真的能改变别人的行为吗

*"上帝，请赐我宁静，去接受我不能改变的一切；赐我勇气，去改变
我所能改变的一切，并赐我智慧去分辨两者。"*

——雷茵霍尔德·尼布尔，伦理学家，哲学家

让我们抛却任何的框架轶事或故事，直接跳到这个问题的症结所在：真的可
能持久地改变人们的行为吗？任何有孩子尤其是有青少年子女的人在这个问题上
都有他们自己的想法。研究明确地表明答案是肯定的。

- 大部分是这样的。
- 在某些情况下大部分是这样的。
- 在某些情况下大部分是这样的，但是在其他情况下可能未必。

如果有一件所有正在研究行为改变的研究人员都认同的事，那就是在如何实
现和维持行为改变方面几乎没有共识。甚至欧洲食品资讯委员会（European Food
Information Council）的一份报告发现了有关行为改变的 60 多种不同的社会心理
模型和理论，其中最关键的模型和理论包括：

> **自我决定理论**。该理论认为，如果个体要进行行为改变，他就
> 必须真的相信这种行为是令人愉快或者与他们的自我意识、价值观
> 以及人生目标是兼容的。
>
> **社会营销**。该理论认为，较小的初始行为改变对于达到任何较
> 大行为改变的目标都是至关重要的。
>
> **助推**。它使得所期望的行为成为更容易采取的选择。

在行为改变方面，研究人员确实认同的一个观点就是，你不能通过首先改变人们的态度来改变他们的行为，即便你觉得这是一种直观方式。实际上让人们改变那些会引起态度变化的行为更加可能实现，基于增加防晒霜的使用或反对乱丢垃圾的运动就采取了这种方式。让一种行为变得容易或更被社会所接受，人们就会改变自己的行为，然后这会导致与那种行为相一致的态度变化，这将更有可能强化那种行为。

这是由一种名为认知失调的人类特质导致的，它意味着你不能轻松地拥有相互冲突的一种行为和一种态度，你往往会改变态度以与自己的新行为保持一致。比如，你是否有过这样的朋友或者家庭成员，在还是学生时，他们真的很反对大公司，后来他们在大公司谋得了一个职位，就改变了自己的立场，开始为大公司辩护了。

这就是认知失调在发挥作用！

只是让人们采取行动

顾客心理学家亚当·费里尔（Adam Ferrier）是这么说的：“行为改变态度，远比态度改变行为来得快。”他还说，当为实现行为改变而开发信息时，你应该忘却理性的信息，也要忘却试图利用广告或传播来和人们建立情感上的联系，因为如果你只要让人们行动起来，就会获得更大的行为改变。

不过，这些行动需要简单且易于达成，还要拥有某种动机。他把这称为“刺针”。一个关键的刺针就是所有权。如果你把这种行动的所有权交到人们的手中，他们就会更加珍视它，并且更有可能以与此相一致的方式来改变他们的行为。下面是一些有用的心理所有权原则。

- **霍桑效应（the hawthorn effect）**：通过简单地询问某人对一个话题的看法就可以展示出这种效应，因而他们往往更加珍视那个话题（或行动）。
- **禀赋效应（the endowment effect）**：这个效应认为，如果人们在身体上接触了某些东西，哪怕只有几秒，他们也会更加珍视这个东西。
- **宜家效应（the Ikea effect）**：这个效应表明，人们会更珍视他们共同创造的东西。
- **乌比冈湖效应（the Lake Woebegone effect）**：这个效应是以盖瑞森·凯勒 (Garrison Keillor) 的广播节目命名的（“女人都很强，男人都长得不错，小孩都在平均水平之上”），这个效应表明，我们往往会高估自己做事情的能力，如果你夸奖某些人说，他们在某些方面要比多数人做得都好，他们就会更加热情，且通常会把这件事情做好。

小动作和暗示

近年来，轻推已经成为行为改变的最佳策略，并且英国和美国政府在大规模的运动中也采用了这一方法，旨在为了公益而实现预期的行为改变。

轻推方面的一些例子包括：

1. 2009 年，阿姆斯特丹史基普机场当局在男士小便池中安装了小型的苍蝇状贴画，并且发现男性在小便的时候会瞄准这只苍蝇，从而使得尿液溢出的情况降低了 80%。

2. 美国的杂货店 Pay & Save 在地板上贴了指向水果和蔬菜区域的绿色箭头，结果发现大多数顾客会沿着这个箭头所指的方向前行，并且他们购买新鲜产品的数量增加了。

3. 餐馆经常在菜单上列出贵得出格的菜肴。之所以会这样，是因为会让与这道菜相关的其他菜品看起来没那么贵。

4. 在英国，会向拖欠税金的人发送信件，来告知他们一些事，比如他们所在区域的 90% 的人都及时缴纳了税金，这使得一直按时纳税的人有所增加。

行为改变理论和模型

健康教育研究考察了行为改变的不同方法，并且开发了几个模型，包括：

· **自下而上的参与式策略**。这些策略聚焦于为本地群体和网络赋权以及提供资源，以让他们自己找出问题、定义解决方案以及启动行动计划。这方面的例子包括社区消防小组（Community Fire Units）以及美国红十字会的邻居防灾项目（Disaster Resistant Neighbourhood program）。

· **健康信念模型**。人们必须相信，对他们来说存在着某种严重的风险，并且所建议的行为会补偿采取某种必要行为的成本。

· **社会认知理论**。重要的是，个体认为他们对自己的行为以及他们想要达到的结果有某种控制权。

· **行为承诺**。对某种行为改变有强烈承诺的个体会在统计显著的水平上保持这种行为，即便在研究完成一年以后仍然如此，甚至是在招募其他人充当变革的推动者时。

这种运动的某些基本特征包括：

- 考察文献中所有适用的理论。
- 对方法进行反复试验，直到对它们可以奏效产生信心。
- 要承认，影响行为改变的对某些人的价值观有吸引力的信息，对那些有不同价值观的人可能毫无效果。

当然，在通过传播活动可能会实现哪些行为改变方面也有局限性。例如，在公共卫生领域，大量的资源被投入了努力让人们增加健康的膳食选择或者增加锻炼上，或者减少吸烟和饮酒方面，但是收效甚微。不过它们帮助提供了一些数据，以表明什么是有效的以及什么是无效的。

我们行为的复杂性

我们的行为几乎很少是完全有意识的，绝大多数行为都只是习惯成自然。所以对一个传播者来说，挑战并不只是去改变一种行为，而是去改变围绕着这种行为的惯例。这意味着，成功地改变行为不仅是有关改变一个动作的，而且是有关变更这种动作嵌入其中的惯例的。例如，如果你想改变某人的饮酒行为，就不得不改变每晚让他们走进酒吧的惯例，或者用一罐啤酒把他们带到电视机前面，等等，也就是要找到某种替代行为。

研究人员还发现，当不仅着眼于行为的后果，而且着眼于实现这些后果所需步骤的话，那么行为改变会更有效，因为复杂的动作是由几种可识别的行为组成的。

对不同类型的行为有很多分类法，可以分成4种主要的行为类型：

- 冲动行为
- 常规行为
- 因果行为
- 深思熟虑行为

在这些行为类型中，深思熟虑行为是最容易改变的，它是以沟通技能的转换、知识和态度为基础的。

当然，还有价值观

2011 年，一项研究考察了人们在用水量上的态度和行为之间的关系，结果发现个人价值观会直接影响行为。例如，如果你对环境有更高的关注，以及更高的水资源保护意识和实践，那么就更有可能会减少你的用水量。如果光有态度，比如知道水资源保护是非常重要的，那它与水资源保护行为之间的关系会更弱一些。

类似的是，也已证明对环境特定的"积极态度"不能单独预测你是否会采取具体的环保行为，比如购买更节能的汽车。但是对环境有特定的"关切"会对你的行为有更多的影响。

不过，重要的是，要理解行为是不稳定的，人们会因为各种原因而持续地调整自己的行为。但是人们确实会倾向于以与他们的价值观和信仰相一致的方式采取行动。

行为经济学

那么，行为经济学有什么特异功能呢？我的意思是说，经济学跟科学传播有什么关系吗？这个问题问得好，不过还是让我给你讲个故事吧！

时间回到 2008 年，尽管绝大多数资深的经济学家都表明了全球体系十分强劲，但是全球却遭遇了一次严重的经济衰退，被称为全球金融危机。美联储（US Federal Reserve）前主席艾伦·格林斯潘（Alan Greenspan）意识到他们都搞错了，并且对此进行了清晰的阐述。他对美国国会说，他对"市场没有按照他毕生期望的那样运行感到震惊"。此外，他承认自己"错误地认为许多组织，特别是银行等机构都是不折不扣的利己主义者，它们最能保护自己股东的利益"。

这是废话一句！不过，他的错误就在于，他认为绝大多数人及其所供职的机构会用理性的方式采取行动。

美国杜克大学心理学兼行为经济学教授，同时也是《怪诞行为学》（*Predictable Irrationality*）一书的作者丹·艾瑞里（Dan Ariely）认为："我们终于开始了解，真正驱动人类决策的，是非理性那只看不见的手。"

简而言之，行为经济学利用心理学和经济学来理解阻止我们做出理性决策的认知偏见——并且更重要的是，如何利用这些相同的偏见和非理性来影响行为改变。

如果你想深入了解，有两个人是值得一提的，他们分别是诺贝尔奖得主理查德·塞勒（Richard Thaler）（《轻推》的作者）以及丹尼尔·卡尼曼（《思考，快与慢》的作者）。

全世界的很多政府都设有行为经济学部门，包括英国政府的内阁办公室，新加坡政府和西南威尔士州政府的州长与内阁事务厅。巴拉克·奥巴马（Barack Obama）总统主政期间不仅建立了一个社会和行为科学团队，而且发布了行政命令，要求联邦政府机构把行为科学的洞见应用到他们的项目之中。

但是依我所见，行为经济学的真正优势在于，它通常依赖于随机对照试验来决定一项干预措施是如何真正地奏效的这一事实。设想一下，如果你所有的科学传播工作都要由随机分配的两组试验对象进行测试，一组测试的是拟提议的传播活动，另外一组则作为没有施加干预措施的对照组。

那就意味着对科学传播采用了科学原则。我知道，这是闻所未闻的。有人认为科学传播最好全凭感觉行事，即兴发挥，但显然不是这样的！

作为应该如何使用行为经济学原则的一个例子，来自澳大利亚的联邦科学工业研究组织的一组研究人员考察了在鼓励家庭节能上如何应用这些原则，如表 20.1 所示。

表 20.1　应用行为经济学原则来鼓励家庭节能

行为经济学原则	应用
1. 人们倾向于维持现状	通过提供一个包容的默认选项以及人们必须积极地寻找自愿退出的方法会明显地改善消费者对能源相关动议的接受程度
2. 人们偏好于只付出达到令人满意的效果而非最优结果所需的努力	通过让一个期望的行动变得更简单以及更便捷，这种行动被采取的可能性就更大。相反提供太多的信息会限制采用一种新行为
3. 人们通常着眼于与采取一种新行为有关的风险、成本或损失，而非收益。失去某些东西会比得到同样的东西让你更不开心	应该从避免或最小化预期的成本和损失而非仅仅是收益的角度为节能信息设置框架。同样要强调节能活动和亲环境行为将如何防止未来的损失和成本
4. 如果人们在某些方面投入了时间、金钱和精力，那么他们就会继续下去	应该为信息设置框架，以降低消费者在对陈旧的低能效项目上投入任何较大的时间成本、努力和金钱的关注，同时把注意力放到与维持这种低能效项目或浪费能源的做法相关的持续存在的成本、损失或风险上

行为经济学原则	应用
5. 人们会受到奖励的刺激	不过，在实现行为改变上，金钱奖励并未证明与赞美、赏识和社会认可这样的非金钱奖励相一致
6. 在评估风险和进行成本 – 收益评估时，人们会利用信任来指导决策制定	如果源于可信又可靠的来源，信息和激励更有可能会刺激并产生更大的行为影响
7. 我们对他人的想法和行动非常敏感，并且会寻求他们的赞同	信息应该强调同侪正在做什么，以及社区对人们有什么期待
8. 人们乐于运用他们记忆之中的易于获得的可用信息来指导他们的决策，比如个人的家庭轶事和朋友的轶事	信息应该融入到消费者的记忆中容易获取的能源节约活动案例，比如利用近期的、肯定性的消费者证词。研究还发现，简单的提示和提醒会增加一系列亲环境行为，比如节能

不过还要对行为经济学提一个警告。让行为发生改变非常好，但是因为它不是以行为与现有价值观相一致为基础的，所以如果把诱因移除，这种行为上的改变可能不会维持太久。是的，你可以让态度发生改变，因为我们已经看到了行为改变会导致态度改变，但是这不太可能影响根本性的现有价值观。

比如，来自英国的亚当·考莫尔（Adam Cormer）和阿莱克斯·兰达尔（Alex Randall）主张，如果一个组织正谋求促进森林的保护，并且用行为经济学策略来实现支持这种做法的行为改变是很不错的，但是即便那些绝非"真正的信徒"改变了自己的行为，在他们身上也可能不会真正地出现更长期的亲环保信念。

所以要认真地考虑你的目标。你希望的仅仅是行为改变还是公众更深入地接受一种特定的思维方式？

当它无法奏效时

如前所述，在努力实现行为改变上已经开展的大量研究，在发现什么东西无法很好地奏效方面做得非常不错。这被称为消极的行为改变，你可以把它看成絮叨你的爱人或孩子。你可能知道这不会奏效，每次你这样做时，都会看到它是如何不奏效的，只不过你还是觉得它应该奏效，所以才会乐此不疲。

"二级条件作用"是用来描述在某种特定情境下习得但在其他情境下则不能奏效的行为的一个术语。比如，你的孩子在餐馆里可能会行为规矩并且用餐也彬彬有礼，但是在家里的时候，却像大闹博物馆的僵尸一样。

另外一个例子是，当提供了不同的垃圾桶时，人们学会了如何区分塑料、纸张和可回收的玻璃，但是他们变得十分依赖于垃圾桶的存在，以至于当没有提供不同的垃圾桶时，这种行为就逐渐消失了。

"行为灭绝" 指的是，当行为改变的刺激因素或诱因被移除时，特定的行为会缓慢地消退，比如当你注意到一周都躲在路标后面的警察不在那里了。

可以考虑采用的 5 个关键行为洞见

1. **自由的力量。** 没错，我们都喜欢自由这个词，它可以在我们大脑中释放大量的多巴胺，但其前提是，我们起初认为这实际上需要较高的成本，而现在被免费提供了。

2. **展示其他人做了什么。** 这被称为社会规范。我们都是社会性生物，对遵从性反应非常强烈，并且喜欢表现得像我们认为绝大多数人所表现的那样。一个例子就是，旅馆宾客被告知绝大多数宾客都会反复使用他们的毛巾，这增加了毛巾的重复利用率。

3. **主导的替代方案。** 如果你的受众有两种选择，你可以通过引入第三个选项来把你偏好的选项呈现为更值得的，从而让他们去选择你所偏好的那个选项。这通常是通过让新的选项明显不如所偏好的选项来实现的。一个例子是，在中国开展的一项研究中，为工厂工人提供了瓶装消毒液喷剂，以让他们清洁双手和工作场所，并且告诉他们要每小时做一次，但远未达到最佳的效果。在对使用方法进行测量之后，为工人提供了另外一个不那么便捷的选择：一瓶挤压式的消毒液或者一个脸盆。结果表明，瓶装消毒液喷剂的使用者比例从 60% 上升到了 90% 以上。

4. **非理性价值评估。** 如果有人告诉你某个东西非常重要或者价值不菲，你就更有可能三思而后行。就好比有人告诉你，读了这本书你不仅会更聪明，而且会让女性更强壮，男性更帅气，孩子超过平均水平。

5. **决策瘫痪。** 拥有太多的选项会导致决策的缺乏。把选项压缩到 5 个左右会得到更好的结果，超市中的产品经常会采用这种做法——给你提供选择，但是不会让选择太多以至于抑制了你做出决定的能力。

应对策略

还是让我们实事求是吧！实现行为改变并且维持住是非常困难的。如果你还是不相信，那就试着让 10 多岁的孩子去做你想让他们做但他们并不十分喜欢的事。总之，那就是问题所在。

种类繁多的行为改变理论并不必然对你有所帮助，因为这会使战略选择变得困难，对绝大多数人来说，为了找到最佳的理论而去尝试很多种不同的理论也是不切实际的。

因为在所有事情中都存在着种类繁多的方法选择，所以我的最佳建议是，专注于最适合你特定情况的那一个。

不过，有几个行为改变理论可能会更适合绝大多数的科学传播者，因为已经证明它们在健康和环保行为相关的领域带来某种行为改变上是有效的。

查看一些与你正在寻求的行为改变相类似的有效行为改变的案例研究也是有用的，比如更好的健康行为或更好的环保行为。

这是一个你可以从中有所收获的案例。澳大利亚的维多利亚州开展了一场运动，旨在阻止人们让自己的猫在夜里去邻居的院子里游荡，因为它们会咬死大量的本土鸟类和小型动物。这项运动所用的关键信息就是让人们了解一下当你的猫在夜里四处游荡时会造成什么伤害。这似乎是一个正确的路线，不是吗？

但是事实上，它的影响甚微，猫的主人还是会让他们的猫在夜里四处游荡。所以，你要呼叫谁？社会研究人员！在开展了一些研究之后，他们发现，猫的主人了解到了正在传播的信息，但是这些人不像关心他们的宠物猫那样关心本土动物。

所以研究人员设计了一条新的信息，与猫主人的价值观相一致的信息——现在告诉猫的主人，不要让你的猫在夜里外出，因为它可能会被袭击、染上可怕的疾病，甚至是被杀死。

你知道发生什么了吗？人们开始让他们的猫在夜里老老实实地呆在家里。

给出正确的信息，并且推动一种易于实现的行为显然是非常重要的。

不过那只是一个行为改变的简单例子。实话实说，还有很多黑暗势力试图让人们以对他们或环境或社会来说不太好的方式行事。这包括增加对垃圾食品的消费，吸烟，或者购买超过个人所需或支付能力的更多的东西。

在很多情况下，为得到特定的行为变化，可能只有你一个人对存在竞争的声音予以抵抗。

但是要密切关注你的目标，从小目标开始，并且努力实现行为的渐进式变化，对效果进行测量，并在前进的过程中修订你的策略。

总之，坚持不懈，抵御住陷入信息舒适区和教育项目的诱惑。因为虽然这些已被证明非常善于唤醒意识，但是并不擅长获得并维持行为改变。

要点

- 行为改变并不容易实现，而且还难以维持。

- 通过改变一种行为来实现态度的改变，要比通过态度的改变来实现行为的改变更有效。

- 存在着很多行为改变的理论与模型，重要的是，要找到对你所在的情境最有效的那一个。

- 行为经济学是以人类从非逻辑行为中习得的逻辑模式为基础的。

第 21 章

对争议进行传播：好的、坏的和丑陋的

"本福德的争议法则指出，热情与可获取的真实信息量成反比。"

——格雷戈里·本福德，天体物理学家和科幻小说家

很久很久以前，在离我们这个银河系不是很远的星系里，一位名叫伽利略·伽利雷（Galileo Galilei）的科学家被罗马宗教裁判所（Roman Inquisition）审问。因为他说，他通过望远镜观察得出，地球绕着太阳转，而不是太阳绕着地球转。1633 年，他被发现是"严重的异端嫌疑犯"，并被判处无限期监禁。大概 10 年后，他在软禁中去世。

谢天谢地，自那时以来我们已经取得了巨大的进展。

好吧，除非你是一名意大利地震学家。2009 年，其中 6 人因过失杀人罪而被判入狱，因为他们未能预测意大利历史名城拉奎拉发生的地震，那场地震造成 300 多人丧生。

或者除非你是一名中国台湾的气象学家。在 20 世纪 60 年代，台湾的一场台风造成 330 人死亡，4 名气象学家因未能预测登陆的致命台风而被控"玩忽职守"。

谁能料到地震学家和气象学家要在如此高度敏感和有争议的领域开展工作？

但是，时不时地你就会有很大的可能性卷入到一场科学争议之中，不管你选择与否。这可能与你自己的研究或你正在对其研究成果进行传播的研究人员有关，因为这些研究本身就是有争议的（那些从事进化论、煤层气、遗传学、纳米技术、生物技术、人工智能、量子物理学，任何与化学、气候科学和动物研究有关的人请举手……实际上，要让那些自己认为所从事的领域有时并不引起争议的人举手的话，这个列表可能会简短一些）。

到底什么是争议？

正如《有效的科学传播：研究议程》中委婉地表示的那样："虽然公众对科学和科学家总体上的态度是积极的，但是具有科学因素的具体的争议性议题通常会引发争议。"

我想我们都知道用简单的语言来说这是什么意思：无论你的科学是否有争议，它都很有可能会引起争议。这意味着除了在转基因食品、纳米技术、风车、合成生物学研究等领域的研究之外，其他领域也可能存在着争议（让我们把这称为"触发科学"吧，省得每次都要重复列出这个名单）。

因此，值得考虑的是，是什么让某些东西引起了争议。我想我们都知道，争议就是那些会让别人心烦的事，但我们需要比这更多的信息。社会学家多萝西·奈尔金（Dorothy Nelkin）将构成科学争议的基础的几种冲突进行了分类，如下所示：

- 收益与风险（例如许多转基因生物的公司收益与消费者风险）。
- 监管与自由（例如获取酒精、烟草或其他药物）。
- 科学与传统价值观（例如伴随着替代药物发生的）。
- 政治优先与环境价值（例如核电）。
- 效率与公平（例如在远离许多农村居民的大城市设置医疗机构）。

美国国家科学院有自己的一份清单，列出了是什么构成了科学争议的基础：

- 科学尚无定论的事实。
- 科学共同体内部对科学存在分歧。
- 科学显示的结果与长期存在的常识性认知所表明的结果之间可能存在脱节。
- 科学的资金来源意味着利益冲突。
- 科学被伪造了。
- 科学违反了道德、伦理或社会价值观。

最后一点可能特别棘手，因为不同的个体可能具有不同的伦理和道德原则，就像不同的个体拥有不同的文化和国家一样。既然我们都知道现代世界文化是多元的，我们需要了解的就是，一些人不仅会因为他们的意识形态不同而意见不同，而且还会因为社会价值观的不同而产生分歧。

但是，试图对此采用事后诸葛亮的方法也不是都可行的。例如，如果让你猜测犹太教徒或伊斯兰教徒在人体手术中是否可以接受猪的植入物，你会怎么回答？澳大利亚一项研究动物器官在外科手术中使用情况的研究发现，犹太教领袖接受在人体外科手术中使用猪的植入物，而且伊斯兰教患者也被允许使用猪的植入物（然而，只有在非常糟糕的情况下，而且在所有的其他选择都用尽之后才会允许采用这种方式）。但你不能在其他信仰中推断出这点，因为印地语领袖不愿意接受牛的身体植入物。

我们还知道，不同的国家对不同的科学和技术有不同的态度，例如全球对转基因食品或气候变化的态度。总的来说，气候变化在美国和澳大利亚是一个主要争议，但在欧洲却不是。但是在欧洲，与美国或澳大利亚相比，转基因食品则是一个更大的议题。

根据美国国家科学院的报告，与科学有关的争议通常具有三个特征：

- 个人和组织在信念、价值观和利益上的冲突。
- 公众对科学或科学启示的不确定性的认知。
- 有组织的利益和有影响力的个体的声音在公共话语中被放大了，其代价是牺牲了科学证据的陈述。

让我们看看其中的每一种，因为它们各自都为科学传播提供了独特的挑战。

在信念、价值观和利益上的冲突

让许多科学家感到震惊的是，他们发现许多对科学争议的担忧实际上与科学本身无关，这就是为什么对科学进行解释并不能缓解任何担忧的原因。大多数公众争论都与科学将如何被使用，或者谁将从中受益，谁将承担风险，或者是否应该首先开展这项科学研究有关。

我们现在应该知道，任何挑战个人信念或价值观的科学或技术都将受到挑战。那些反对你的科学的人可能对科学非常了解，并很好地理解了科学，但从根本上不同意正在发生的事。

一些反对转基因食品的人有很多科学知识，但这与他们的基本信念相冲突，例如所有自然都是神圣的。在理想的世界中，那些反对一项科学或技术的人和那些支持它的人可以简单地选择是否使用它。但我们并不是生活在那样的世界里，不是吗？由于经济、社会和政治的需要，我们往往会发现，那些支持或反对任何科学或技术的人会不遗余力地说服别人，以让自己获取到他们的支持。这就意味着有一个信息和错误信息的战场。

一般人会有这样的刻板印象，以科学为基础的机构用科学和事实来论证他们的观点，而反对特定科学或技术的非政府组织用情感和错误信息来为他们的观点据理力争，但这本身就是一种价值判断。如果你花时间和那些以反科学为特征的非政府组织进行交流，你会发现他们经常坚信自己在推动真相，而科学倡导者在推动错误信息。

事实上他们都是对的。在谈到对科学及其影响进行传播时，一些科学机构要比其他机构更审慎，而一些机构则不那么审慎。在对他们自己的观点进行传播时，有些非政府组织比其他组织更加审慎。

为心灵而战

世界就是这样，如果有一个庞大的支持基础，我们就更有可能获得政治上的胜利，所以不管对于什么争议来说，获得支持都是有用的，这就意味着要比你的对手赢得更多的人心和理智。或者它仅仅意味着，看起来你已经赢得了很多人心和理智。有几个特别的非政府组织拥有非常小的支持基础，可能实际上只有一两个人，但是他们非常努力地让自己看起来像是有一个庞大的支持基础。拥有一个访客如织的网站和活跃的社交媒体形象，这并不难。

对于某些议题来说，如胚胎干细胞研究或进化论（在美国），宗教信仰是主要的影响因素。在这些情况下，人们可能会感到他们的宗教观点受到了挑战，因此选择拒绝接受这些科学发现。

在决定支持或采纳不同的科学争议方面，人们是怎么看待的，我们已经了解了很多事情：

- **动机推理**理论认为，人们往往不会采用与其长期持有的观点或价值观相冲突的解释（例如那些反对转基因技术、将自然视为神圣的人）。
- 如果我们发现科学是否与我们的**文化偏见**相冲突（比如婴儿疫苗接种与个人主义而非社群更一致），那么我们的文化偏见，比如喜欢平等胜过喜欢权威，或者喜欢个人主义胜过喜欢社群，也会决定我们是支持还是不支持一种科学。

- **社会身份**定义了我们，我们往往不会采取与我们认为的群体成员所持有的相反的立场（这就是为什么许多对气候变化的态度可以由对政党的支持来界定的原因）。

麻木迟钝的人展示如何赢得人心

幸运的是，研究已经能够确定出一些策略，可以用来帮助减轻相互竞争的信念、价值观和利益的影响，这些策略包括框架和参与。

正如第 19 章所概述的，你需要以一种与人们的价值观相一致的方式提供信息，而且应该尽早动手开展参与，并且科学家和感兴趣的各方应该共同努力。美国国家科学院的报告建议：

> 一般而言，为了让公众参与发挥其潜能，要谨慎地设计一种过程，以专注于眼前的议题的特点，以及把个人思维和群体互动的优势和劣势考虑进来。

制造争议

有些争议实际上是人为制造出来的，这应该不足为奇。大卫·哈克（David Harker）在他的《创造科学争议》（*Creating Science Controversies*）一书中说，人为制造的争议似乎从公众的角度看是真实的，但实际上并非是在科学世界中进行争论的，例如婴儿疫苗、转基因食品和艾滋病。在科学家对某个立场达成了压倒性共识但却引起了很多公众关注或怀疑的地方就会产生异议。

假新闻和草根营销

人为制造草根阶层支持的看法被称为"草根营销"（astroturfing)，它是假新闻的附属品。它就像用假名给编辑写信，或者通过推特和脸书上的竞选活动假装你有一大批粉丝，或者更恶意地盗用身份并利用它们来推销自己一样简单。

你甚至可以购买数千个推特地址来发布你的消息。

推特已向美国参议院承认，它们每天屏蔽将近50万个它们怀疑是自动生成的新账户。显然，它们错过了很多机会，因为有些公司提供2万条转发的价格低至25.9美元。

为烟草集团工作的大型公关公司早期曾尝试的草根营销包括，给政客们寄数百张假装由很多忧心忡忡的市民所写的明信片，但在数字时代，这种做法变得更加复杂，更难分辨真假。

2006年，《华尔街日报》的科学记者安东尼奥·拉格拉多（Antonio Ragalado）开始怀疑油管上一个名为《阿尔·戈尔的企鹅军队》（Al Gore's Penguin Army）的视频。这段视频持续了大约两分钟，如果你有时间可以去看看。在视频中，阿尔·戈尔的头叠加在蝙蝠侠的敌人企鹅身上，他让企鹅们厌烦不已，然后对它们进行了催眠，以让它们相信他关于气候变化的信息。

这个视频有点笨拙，看起来就像业余动画师在卧室或地下室里创作的作品。然而，这实际上是一个非常巧妙的制作，只是被故意地设计成了业余作品。它是由华盛顿特区的公关公司数字电影倡议（DCI）集团制作的，该公司的客户包括埃克森美孚（ExxonMobil）和通用汽车（General Motors）。

当拉格拉多在谷歌上搜索"阿尔·戈尔"时，发现它排在赞助榜单第一个，于是他开始怀疑这段视频的真实性。这意味着有人花了大价钱来推广它——然后他怀疑实际上也有人花了大价钱来制作它（没错！）。

就像许多错误信息一样，草根营销的目的实际上只是为了在鱼龙混杂的人群中产生怀疑。因为怀疑在科学辩论中非常有影响力。

正如内奥米·奥利斯克斯（Naomi Oreskes）和埃里克·康韦（Erik Conway）在其开创性著作《贩卖怀疑的商人：告诉你一伙科学家如何掩盖从烟草、臭氧洞到全球变暖等问题的真相》（*Merchants of Doubt: How a Handful of Scientists Obscured the Truth on Issues from Tobacco Smoke to Global Warming*）中指出的那样，当你围绕着一个科学争议制作假新闻时，你无须证明某个论点，你只需要对某些东西是安全的或者对科学认为某些东西正在产生影响的这种说法提出足够的怀疑就够了。

当然，对于公众成员而言，知道在科学界中什么是真正的科学争议而什么不是科学争议是非常困难的。公众通常不会去阅读科学论文或参加科学会议。甚至也不是所有的科学家都能涉猎所有被讨论的科学问题。

那么，当公众成员被告知防晒霜中的纳米颗粒可能对他们构成危险时，他们会怎么想呢？他们尚未准备获得与此有关的科学讨论，因此避免使用防晒霜的做法显然更容易，对吧？我的意思是，如果有人说这很危险，并且许多科学家给出了很长的"是的，但是""不错，但是""也许，但是"和"需要更多研究"的答案，那么你就知道科学家们不认同它的安全性，所以你会对此采取谨慎的做法。那是有道理的，不是吗？

与利益集团合作

利益集团的形式和规模各不相同，就像教室里的孩子希望老师挑选自己喜欢玩的游戏一样。他们可能会告诉老师，其他人也都想玩这个游戏，但却不希望老师真的去问任何人；他们也可能会说这是最安全的游戏，不会给老师带来任何麻烦；他们还可能会说如果选择另一个游戏，学生们会产生出一些抗议；他们甚至会说如果不玩学生想玩的游戏，他们就会闷闷不乐，然后走出教室。

无论是环境类非政府组织、生命权维权组织还是工业阵线，利益集团通常都会分为三种类型：

1. 那些代表他们集团成员的人，比如听取他们的成员想要什么，然后就会为之而努力的患者倡导群体。或者当学生实际上已经知道了同学们想玩什么游戏时，他们就会去努力说服老师相信那个游戏是他们更喜欢玩的。

2. 那些代表其成员利益的人，例如那些可能没有能力与所有成员进行磋商，但对他们的利益有很好的了解的残疾政策提倡者。或者，当孩子知道老师喜欢玩一个其他孩子都不喜欢的游戏时，为了其他孩子们的利益而试图说服老师不要玩那个游戏。

3. 那些真正代表自己意识形态利益的人。一些激进的非政府组织有自己的选民基础，他们可以向选民们汇报或进行告知，但他们期望这些有会员资格的人会追随他们的领导，而非代表他们自己或他们的利益。或者，一个孩子只喜欢一款游戏，并不关心其他人是否喜欢它，他会竭尽全力确保这是老师选择的游戏。

利益集团也倾向于采用三种不同的运作方式：

1. 那些在公开场合激进但私下温和的人。他们对着电视摄像机大喊大叫，威胁说要进行封锁和抵制，但当你坐下来和他们交谈时，他们却表现得十分通情达理。他们是政治上相当敏锐的利益集团。

2. 那些公开场合温和并且私下也温和的人。他们对媒体做出明智的评论，当你坐下来和他们交谈时，不会有什么意外发生。他们往往设立之初就运行良好，并早已习惯与不同机构和政府合作。

3. 那些公开场合和私下都激进的人。他们对着电视摄像机大喊大叫，威胁说要进行封锁和抵制，当你坐下来和他们交谈时，他们仍然大喊大叫，威胁说要封锁和抵制。这些人往往是最难相处的。

打出了胡扯的牌

在科学争议中，找到某人给出错误信息牌的情况并不少见。而且在现代世界中，这些错误信息牌对于人们来讲越来越难以识别。当你处理一个敏感的话题并且人们对你正在研究的科学非常反感时，你可能会发现一些常见的问题牌：

- "威胁工作"牌上面写道，科学技术将夺走人们的工作（如自动化机器人）。

- "这在道德上是错误的"牌上面写道，科学领域不应该被探索，因为它违背了太多的道德原则，如胚胎干细胞研究。

- 试图损害对科学、科学的经费或者科学发现的真实性的信任的"信任"牌（这种情况经常发生在转基因研究中）。

- 认为我们对此没有充分理解，以至于难以做出明确定论的"怀疑"牌，通常把2%或者3%左右的持异议的科学家作为怀疑的证据（比如烟草或者含糖饮料的危险）。

- "胡说八道"牌（更礼貌的说法是错误信息牌），它通常被作为终极杀手，它认为事情并不是真实的——只不过有时候听起来好像是真实的（很多有关转基因食品和气候变化的陈述归于此类）。

各种类型和规模的人群或团体都在玩"胡扯/错误信息"这张牌。在煤炭和石油方面有利益的大公司在气候变化问题上打了这样的牌，小型非政府组织在转基因和纳米技术耸人听闻的故事上打了这样的牌，生命权维权组织在胚胎干细胞问题上打了这样的牌。

就连科学团体也玩这种把戏，过度承诺一项技术的好处，或者为了让投资者、政府或公众接受一项技术而低估其潜在风险。还记得转基因食品将如何养活全世界，纳米技术将如何彻底革新工业的所有领域，甚至核弹如何被和平利用挖掘港口，甚至是挖一条新的巴拿马运河吧！

不幸的事实是，错误信息并不局限于好斗的孩子和那些试图进行倾向性宣传的利益集团。科学机构在很多层面上都存在错误信息的过失：

- 过度炒作某些研究的影响
- 滥用统计
- 陈述超出数据所呈现的结论
- 在研究设计不能被证明的情况下使用因果语言

华盛顿大学（University of Washington）的迈克尔·布雷克（Michael Blake）曾说过，错误信息或胡扯（他很开心这样称呼它）比谎言更具有破坏性，因为我们知道这是不正确的，并开始把事实看作那些可以不断调整直至符合我们所选择的世界观的任何事物。他说，这导致所有的政治争端，在本书中为科学争端，都是关于道德世界观的，而不是关于事实的。这些类型的冲突"已成为我们最暴力和最棘手的冲突的根源"。

当然，除非你碰巧知道有一场反对所有纳米物质的运动质疑任何含有纳米颗粒的物质的安全性。这导致一些人因为害怕防晒霜中的纳米颗粒而停止使用防晒霜，从而使自己面临罹患黑色素瘤的真正风险之中。这没有任何道理，是吧？

如果你想知道围绕着科学制造争议是多么容易，你可以看看油管上关于一氧化二氢危险的几个视频。它显然是一种相当危险的化学物质，因为它是酸雨的组成部分，它的气体状态会导致严重的烫伤，即便用量很少也是有毒的，大多数接受采访的人认为学校应该禁止它，对它进行监管并且取缔它！唯一的问题在于，一氧化二氢就是 H_2O——水！

在制造争议中，可能更常见的一些策略包括：

- 为让科学家听起来像是在质疑达成共识的发现而进行脱离情境的引用。
- 引用研究人员之间的小分歧来论证整个领域并不支持主要结论。
- 凸显个人的小错误，以论证许多发现是错误的。
- 质疑已接受的科学证据，而不是进行任何原创研究。
- 宣扬缺乏任何科学依据的"替代信念"。

处理不确定性

许多科学争论的特点是，围绕着一个话题的科学被认为是不确定或不清晰的，当科学共同体自身存在争论时，这种争议就会加剧。有这种特征的一些议题包括：

- 肥胖的原因及其影响
- 电子烟的健康影响
- 手机或移动电话
- 基因疗法

它只需要植入一点点的不确定性就可以成长起来。当然，除此之外，就是科学自身的本性——确定性是罕见的。你可以告诉我哪一个研究人员不是用"但是需要更多的研究"这一短语来结束他的科学研究的。在争议中，任何固有的不确定性都会被利用。

在争议中，不确定性被放大的另一种方式是，媒体出于习惯的需要而展示争论的双方，并且把一种反对的声音展现为通常与大多数科学共识同等重要。对于一个唯一的目标就是散布不确定性的利益集团来说，这种反对声甚至不需要有相关性。许多公开反对"人为因素导致气候变化"的科学家来自与气候研究只有很小相关性的领域。

在不让不确定性成为制造事端的人的武器这个前提下，解决不确定性的最佳方法就是确立一个框架，这个框架承认科学不能总是保证 100% 的确定性，但是在特定主题上是存在普遍科学共识的。

研究人员让人们坐下来，向他们展示有关气候变化的两个类似陈述——一个表明科学家之间的高度共识，另一个给出了更笼统的陈述。他们发现，那些对气候变化原因存在高度科学共识的人不仅更有可能相信这一点，也更有可能支持旨在缓解气候变化的政策。

那么你能做些什么呢？

我们对科学争议以及谁有可能驱动这些争议等有很多了解，但如何有助于你应对科学争议？一般的建议是，尽你所能。坚持做下去，即使你觉得没有任何进展。正如气候变化所表明的那样，即便没有数千名也有数百名科学家多年来一直在努力，试图让科学在面对政治和媒体争议时更具相关性，而其影响却是有限的。

但如果他们没有发言，情况会怎样呢？

许多争议最终会通过几个因素来了结：通过利益逐渐淡出而了结，通过共识或协商而了结，通过强制或监管而了结，或者甚至通过合理的争论胜出而了结。但事实是，对于许多争议来说，你能期待的最好结果就是为支持方和反对者挖坑，并且坐在他们中间，看他们互相攻击。但即便如此，你也应该继续说话。

我知道我说过数据很少能非常好地对抗情绪。不过有时候数据会取胜。例如，如果你能找到有关公众对争议科学的态度的统计数字或数据，那么就可以用这些数据来回应利益集团关于公众想要什么的主张。我记得我在一个关于转基因食品的论坛上发言时，一位反转基因拥护者站起来说："在澳大利亚没有人想要这项技术。在澳大利亚没有人认为这项技术是安全的。在澳大利亚没有人相信它背后的科学。"

然后我站起来，手里拿着我们所做的一项最新民意调查结果说："好吧，事实上数据并不是这么说的。一项独立调查表明，更多的人支持而不是反对转基因食品，而且大多数人信任监管机构。"这可能是数据的一大胜利！

应对策略

在你生命中的某个时刻，你很有可能会被动地卷入一场科学争论中，即使它只是像在一个聚会上为婴儿疫苗接种或气候变化背后的科学而辩护这样的事情一样简单。这些都是练习沟通策略的好平台。一个不错的清单包括：

- 承认驱动不同视角的是不同的世界观，而不是不同的证据
- 保持连贯的故事
- 重申科学的本质和发现
- 不要卷入一场争斗或争论，而只是基于证据简明地表明你不认同
- 尽管你可以质疑不可靠信息来源的可靠性，但也要在不贬低对方的情况下，礼貌地纠正错误信息
- 接受这样一个事实：你和一个根深蒂固的持反科学立场的信徒争论是不会取得任何进展的，你要找到一个办法求同存异，但要给他们留下一些需要考虑的东西
- 让科学上的不确定性和异议常态化，承认它经常存在于科学中，并且这也不是任何担忧的象征

- 如果你无权这样做，那就不要陷入道德或伦理评论员的角色之中

当涉及科学争议时，平局可能是一个好的结果，而且双方常常在离开的时候都认为自己已经赢了，因为他们如此频繁地重复了自己的观点——但是让我们坦率地说，这是在衡量错误的东西。你不可能在一次对话中改变一个人对科学争议的看法——但如果你能保持理性、尊重并以良好的科学来证实你的论点，那么你可能会让他们质疑被告知的事情，并也接受你的立场。

要点

- 科学争议往往以价值观的冲突为基础。
- 不确定性加剧了争议。
- 一些争议是努力制造不确定性的利益集团制造的。
- 在科学争议期间，有一些推荐的传播策略，该策略是以建立信任、承认不确定性和与受众建立密切关系为基础的。

第 22 章

揭穿无稽之谈

"我觉得自己一直在改变主意……如果你不经常自相矛盾，那么你就没有在思考。"

——马尔科姆·格拉德威尔，记者兼作家

这其实应该写在第 13 章——看看迷信、伪科学和一些人特有的反科学信念，以及你能对他们做些什么，但这是第 22 章，除非我们都假装这是第 13 章。我的意思是，我认为我们现在已经了解到，大多数人不会让事实阻碍我们找到自己更喜欢的结果。

因此，13 恐惧症（triskaidekaphobia）——对数字 13 的恐惧——在西方社会惊人地普遍。至少有 10% 的人对数字 13 有些担心或发愁，其范围从那些像刚结婚的姻亲一样谨慎对待数字 13 的人到对数字 13 极度恐惧的人。这种恐惧似乎是从文化上习得的，因为在一些文化中，如中国和古埃及，13 被认为是一个幸运数字。

历史上，关于 13 这个数字的负面评价被归因于《最后的晚餐》（*Last Supper*），在《最后的晚餐》中，将耶稣出卖给罗马人的犹大（Judas），据说是餐桌上的第 13 个人。另一种可能是，因为它只是不同于由 12 组成的"群组"，比如一年有 12 个月，星座有 12 个符号，时钟上有 12 个小时等。

你可能已经注意到，许多酒店没有 13 层，因为客人不喜欢住在那一层。甚至有数据显示，更多的人不愿在 13 号恰好是周五的那一天上班，这一天的工作效率会下降。据估计，美国每年都会因为 13 号恰好是周五的那一天而损失约 9 亿美元的生产能力，因为有些人对这一天非常迷信，以至于他们甚至都不想下床。对 13 的恐惧和对周五的恐惧是一种双重打击——被称为周五 13 恐惧症（paraskevidekatriaphobia）。

这真的是千真万确的事实！

其他常见的迷信包括从梯子下走过，以及打碎镜子或者有一只黑猫穿过你的路会带来坏运气，那些能带来好运的迷信包括发现并捡起一枚硬币以及数字 7。这种习俗非常普遍，比如美国就有 33% 的人相信幸运硬币（见图 22.1）。

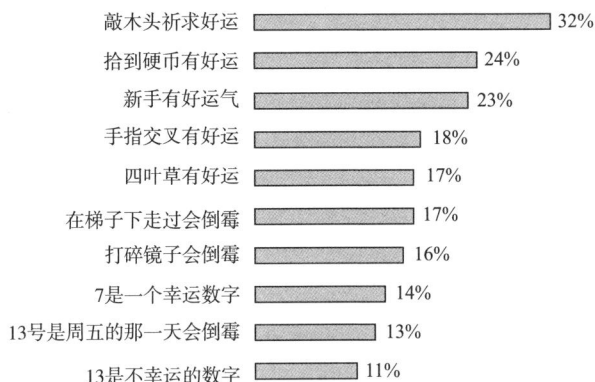

敲木头祈求好运 ——————————— 32%
拾到硬币有好运 —————————— 24%
新手有好运气 —————————— 23%
手指交叉有好运 ————————— 18%
四叶草有好运 ———————— 17%
在梯子下走过会倒霉 ———————— 17%
打碎镜子会倒霉 ——————— 16%
7是一个幸运数字 —————— 14%
13号是周五的那一天会倒霉 ————— 13%
13是不幸运的数字 ———— 11%

图 22.1　相信好运气和坏运气的人的百分比

从稍微宽泛一点的角度看，在超自然信仰方面，2005 年在加拿大进行的一项民意调查发现，47% 的加拿大人相信鬼魂，2014 年在美国进行的一项民意调查也发现，在那里也有同样数量的美国人相信鬼魂的存在。所以很明显不存在鬼魂在边境被拦截的问题。

事实上，有证据表明，有些迷信对你有利。德国科隆大学（University of Cologne）的一组心理学报告称，佩戴护身符的学生在考试中比不佩戴的学生表现更好。研究人员在试验中给了参与者一个高尔夫球，那些被告知这是个幸运球的人往往比那些没有被告知的人表现得更好。

这些都很有趣，但问题是什么呢？

问题在于，那些让迷信得以强化的同样非理性但根深蒂固的信念也会驱使反科学信念，并且使人们难以改变他们。

果真如此吗？用我一个科学传播者同事的话来说，那就是"绝对的！"

为更好地理解伪科学如何影响我们判断事物的方式，研究人员在 2012 年开展了一项研究，他们让来自加拿大和英国的教育、科学和护理专业的学生都看了一篇新闻报道的三个版本之一。这个故事讲的是，一个被谋杀的女孩的鬼魂幽灵出现在了一个老校舍建筑的照片中。

故事的第一个版本只是简单地说这是一个超自然事件。

第二个版本把这篇文章的作者称为一个拥有博士学位的科学记者，并从伪科学的角度对女孩的形象进行了解释。

第三个版本也将作者称为一个拥有博士学位的科学记者，但从科学上对这一现象进行了反驳。

而结果如何呢？首先，研究人员发现，有大量的学生在进入大学时都强烈地笃信魔法，而对科学和实证证据的学习几乎没有削弱他们的信仰。其次，研究人员惊讶地发现，利用伪科学解释或科学解释都没有在很大程度上影响他们的观点。

研究人员得出结论说：

> 这支持了这样一种观点，即在教育过程中产生的批判性和科学理性可能不足以影响基于个人经验而存在的既有个人信念。

所以，如果你之前已经有了反科学的超自然信仰，就会导致认为超自然现象的报告是科学的、可信的和可靠的可能性增加。天文学家和先锋科学传播者卡尔·萨根把这称为我们这个魔鬼出没的世界！

在考察了几个公认的招致反科学信仰的科学理论之后，例如相对论和进化论以及气候变化，瑞典哲学家兼怀疑者斯文·奥夫·汉森（Sven Ove Hansson）认为，否认科学就是一种伪科学。他还说，这种对科学的否认的特点来自其他形式的伪科学，即持续捏造伪争议，伪科学活动分子中男性呈显著主导地位，以及伪科学与各种形式右翼政治紧密联系。

伪科学是危险的

相信鬼魂对社会来说可能不是问题，但相信边缘医学可能是一个问题。例如，被无数追随者称为"食物宝贝"（food babe）的美国健康博主瓦尼·哈力（Vani Hari）经常声称她对食物进行了研究并揭示了食物的问题。她并没有同样频繁透露自己接受了来自很多"天然"食品公司的赞助。她的一项关于微波炉产生的影响的研究发现为：

> 用微波炉加热后的水产生了一种与"撒旦"和"希特勒"这两个词被反复暴露在水中时相似的物理结构。

另一位被无数粉丝称为科学宝贝的博主伊维特·当特勒蒙（Yvette d'Entremont）则认为食物宝贝"完全是在胡扯"。

还有澳大利亚身心健康博主贝尔·吉布森（Belle Gibson），她倡导一系列全营养食物食谱和替代疗法。她用自己与癌症斗争的经历来证明它们的有效性，后来她承认癌症完全是她编造出来的。

还有杰西卡·安斯科夫（Jessica Ainscough），她的博客名为"身心健康勇士"（Wellness Warrior）。她提倡用包括咖啡灌肠在内的自然愈合来治疗她自己的恶性肿瘤。她还推广了格尔森（Gerson）疗法（包括植物性饮食、生果汁、咖啡灌肠和天然补充剂），撰写博客的外科医生大卫·果克斯（David Gorksi）博士把这种疗法称为"癌症庸医中的癌症庸医"。可悲的是，这些方法对安斯科夫都不起作用，她于2015年死于恶性毒瘤。

所有这些博主往往都非常上镜，甚至光彩夺目，散发着名人的光环，随之而来的是与之相关的赞助、出书邀约和在电视节目中出镜，我们知道这些都可以增加可信度。而且，很多人都想和名人交朋友，这也增加了我们对他们的信任。

皇家墨尔本理工学院（Royal Melbourne Institute of Technology）的克里斯蒂安·贝伦布鲁赫（Christian Behrenbruch）教授说，他每天至少要专门花三个小时来消除伪科学。他说，每当涉及金钱的时候，科学就会被扔出窗外。

他还说，当人们对不可靠的科学做出财务上的或其他方面的承诺时，很难让他们相信自己在支持不可靠的科学。对于有严重健康问题的人来说，随着境况的恶化以及可用的治疗手段越来越少，他们会在期望上投入大量的时间、精力和财力——他认为，这总是会损害科学。

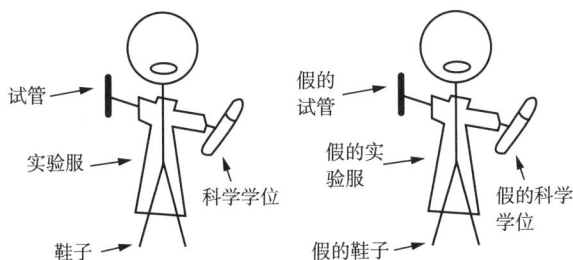

如何区分科学家和伪科学家，你能发现二者的差异吗？

揭露错误信息的真相

许多科学传播者和科学家都有一种强烈且无法抑制的冲动，想要纠正任何与科学证据不一致的信息。然而，这种尝试实际上可能事与愿违，引发逆火效应，并最终强化了错误的信念，尤其是在受过更好教育的人当中。

当不正确的信息与人们如何看待事物的看法相一致时，试图纠正任何错误的信念都是非常困难的，在气候变化的辩论中经常会看到这样的情形。研究甚至发现，当你质疑别人的信念时，他们可能会对试图纠正他们信念的人的可信度不屑一顾。

即使是阴谋论的追随者也会发现，这会让他们对世界有了一些认识。所以挑战这些阴谋论，会让他们没有那种感知世界如何运作的舒适感。你不能在没有给予他们更有意义的东西作为回报的情况下，就把这些东西拿走。

研究人员约翰·库克（John Cook）和斯特凡·莱万多夫斯基（Stephan Lewandowsky）为那些对揭穿真相感兴趣的人制作了一本很棒的指南，名为《揭穿真相手册》（*The Debunking Handbook*），你可以在网上找到。它着眼于那些在试图揭穿谎言时更有可能起作用的事，以及哪些事最不可能起作用。他们指出，任何有效的揭穿都需要 3 个要素。

1. 反驳必须聚焦核心事实，而不是"迷思"，以免错误信息变得更加熟悉。

2. 但凡提及的"迷思"都应该以明确的警告来通知读者：即将到来的信息是错误的。

3. 反驳应该包括一个替代的解释，解释原始错误信息中的重要特征。

> 试图让人们把有高度吸引力的边缘信念换成低吸引力的循证信念，就像让科学家把他们的循证信念换成边缘信念一样成功。

你可能认为重复"迷思"是可以的，但研究表明，它恰好让这种"迷思"在人们的头脑中更加稳固了。

真的吗？绝对的！

这里引述一个《揭穿真相手册》中的实验，让人们暴露在有关一场虚构的仓库火灾的错误信息中，然后进行更正，以澄清故事中不正确的部分。研究人员发现，尽管人们记住并接受了这些更正，但在回答有关这个故事的问题时，他们仍然会仅仅抓住错误信息不放。这被称为持续影响效应，并且解释了你为什么没有给不正确的故事或论点提供播出时间。

作为《揭穿真相手册》的作者之一，史蒂芬·莱万多夫斯基博士在"怀疑科学"（Skeptical Science）博客上给出了另外一个例子："声称李施德林（Listerine，译者注：一款漱口水品牌商标）能缓解感冒症状的主张是错误的。"他说，尽管这一说法是试图纠正这个"迷思"的，但是它却不可避免地强化了李施德林和减轻感冒这两个概念之间的联系。

其他研究发现，通过提供过于复杂的信息来试图纠正一个措辞更简单的"迷思"可能是无效的。这将成为一场战役，而最简单的信息将赢得胜利。在大众政治中有很多这样的例子。

提前脱离

美国国家科学院的报告《有效的科学传播：研究议程》指出，避免揭穿真相所带来的风险的一种方法是关注信息传播者，而不是他们所传播的信息，因为对传播者的不信任有助于消除错误信息的影响。这可能涉及"提前脱离"（prebunking）。

提前脱离可以被认为是对受众进行预防接种，以抵制个体或组织故意误导公众的努力。例如，你可以让受众预防接种抵制错误信息的疫苗，这是一种巧妙的对称。要做到这一点，就要警告人们他们可能会接触到误导性信息，并就为什么会向他们推送这样的信息提供一些解释。

当在公共场合流传着一些相互竞争的故事时，我们已经看到了最简单的故事，也就是那个与人们现有的信念最一致的故事是更有可能被人们所接受的。但大型公共卫生运动表明，这样的故事还有助于在整个媒体上开展"闪电战"。尽早通过各种渠道获得大量曝光，有助于确保你的观点得到听取和考虑。

让意见领袖对你进行支持也是能够产生影响力的，但要确保选择为你的受众而非只是为你工作的恰当的意见领袖。

但我们也需要意识到，在试图揭穿错误信息并将其替换为基于科学的信息的过程中，也会出现一些冲突，如：

- 你如何提高人们对科学的信任，同时又保持对科学的怀疑呢？
- 你如何告诉人们他们应该相信什么，同时又期望他们自己去学习呢？

传授科学方法

许多科学家主张，把强化科学方法的教学作为所有科学教育中的一个组成部分，这样年轻人就能更好地了解证据是如何积累的以及科学结论是如何得出的。但是正如上文对鬼魂的研究所指出的，有证据表明，即使是这样也可能不足以扭转已经存在并被强烈持有的反科学信念。

英国诺森比亚大学（Northumbria University）的玛格丽特·德菲特尔（Margaret Defeyter）说，如果想消除人们心中的"迷思"，你需要改善自己的传播能力，使用更有创造性的方法，比如鼓励自我引导式学习的动手活动。她说："不是要仅仅努力消除误解，我们需要向人们提供其他值得信赖的东西。"

绝对的！

应对策略

人们坚持另外信仰的原因是，这些信仰肯定了他们的世界观，如果你揭穿他们的信仰说这是无稽之谈，就需要确保你提供了能让他们更为接受的替代品。例如，如果你要试着告诉别人他们对转基因食品的恐惧是没有根据的，因为足够的测试显示它们是安全的，那么你还需要在他们很多其他可能的担忧中考虑去解决他们所担心的跨国公司对食品链的控制，或者（转基因食品）需要更多年的测试。

如果潜在的信念是科学和技术正在对抗自然，你就需要使人们相信转基因食品是最符合自然利益的。这可能需要告诉他们转基因是农作物适应正在变化的气候或干旱的唯一方法。

或者，如果要告诉某人婴儿接种疫苗是无害的，你不仅要找到一种方式，为婴儿疫苗免疫设置一个框架，表明这不会影响他们的自由选择，而且还需要解决对政府控制或大型制药公司追求利润动机的担忧。

你需要找出为什么人们会有反科学的立场，并提供一种对他们来说至少可以一视同仁地接受的以科学为基础的替代信念。不那么被人们所接受的替代信念是行不通的。为科学而争论只是工作的一部分，将任何东西贴上反科学的标签只会对那些尊重和信任科学的人起作用。

是的，这说起来容易做起来难，而且通常只通过一次的参与是绝不会取得成功的。但这不是不去尝试的理由，对吧？

要点

- 构成迷信基础的非理性但根深蒂固的信念也会驱动反科学信念，并且这在人们身上一样难以改变。
- 许多"网红"会利用自己的名人身份来宣传伪科学。
- 如果做得不好，揭穿伪科学实际上会强化人们对伪科学的信仰。

科学传播问题

第 23 章

于何处找到科学传播的伦理

> "能力越大，责任越大。"
>
> ——斯坦·李，《蜘蛛侠》

有了到目前为止你所学到的所有东西，以及你所获得的所有科学传播的"超能力"，我们现在需要考虑的是，如何使用这些能力来为善的力量服务，而不被那些不太好的力量所诱惑。因为尽管许多科学传播的最佳实践是以作为社会心理学、行为经济学等的基础的研究为基础的，但也存在着一些正在利用同样的研究来推动它们自己议程的大公司、政党、政府和智库。他们中的一些人在这方面所拥有的预算空间远远超过你个人，或者任何大学的研究院系。

埃里克·康威和内奥米·奥雷斯克斯在他们的《贩卖怀疑的商人》一书中概述了烟草公司和气候变化批评人士所采用的一些卑鄙的策略。虽然我们不应忘记，那本书的副标题是《告诉你一伙科学家如何掩盖从烟草、臭氧洞到全球变暖等问题的真相》。没错，是科学家们为了散布一些疑点和掩盖真相而歪曲了数据，这种事经常会发生。

在是什么影响了我们，以及是什么让我们以不同的方式去行动和思考方面，有一些很棒的数据，但我们永远看不到它，因为这其中的大部分都是"黑料"。你可能很熟悉灰色数据，这些数据来自传统科学出版物之外，比如年度报告和工作底稿。但是黑料是不可见的，它通常是商业机密，是为大公司或政府所服务的，并且不予共享。

你以为耐克、可口可乐和苹果这样的公司没有大量的有关如何影响青少年购买他们东西的数据吗？你以为美容产品制造商不知道他们在人们心中播下了不安全感吗？你认为剑桥分析公司（Cambridge Analytica）对脸书数据的操纵性滥用是一次性的吗？

抱歉，答案不是这样的，但黑暗的力量确实存在，而且他们为了自己的利益，正在非常努力地操纵我们每个人。被发现欺骗消费者的公司和机构的名单似乎每月都在增长：银行、理财顾问、保险公司、养老金公司、超市、社交媒体公司、电信公司。只要在清单上再加上最近在媒体或议会上试图解释并对其行为进行辩护的人就行了。名单上有一些科学家、社会科学家和科学传播者。而可悲的是，有些人甚至在不知情的情况下就已经滑向了黑暗的一面。

在不确定的时代打正义之战

我们生活和工作的这个后真相、后信任、后专家的世界让伦理问题稍微有点棘手。在遍布分歧和明显操纵的时代，你自己也很容易使用同样的策略。但这是出于善的原因，对吧？

是的，直到你不再是出于善的原因了。

通往黑暗的道路是一小步一小步完成的。你可能一开始就有良好的意图，甚至不会注意到什么时候你过度夸大了数据，或者试图过度渲染故事的正面，以对抗存在的消极故事。

这里举一个例子。为消除不确定性，联合国政府间气候变化专门委员会（Intergovernmental Panel on Climate Change）的第4次评估报告（Fourth Assessment）过于简化了关于格陵兰岛和南极西部冰盖解体可能导致的海平面上升的数据。然而，这导致了被认为是具有误导性的海平面上升的预测。但是，最初的简化实际上是为了否定"贩卖怀疑论的商人"所贩卖的不确定性，他们肯定会操纵这种不确定性，因为人们认为，提供关于不确定性的陈述正中他们的下怀。最终的结果是，这份报告被认为是具有误导性的，而不是不确定的。所以要警告你——你简化也该死，不简化也该死。

在伦理上设置框架

我们已经考察了框架（见第12章）和叙事（见第7章），以及它们如何通过在你的受众可能更为接受的情境下提供故事来影响他们。但是，在为了让受众得到信息而这样做，还是为了让受众只得到部分信息且得不到你不希望他们得到的信息而这样做，这二者之间存在着一个非常微妙的界限。

如果你在开展一项旨在说服青少年避免吸烟或酗酒的公共卫生运动，而且如果你知道从情感上诉诸于选择性地提供信息的社会规范而非给出所有的事实更加有效，那么你可以扪心自问一下，你会如何选择？

根据科学传播研究者马修·奈斯比特和迪特姆·舍费尔的说法，当框架被用来激发人们对一个问题更大的兴趣和关注时，就可以在伦理上为科学信息设置框架，让科学信息超越两极分化的和陷入僵局的观点，或者为对话提供更多的背景。但是，当它实际上只是一种促进向公众推销科学的策略时，它就不那么合乎伦理了。

根据美国国家科学院的报告《有效的科学传播：研究议程》的看法，任何对科学进行传播的决定总是涉及一种伦理因素。它说："选择传播什么科学证据、何时、如何以及向谁传播，都是价值观的一种反映。"

对于影响政策或被认为有争议的科学发现而言，情况尤其如此，此时将某方面的故事推向某一特定结果的诱惑非常强烈。在生物技术领域可以看到很多这样的情况，以科学为基础的论点不遗余力地否定其他论点。例如，为什么反生物技术激进组织被排除在加拿大农业食品政策制定之外？是他们的数据不可靠，还是他们的信息会有损那个广受追捧的目标？

合成生物学是怎么被推广为一种全新而令人兴奋的事物的，直到人们开始谈论需要新法规或者这种关切的新的原因，然后突然被认为是像以前的旧事物一样的呢？

这些都是要问的重要问题。毕竟，你向公众传播科学的真正目的是什么？这样做是为了告知和赋权，还是为了说服和影响人们？

波士顿东北大学（Northeastern University）的马修·奈斯比特推荐了4个指导原则来确定在科学政策中使用框架技术的伦理：

1. 框架应该被用来强调共同点和促进对话，而非用来管理信息。

2. 框架应该清楚地传播指导政策选择的潜在价值观，而不仅是建议用科学信息来强迫做出一个决定。

3. 框架需要保持准确，并且不会扭曲或夸大意义。

4. 框架不应出于刻意的选举利益而被用来对任何社会团体或政治领袖进行消极的定型。

大胆地说出那些重大的心照不宣的议题

说到我们需要更多地谈论的事情，关于科学本身的很多问题很少被提及。也许是因为担心它们最终会弊大于利，例如：

- 新药的临床试验往往显示，从动物到人类的转换率很低。

- 为了得到他们需要的统计结果，太多的科学家似乎在捏造数据。

- 超过 70% 的研究人员尝试但未能复制其他科学家的实验，超过半数的研究人员无法复制自己的实验。

- 12% 的医学研究论文和 82% 的人文学科论文从未被其他研究人员引用。

- 在一个科学领域中，财务、其他利益以及偏见越大，则研究结果的真实性就越低。

- 所声称的研究结果往往是普遍存在的偏见的体现。

- 对发表的追求导致了并不总是能够由数据来保证的结论。

- 对媒体报道的追求导致了并不总是能够由数据来保证的新闻通稿。

当像《柳叶刀》这样的知名期刊发表诸如"许多科学文献，也许有一半，可能就是不真实的"这样的声明时，你就知道这确实存在着一些问题。为了证明这一点，哈佛生物学家约翰·博汉南（John Bohannon）写了一篇虚构的癌症研究论文，提交给了 304 家期刊。据说一些期刊是经过了同行评议的。其中 157 个期刊接受了这篇论文。

这自然会让我们想到那些不靠谱的或掠夺性期刊的增长，这些期刊允许你在没有适当检查的情况下更容易发表不靠谱的研究。对许多公众或媒体来说，它们似乎仍然是有效的科学出版物。在《韩国医学科学杂志》（*Journal of Korean Medical Sciences*）上发表的一篇关于掠夺性期刊的多作者合著的研究论文中，作者们认为：

> 在互联网时代，发布在线期刊的便捷性为非法出版商和独立期刊创造了捷径，这是以牺牲出版物的质量和有效性为代价来追求经济利益。这类期刊的论文可能存在剽窃和其他形式的研究不端行为，这些行为由于编辑疏忽和缺乏读者注意而被忽视。

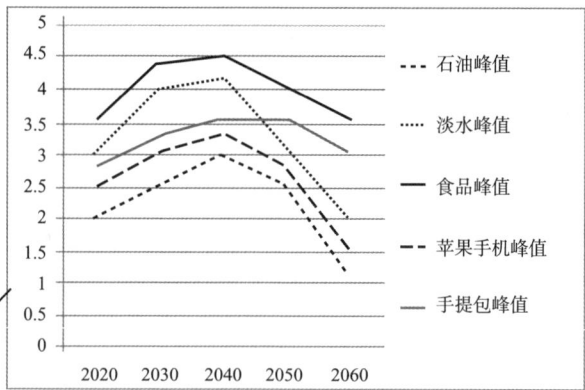

应对媒体的流行

科学传播者面临的另一个难题是，为追求媒体报道的结果而面临着压力，这可能导致故事弱智化到毫无精确性的地步。或者更糟的是，使故事既虚假又可能有潜在的危害性。

如果在一个关于"#它放屁吗？"的话题标签上，你必须在一个你知道有关动物放屁的数据库会吸引关注的故事与另一个关于压力对表观遗传学的影响的复杂故事二者之间做出决定的话，作为一名科学传播者，你该如何选择呢？

《英国医学杂志》（British Medical Journal）进行的一项研究发现，大学新闻办公室是过度炒作的主要来源，超过 1/3 的新闻通稿要么含有夸大的因果关系主张、动物研究对人类毫无根据的启示，要么包含毫无根据的健康建议。

例如，媒体在不同的时间里宣称既是引发癌症的原因又是治愈癌症的良药的东西就包括阿司匹林、奶酪、葡萄柚、乳房 X 光检查、牛奶、披萨、怀孕，当然还有性。为解决这个问题，英国科学媒介中心已经在医学研究新闻通稿上实施了一个标签系统，以阐明它是否经过了同行评审，所进行的研究类型，以及它是在动物还是人身上进行的。

有很多在世界各地流传的伟大的科学故事，有很多后来被证明完全是虚构的，然而科学记者、科学传播者和科学家还是会经常提到它们。一个例子就是，发表在受人尊敬的《新英格兰医学期刊》上的被广泛引用的德国研究发现，如果男性每天看 10 分钟的大乳房，会对健康有好处，包括寿命更长。

对不起，这不是真的。这是安慰奖！这是一个恶作剧。

同样，在佛罗里达州也没有发现双头短吻鳄，在阿塔卡马沙漠（Atacama Desert）没有发现外星人，美国国家癌症研究所（National Cancer Institute）并没有声明"大麻能杀死癌症"，没有一项经过同行评议的研究发现"最近所有的全球变暖"都是气候学家编造的，女人并不能保留每一个和她们发生过性关系的男人的 DNA，把切好的生洋葱放在袜子里并不能治疗任何已知的疾病。

很多这样的故事在进入主流媒体之前，都会在社交媒体上传播。发表在《科学》杂志上的一项研究发现，谎言比真相传播快得多。该研究分析了 10 多年来由 300 万用户发布的大约 12.6 万个故事，发现真相根本无法与骗局和谣言一争高下。

比如前面提到的乳房的研究。仅仅因为我们希望某件事是真实的，并不意味着它就是真实的——我们需要停下来，让现实来检验那些我们真的希望是真实的故事。

> 虚假新闻和谣言比精确的故事更快地触及更多的人，并更深入地渗透到社交网络中。

科学传播者的伦理行为准则应该是什么样的？

几位科学家和科学传播者都主张制定科学传播伦理行为准则，但其他人指出了这其中的问题。澳大利亚国立大学（Australian National University）的琼·利奇（Joan Leach）和新西兰奥塔哥大学（University of Otago）的法比安·梅德维茨基（Fabien Medvecky）主张要有一套原则，而非一个伦理规则。

事实核查

有一些很棒的事实核查网站，包括：

- 专门核查并揭穿谣言和传闻的网站（Snopes.com）
- 事实核查网（FactCheck.org）
- 专门致力于揭穿骗局邮件的网站（Hoax-Slayer.net）
- 邮件真相捍卫者（TruthorFiction.com）
- 科学核查（SciCheck）
- 气候反馈（Climate Feedback）

- 健康新闻评论（HealthNewsReview）
- 要么医好，要么治死（Kill or Cure）
- 教育资源网站（ThoughtCo）
- 探索频道的《流言终结者》（Discovery channel's *Mythbusters*）
- 分析和驳斥伪科学与反科学运动的理性维基（Rational Wiki）
- 庸医观察网（QuackWatch）
- 国际事实核查网络（International Fact-Checking Network）

我们需要认真地讨论性别问题

我们可以用一整章的篇幅来讨论科学和科学传播中的性别问题，不过我们要依靠隐喻的超能力来讨论超级英雄黑寡妇（Black Widow）。你知道这是斯嘉丽·约翰逊（Scarlett Johansson）在漫威电影里扮演的角色吧！

电影《复仇者联盟 2：奥创纪元》（*Avengers: Age of Ultron*）中最精彩的场景之一就是复仇者联盟的昆式战斗机（Quinjet）在街道上空低空俯冲，黑寡妇骑着摩托车从飞机底部跳出来，冲向公路，疾驰而去与邪恶势力作战。是啊！大获全胜！

玩具公司乐高（Lego）和孩之宝（Hasbro）在当时发布了他们捆绑销售的玩具，突然间美国队长（Captain America）从飞机上掉下来，骑着摩托车。

这是搞什么鬼？

这些公司用男战士玩偶代替女战士玩偶，在媒体和网络上获得了不小的反响，他们的理由是女战士玩偶卖得不如男战士玩偶。这真的是一个非常蹩脚的借口，因为如果你不是变革的一部分，你怎么能改变呢？

我真的认为黑寡妇应该敲开他们的门说："我们需要好好谈谈了！"

或者拿欧盟的《科学：这是女孩的事》这个视频来举例，作者试图用一个视频来推动更多的女性从事科学职业，但是却把更多的重点放在了化妆品和时尚而非科学上。该视频引发了强烈的愤怒，以至于几天之内就下架了。

在这个话题上既有数据，也有轶事。几个研究发现，有证据表明对女性科学家存在着明显的偏见。与她们的男性同行相比，她们：

- 更少获得资助，获得的拨款也更少
- 获得更少的引用
- 获得较少的科学奖励
- 不太可能获得晋升

- 不太可能在会议上展示她们的研究
- 不太可能发表她们的作品或进行国际合作
- 在发明家中代表性不足
- 不太可能担任学术领导职位
- 收到不那么值得称赞的教师推荐信

甚至有人说，综合来看，这些数据表明学术界普遍存在一种对女性的负面偏见文化，无论是有意识的还是无意识的。所以性别伦理是你需要不断考虑的问题。同样，在种族、残障和其他形式的多样性方面也是一样的。问问你自己，你是否真的努力在你正在讲的故事和正在开展的活动中做到了代表性的均衡。以下是一些清单：

- 你是否从所引述观点的价值方面以及从工作角色的平等性方面做到了既引述男性的观点也引述女性的观点？
- 你是支持性别刻板印象还是帮助打破了它们？
- 你是否在使用性别平等的语言，比如避免用"他"作为一般代词，以及类似于"董事长""商人""邮递员"等这样的词语？
- 你的形象促进了角色的平等吗？
- 你有可以参照的关于性别平等和多样性的使命陈述吗？毕竟，如果你不打算成为改变的一部分，我们怎么能得到改变呢？

如果你没有做到上述要求，你应该知道，早晚有一天，黑寡妇会来敲你的门说："我们需要好好谈谈性别问题了！"

她们指出，科学传播背后的许多主导观念给了它一种道义上的正义感。而且在科学传播所采用的所有角色中，知识中介的角色可能会引发最令人担忧的伦理问题，因为"知识中介将注意力直接地指向了特定的知识体系，并且把注意力从其他知识体系中移走了"。

她们指出，由于科学传播是许多母学科的产物，包括传播学、市场营销学、社会科学、新闻学等，所以存在于这些领域的伦理准则不能轻易地相互和解。例如，CUDOS 模型（社群主义、普遍主义、无私性和有组织的怀疑主义）是科学组织实施的一个很好的指南，但对于科学传播者需要考虑的许多问题来讲，它并不总是能提供实际价值。例如，该模型如何适用于时机或炒作的问题？在试图调整新闻伦理准则或传播伦理准则时也会出现同样的问题。

利用社会科学影响国会发动战争！

你想知道这是怎么做到的吗？让我们来看看少数几个已经真相大白的事件中的一个。早在 1990 年，伊拉克独裁者萨达姆·侯赛因（Saddam Hussein）入侵了石油丰富的邻国科威特（Kuwait）。这是一个问题，尽管他显然是一个邪恶的暴君，但因为他是美国的政治盟友，所以美国认为他是一个善良的邪恶暴君。当然，他杀害了大约 15 万伊朗人和大约 1.3 万本国公民——但你需要照顾你的朋友，对吗？好吧，直到你的其他朋友对此开始抱怨时为止。或者对石油的获取变得岌岌可危！那你就不再是我的朋友了。你突然变成了一个充满敌意的对手。

在曝光公关行业的著作《有毒污泥对你有好处》（*Toxic Sludge is Good for You*）一书中，二位作者约翰·斯陶伯（John Stauber）和谢尔登·兰普顿（Sheldon Rampton）总结了美国政府所面临的困境：

布什需要让美国人相信，前盟友萨达姆·侯赛因现在是邪恶的化身，而石油王国科威特是一个挣扎中的年轻民主国家。布什政府如何才能让美国支持"解放"一个从根本上反对民主价值观的国家呢？这场战争要如何才能显得高尚和必要，而不是为了廉价石油而进行的大肆掠夺呢？

一项使得"沙漠风暴行动"（Operation Desert Storm）显得十分笨拙的运动开始进入美国一些重量级公关公司。科威特政府雇佣了多达 20 家公关、法律和游说公司，动员美国反对伊拉克。负责统筹协调这一切的是当时世界上最大的公关公司伟达公关（Hill and Knowlton）。

这是当时规模最大的一场外国资助的旨在操纵美国公众舆论的运动。

科威特政府通过一个名为"公民为自由科威特组织"（Citizens for a Free Kuwait）的阵线组织，输送了将近1200万美元。其中，将近1100万美元流向了伟达公关公司。有趣的是，布什总统的密友、前任幕僚长兼政治顾问克雷格·富勒（Craig Fuller）也是负责运行伟达公司在华盛顿的办公室的人。

通过利用先进的民意调查和焦点小组测试，这项运动能够测试最可能引起美国公众、媒体和国会共鸣的信息类型，并通过印刷品、视频和广播将这些信息推送出去。

但这项运动最大的目标是让国会按下战争的按钮。那也是事情开始变得非常"有趣"的时候。让公众和媒体站在你身边可以帮大忙，但是想象一下，你知道国会要怎么反应，因为你不仅不断地游说国会中的男性议员和女性议员，而且还掌握了与国会中的男性议员和女性议员具有相同人口统计学特征和心理特征的人的思考方式的数据。想象一下，如果有足够的可靠数据，实际上，你可以创建一个与国会相匹配的数据，然后发现哪些类型的伊拉克暴行可能会让他们按下按钮。

枪击平民？不。在所有的战争中都会发生这样的事情。使用化学武器？该死，不管怎样，萨达姆·侯赛因多年来一直在用毒气攻击伊拉克的库尔德人。那么对婴儿的暴行呢？你算说到点子上了。给我那个按钮！

关键事件出现在1990年10月，当时的国会人权问题核心小组（Congressional Human Rights Caucus）在国会山举行了一个关于科威特侵犯人权的听证会。主要证人是一个15岁的科威特女孩，为了保护她的家人免受伊拉克的报复，只知道她的名字叫娜伊拉（Nayirah）。她泣不成声地讲述了她在科威特市一家医院做志愿者的经历，她看到伊拉克士兵拿着枪走进医院，"他们走进育婴室把婴儿从保育箱里拿出来，丢在冰冷的地板上等死"。于是国会发动了战争。虽然赞成方只领先了5票，这是很微弱的差距。

然而，后来才披露，娜伊拉实际上不仅是科威特王室的一员，很可能她当时甚至不在科威特，而且她的父亲实际上是科威特驻美国大使。

在试图为伟达公关公司对其证词进行过指导这一事实而辩护时，她的父亲沙特大使纳赛尔·萨巴赫（Saud Nasir al-Sabah）透露了太多的信息，他说，"如果我想撒谎，或者我们想撒谎，想要夸大其词，我不会利用我的女儿。我可以很容易地收买别人来做这件事。"

两位研究人员得出结论，科学传播不能轻易地引用任何已有的"现成"伦理准则，因为从根本上说，科学传播既不是科学，也不是新闻，也不是直接的传播。

法比安·梅德维茨基主张采用那些类似生物伦理学中的原则，因为它们可能会因情况而异，并且适用于研究和实践。这些原则通常被视为：

- 尊重所有人
- 不伤害
- 善行
- 正义

然而，仍然存在一些她们可能无法很好地解决的问题，例如作为一个传播者，在想要做正确的事情上存在着背道而驰的牵引力，但又受制于我们可能为之工作的机构的政治议程（这并不是科学传播所特有的）。

那么我们应该怎么做呢？

我认为现在我们应该知道了，有效的科学传播是建立在信任的基础上的，在后信任的社会环境中，维护和保护信任是至关重要的。因此，任何操控公众的企图，比如通过叙事和框架技巧，如果损害了你的信任，那么从长远来看就很有可能以失败告终。

依靠科学的社会信誉来维生是不可持续的，因为它正在逐渐减少。这是由多种因素造成的，包括科学从主要为社会利益而开展的转变成了主要为机构或企业利益而开展的，以及科学发展的速度远远超过了社群中许多人的舒适度。

关于科学传播的伦理指导准则和原则应该是什么，我们还没有答案，但为维持对科学传播这个行业的信任，围绕着它们进行的严肃讨论这个事实是可以对外公开的。

应对策略

如果这可以像你能够将你的道德指南针进行重新设置，让它有一个"符合伦理"的选项并让它引导你前行一样简单就好了。但伦理问题往往是复杂而微妙的，你很容易以难以察觉的一些微小的步骤，或是通过引导你做出当时看似合理的愚蠢决定的集体思考过程，而最终陷入"伦理上的困境"之中。

我推荐的一个技巧就是那个在僵尸电影《僵尸世界大战》（*World War Z*）中

讨论过的（听起来可能很奇怪），每当你在任何问题上想要达成一致意见时，委任一个人做魔鬼的拥护者，向他提出所有棘手且符合伦理的问题。如果你能回答所有的问题，那很好。但有些问题可能不那么容易回答，比如，你确定这不会让任何一个群体比另一个群体处于劣势吗？或者，每个人都能平等地获取这项技术吗？它可能会让你有点不舒服，但它真的会提高你在僵尸中幸存的机会！（是的，这显然是另一种隐喻！）

要点

- 在科学传播中有许多伦理问题需要考虑，这些伦理问题通常是以利用框架或叙事如何更好地告知而又不操纵人们为基础的。
- 我们应该清楚科学传播的目的，不要将告知、赋权与说服和影响相混淆。
- 对发表和媒体报道的追求导致了许多伪劣研究成果被发表出来。
- 采用其他学科的伦理框架是有问题的，因为科学传播包含了许多不同学科。
- 思考伦理问题的一个更好的方式可能是利用更宽泛的原则而非具体的指导方针。

第 **24** 章

为什么我们实际上并不知道我们自认为知道的东西

"我学的东西越多，我越意识到更多我不知道的东西。"

——阿尔伯特·爱因斯坦，我的偶像

这是一个非常大的问题。如果我们所了解的科学传播的科学更多的是情境性的而非普遍性的会怎样？或者更直白地说，如果科学传播实验的成果在开展实验之外的情境中不能广泛适用会怎样？

让我解释一下我的意思。我们都知道，一个伟大的科学实验意味着你尝试一些东西，然后公布你的发现和方法，然后等待着别人去重复它，证明你的发现是有效的。

你可能还记得，早在 1989 年，科学界对冷核聚变（一种在室温下发生的核反应）的前景激动不已，这是个大新闻，几乎意味着无限廉价的能源！但是，当数百名想参与实验的科学家发现没有人能够复制马丁·弗莱希曼（Martin Fleischmann）和斯坦利·庞斯（Stanley Pons）的实验时，做出了发现冷核聚变这个声明的两位科学家从科学媒体的超级明星变成了科学媒体的尴尬。

如果绝大多数科学传播理论都难以复制，我们又该如何看待我们研究过的所有科学传播理论的黄金标准呢？

在过去的几年里发布了几个非常重要的研究项目，我希望它们能彻底震撼科学传播界，但并没有发生那种情况。

事实上，在总体规划中这些研究很少被提及。

第一项研究是由超过 270 名心理学研究人员合作完成的，他们聚集在一起试图复制 100 项关键心理学研究的结果。这些研究于 2008 年发表在三份高级心理学期刊上（《心理科学》（*Psychological Science*）、《人格与社会心理学》（*Journal* of Personality and Social Psychology）和《实验心理学杂志：学习、记忆和认知》（Journal of Experimental Psychology: Learning, Memory, and Cognition））。研究人员将不同的实验与不同的团队进行匹配，试图得到他们所能得到的最佳匹配。然后，他们尽可能以接近原始实验的方式进行了测试。他们小心翼翼地遵循最初发表这些研究结果的科学家所采取的步骤，招募受试者，进行测试，并对统计数据进行了分析。他们发现了什么？他们发现只能复制其中的40%，实际上是100项中的39项。

用《回到未来3》（Back to the Future III）的话说，这一工作的含义是非常深刻的，因为它对很少能被复制的包括科学传播研究在内的许多社会科学研究具有潜在的影响。

但这就是社会科学的本质。研究很少被重复，不仅因为重复其他研究不会得到真正的奖励，而且实际上你可能会因此而受到难以名状的惩罚——往往是不能得到发表，因为你的研究被认为"不是新的"。

这就意味着，很多我们奉为黄金标准的研究实际上可能只适用于当时和当地的情况和背景，而不是普遍适用的。

你能听到集体的声音吗？

事实上，正如人们所知的那样，对可重复性项目进行的更深入的研究考察了其他研究重点，并且发现了更多的问题。特别值得一提的是1999年一项名为"刻板印象易感性：定量表现中的身份显著性及其转变"的研究。最初的研究发现：

> ……与未激活身份的对照组相比，当亚裔妇女的种族身份被激活时，她们在数学测试中的表现会更好，但在激活性别身份时表现较差……当特定的社会身份在隐性水平上显著时，效果已在刻板印象所预测的方向上发生了变化。

简而言之，如果你从亚洲人这个角度来看待亚洲女性（与擅长数学这种刻板印象联系在一起），那么她们在数学测试中的表现要比那些以女性的角度来看待亚洲女性（对女性的刻板印象是数学能力低下）更好。

这看上去显然是值得一试的——尤其是因为在教科书中它经常会被引用。所以该项研究招募了两个不同的团队，一个在佐治亚州，一个在加利福尼亚州。他们重复了这个测试，但是发现的结果却不一样。来自佐治亚州的团队发现了类似的结果，但是来自加利福尼亚州的团队发现他们无法复制这些结果。我们该如何看待这些研究结果呢？它是强化了所谓的复制危机还是表明这只是间歇性的？

这当然催生了心理学领域的许多防御性研究，努力论证如果研究结果不能被复制，为什么它不是一场危机。

其他人则更深入地研究了情境和背景的问题，以及它们对研究会产生什么影响。例如，杰伊·范·巴维尔（Jay Van Bavel）和他的同事对可重复性项目的发现进行了研究，他们说许多研究都失败了，因为很难在另一个时间和地点重建与原始研究完全相同的条件。杰伊·范·巴维尔在《纽约时报》的一篇评论文章中写道：

> 想象一下，有一项研究考察了一个有关"色盲工作环境"的广告是让非裔美国人放心还是会给他们带来威胁。我们认为，如果这项研究是在 20 世纪 60 年代阿拉巴马州的伯明翰或在 2000 年初的亚特兰大进行的，那么其结果就会有所不同。

我有提到环境和背景的重要性吗？好了，在这个话题上我说得够多了。

世界上最奇怪的人

这就引出了第二个研究。这一研究中的关键人物是乔·亨里奇（Joe Henrich），他于 20 世纪 90 年代一直在南美开展研究。他是加州大学洛杉矶分校（University of California Los Angeles, UCLA）的人类学家，他没有像大多数人类学家那样做典型的观察工作，而是决定做一个行为实验。他采用了名为"囚徒困境"的游戏来考察他所研究的秘鲁马基瓜加人（Machiguenga）对此会如何反应。

在原来的游戏中，有两个玩家必须彼此保持匿名。然后，玩家一会得到一笔钱，假设是 200 美元。他被告知必须拿出一部分钱给玩家二。玩家二可以选择接受或拒绝钱。但游戏的关键是，如果玩家二拒绝接受这笔钱，他们就都得不到钱。

当在北美实验这个游戏时，玩家一通常会提出五五分成，这是可以接受的。然而，如果玩家二的分红小于五成，则即使他们俩都拿不到钱，他（她）通常还是选择拒绝接受这笔钱来惩罚玩家一。

但在马基瓜加人中，玩家一提供的金额要低得多，而玩家二几乎从不拒绝，无论金额有多小。为什么？难道马基瓜加人不知道他们违背了一些基本经济学和心理学理论的原则吗？

接下来，亨利克从麦克阿瑟基金会（MacArthur Foundation）得到了一笔资助，以继续在其他文化中进行这一研究。在非洲和东南亚进行的进一步研究发现，结果仍然不同。例如，他发现，在高度重视赠送礼物以获取好感的社会中，玩家一可能会给玩家二 60% 甚至更多的钱。玩家二仍然会拒绝。

在北美地区，这通常是难以观测到的现象。

让我们暂停一下，想想世界上绝大多数的社会科学实验都是在哪里进行的？2008 年对六大顶级心理学期刊的一项调查发现，2003—2007 年，接受心理研究测试的受试者中约有 96% 是西方人，其中大约 70% 来自美国。

如果换个角度来看，这些研究中 96% 的研究对象来自只占世界人口 12% 的国家。

通过与英属哥伦比亚大学（University of British Colombia）的两位研究者史蒂芬·J. 海涅（Steven J Heine）和阿拉·洛伦萨扬（Ara Norenzayan）合作，该团队开始在不同的文化中进行更广泛的研究，他们一遍又一遍地发现，在与全球众多人口相比时，有一群人特别不寻常。这群人的认知、行为和动机几乎总是在人类钟形曲线的一端。为了承认这个偏远的群体，他们甚至将研究论文定名为《世界上最怪异的人》。

到现在为止，你可能已经猜到了，最奇怪的人是北美人（WEIRD 也是白人、受过教育的人、工业化的人、富人和民主的人的英文首字母缩写）。然而，他们却是全球社会科学实验的主要核心。

研究人员指出：

> 即使是在不寻常的西方人群体中，美国的参与者也是异常的——异常人群中的异常人群。

他们得出结论，为广泛概括我们所有人是如何表现的，社会科学家们可能挑选了一个比较糟糕的人群。

诚然，许多国家与北美人的差异并不像他们承认的那样大，但对于在亚洲、非洲、中东、南美和太平洋等地区工作的科学传播者来说，这项研究的影响是非常令人担忧的。

我参加过东南亚地区的很多科学传播研讨会，那里的文化是集体主义高于个人主义，我也听到了一些参与者引用一些科学传播理论的黄金标准，例如文化认知和逆火效应等，我经常问他们："你不觉得你可能需要在自己的国家实际测试这些发现吗？"但是测试既昂贵又耗时，而下载研究论文既便宜又相对快捷。那么对于个人来讲该怎么做呢？

可乐和曼妥思的效应

单独来看，这两个研究项目的结果是相当惊人的，但当你把它们混合在一起时，它们就像所有的科学传播者都曾在某一时刻尝试过的把曼妥思放进可乐瓶中所产生的效应一样。（如果你还没有这么做过，那就赶快去试试吧！）

科学传播者真的必须开始扪心自问，有多少科学传播的黄金标准不仅可以适用不同的时间和地点，而且还可以适用不同的文化。我在第 17 章中引用的逆火效应原则就是一个例子。这是人们的反应：当他们看到事实表明他们在某方面错了的时候，他们会更加坚定地坚持自己的真理。（在你可能知道的任何一个否认气候变化的人身上试一试。如果他们不想参加，那就在他们的可乐里放点曼妥思！）逆火效应原则的主要启示是，纠正"假新闻"不仅毫无意义，而且实际上会让事情变得更糟。

有关逆火效应原理的大部分研究工作是由布伦丹·尼汉（Brendan Nyhan）和贾森·莱夫勒（Jason Reifler）完成的，他们在 2010 年发表了一篇高被引论文，题为《当修正失败：政治误解的持续存在》（*When corrections fail: the persistence of political misperceptions*）。它已经成为一个相当完善的原则，并对我们如何将科学事实传达给那些拥有自己真理观的人产生了重大影响。

对于许多科学传播者来说，这甚至有点像一句口头禅：如果人们在气候变化、婴儿疫苗或基因技术等问题上存在分歧，你是无法改变他们的想法的。毕竟，我们知道这些人有支持他们自己的世界观的可供替代的信仰和可供替代的事实，他们会坚信这些信仰，并在面对任何反证时会去捍卫它们。

正如丹尼尔·恩伯（Daniel Engber）那本出色的在线刊物《石板》（*Slate*）所写的，"……美国似乎已经摆脱了理性的船锚，正迅速滑向一个'后事实时代'。"他还援引了芝加哥大学法学教授凯斯·桑斯坦（Cass Sunstein）的话，桑斯坦是最早哀叹互联网正在让我们变得更蠢的人之一。早在 2007 年，他就认为互联网显然是这场灾难的罪魁祸首，因为网络社区充当了那些有共同信仰人的回音室。

正面火力

逆火

逆火效应可能不像人们所认为的那样

但这里还有一个很大的问题。因为它符合我们想要相信的东西，所以我们就接受这项研究以及其他许多类似的研究吗？它是否真的证实了我们自己对那些与我们不一样的以及不相信我们所相信的东西的"其他人"的看法？

如果你告诉人们一件事，他们很可能会相信相反的事，真的有如此简单吗？

事实上，在选择我们想相信的东西时，我们是否像那些我们批评的相信我们所不相信的东西的人时一样有过错？因为汤姆·伍德（Tom Wood）和伊森·波特（Ethan Porter）这两位研究人员重复了尼汉和莱夫勒的研究，并且发现逆火效应可能并不是那么普遍。

丹尼尔·恩伯在《石板》杂志上提出了一个难题：

> 如果这一领域的研究像社会科学领域的许多其他领域一样，倾向于产生假阳性结果会如何呢？

那让你感觉如何？

你是否想否认这种可能性？你是否要说这和你自己的经历不相符？还是你想要别人在你接受之前证明它？

伍德和波特招募了一万多名受试者，让他们接触美国两大政党的政治人物在 36 个不同话题上的误导性主张的更正信息。事实上，他们甚至使用了与 2010 年尼汉和莱夫勒研究相同的素材和参与者。他们发现，仅在一个议题上出现了逆火效应，即对大规模杀伤性武器的误解。即便如此，当用更简单的措词对更正进行修改时，也没有发现逆火效应。

他们所发现的是，在所有的陈述中，给人们提供更正信息实际上使他们的信念远离了错误信息。他们还发现，一个人的政治意识形态和他们看待不同政客言论的方式之间存在着一种效应，就像最初的研究一样，但他们发现这种效应并不大。例如，在美国自由派中有 85% 的校正水平，在温和派中有 96%，在保守派中有 83%。

他们的结论很简单：

> 这种逆火效应远没有现有研究表明的那么普遍。

他们并不是唯一的更加关注我们有可能对研究人们心理偏见存在心理偏见的研究者。

2014 年，哥伦比亚大学（Columbia University）的安迪·格斯（Andy Guess）和亚历克斯·科波克（Alex Coppock）对 1979 年一项关于死刑的经典研究进行了考察，结果发现，在一项讨论中增加事实会增加人们的分歧。他们就最初的研究问题对通过互联网招募的 683 名受试者进行了测试，然后进一步测试了不同类型的证据如何影响了另外 1170 名受试者在最低工资问题上的观点，以及另外 2122 名受试者在枪支管制问题上的观点。

没错，你猜对了，在所有这些研究中，没有一项研究发现当人们面对驳斥性的信息时，他们的看法会变得更加固执。

相反，他们发现了科波克所说的"华丽的并行更新"。这意味着，在任何问题上持不同立场的双方都会调整自己的信念，以更好地适应事实——而不是相反。他说，逆火效应只是一个例外，而不是普遍现象，并且应该被视为一个"真理假说"，因为它让人感觉是正确的，而不是说它真的就是正确的。

其他最近的研究发现，回音室效应并不成立，或者说互联网上的新闻消费似乎没有想象的那样支离破碎。

那么这一切意味着什么呢？

这才是真正的大问题，不是吗？这是否意味着每件事都是视情境和背景而定的，除非我们自己能复制它们，否则就不能指望我在这本书中引用的数十项研究中的任何发现?

还是这意味着,我们需要了解在所有跨科学学科中如何应用研究结果始终存在差异,并且我们应该在具体工作中寻找适用于我们工作的广泛的基本原则?(为发现情境和背景有多么细微以及它们是如何驱动不同研究结果的,布伦丹·尼汉和杰森·莱夫勒一直在积极地重新考虑他们的原始工作。)

幸运的是,有一个简单的答案。我们要在工作中更频繁地运用科学方法,在应用理论之前先对其进行试验。如果许多科学传播研究依赖情境和背景,那么你就需要找到将这些发现应用到你自己的情境和背景之中的方法。

在得到证明之前,要始终保持怀疑态度。

应对策略

显然,很好地掌握与科学传播相关的研究是有帮助的——但有时你只是需要找到自己的真理。

即使是最好的、最可重复的研究也可能不适用你所处的特定情况。在这种情况下,你需要有敏锐的眼光来了解什么时候是某些事情在它本应该正常运行时却没有运行正常,并有纠正它以获得最佳结果的想法。

如果在你所工作的国家很少有相关研究,这一点尤其如此,因为你不能想当然地认为北美和欧洲的研究在你的国家或地区会以相同的方式发挥作用。

这可能需要你自己做更多的研究,可能还包括与其他科学传播者交流想法。

这就是科学方法的工作方式。你要一直坚持下去,不断地测试新想法,进行试验并找到发挥影响位点,然后重新测试并找到大规模推广的方法。

没人说这会很容易——但如果真的很容易,你就不需要读这整本书了,不是吗?

要点

- 许多社会科学实验不是那么容易可复制的。

- 很多社会研究实验的对象都是美国大学生,他们与很多其他人有不同的信念和行为。对于很多研究来讲,他们不是很好的研究对象。

参考文献

第 1 章

[1] Steinbeck J, Rickets J (1941) Sea of Cortez: A Leisurely Journal of Travel and Research. Penguin.

[2] Roe A (1953) The Making of a Scientist. Dodd, Mead, New York.

[3] Alda A (2018) If I Understood You, Would I Have This Look on My Face? Random House.

[4] Nisbet MC, Scheufele D (2009) What's next for science communication? Promising directions and lingering distractions, American Journal of Botany 96(10), 1767–1778.

第 2 章

[1] Jamieson KH, Kahan D, Scheufele D (Eds) (2017) The Oxford Handbook of the Science of Science Communication. Oxford University Press, Oxford, UK.

[2] Maynard A, Scheufele D (2016) What does research say about how to communicate about science? The Conversation, 14 December.

[3] National Academies of Sciences, Engineering, and Medicine (2017) Communicating Science Effectively: A Research Agenda. The National Academies Press, Washington DC.

[4] Dudo A (2012) Toward a model of scientists' public communication activity: The case of biomedical researchers, Science Communication 35(4), 476–501.

第 3 章

[1] Eveland WP, Cooper KE (2013) An integrated model of communication influence on beliefs, Proceedings of the National Academies of Sciences of the United States of America 110 (Supplement 3), 14088–14095.

[2] National Academies of Sciences, Engineering, and Medicine (2017) Communicating Science Effectively: A Research Agenda. The National Academies Press, Washington DC.

[3] Kahan D (2013) What is to be done? Cultural cognition project. Yale Law School, 19 May. <http://www.culturalcognition.net/blog/2013/5/19/what-is-to-be-done.html>

第 4 章

[1] Doran GT (1981) There's a S.M.A.R.T. way to write management's goals and objectives,

Management Review 70(11), 35–36.

[2] National Academies of Sciences, Engineering, and Medicine (2017) Communicating Science Effectively: A Research Agenda. The National Academies Press, Washington DC.

第 5 章

[1] Cormick C (2014) 'Community attitudes towards science and technology in Australia'. CSIRO, Canberra.

[2] Lamberts R (2017) 'The Australian beliefs and attitudes towards science survey'. The Australian National University, Canberra.

[3] Ipsos Social Research Institute (2013) 'Community attitudes towards emerging technology issues'. Department of Industry, Innovation, Science, Research and Tertiary Education, Canberra.

[4] Bruce G, Critchley C (2012) 'The Swinburne national technology and society monitor 2012.' Faculty of Life & Social Sciences, Swinburne University of Technology, Melbourne, Australia.

[5] National Science Board (2016) Science and Engineering Indicators 2016. National Science Foundation, Arlington, Virginia.

[6] Kennedy B, Funk C (2015) 'Public interest in science and health linked to gender and personality'. Pew Research Center, Washington DC.

[7] Funk C, Goo SK (2015) 'A look at what the public knows and does not know about science'. Pew Research Center, Washington DC.

[8] Wyatt N, Stolper D (2013) 'Science literacy in Australia'. Australian Academy of Science, Canberra.

[9] Hallman WK (2017) What the public think and knows about science – and why it matters. In The Oxford Handbook of the Science of Science Communication. (Eds KH Jamieson, D Kahan and DA Scheufele). Oxford Library of Psychology, Oxford University Press, Oxford.

[10] National Science Board (2014) Science and Engineering Indicators 2014. National Science Foundation, Arlington, Virginia.

[11] Pew Research Center (2009) 'Public praises science: scientists fault public media'. Pew Research Center, Washington DC.

[12] Pew Research Center (2015) 'Public and scientists' views on science and society'. Pew Research Center, Washington DC.

第 6 章

[1] Dubner S, Levitt S (2005) Freakonomics, Harper Collins.

[2] Ford H, Crowther S (1922) My Life and Work, Doubleday.

[3] Aldoory L, Grunig JE (2012) The rise and fall of hot-issue publics: relationships that develop from media coverage of events and crises, International Journal of Strategic Communication

6(1), 93–108.

[4] Leiserowitz A, Maibach E, Roser-Renouf C, Feinberg G, Rosenthal S (2015) 'Global warming's six Americas.' March 2015. Yale Program on Climate Change Communication, Yale University and George Mason University, New Haven, Connecticut.

[5] Yale Program on Climate Change Communication & George Mason University's Center for Climate Change Communication. <http://climatecommunication.yale.edu/about/projects/globalwarmings-six-americas/>.

[6] Lim-Camacho L, Ariyawardana A, Lewis G, Crimp S (2014) 'Climate adaptation: What it means for Australian consumers. Consumer survey – 2014 results'. CSIRO, Canberra.

[7] Nielsen (2014) 'Report on public attitudes towards science and technology.' Nielsen, New Zealand.

[8] Funk C, Goo SK (2015) 'A look at what the public knows and does not know about science'. Pew Research Center, Washington DC.

[9] Ipsos-Mori (2011) 'Public attitudes to science'. Department for Business, Innovation & Skills, UK.

[10] Cormick C (2014) 'Community attitudes towards science and technology in Australia'. CSIRO, Canberra.

[11] Cormick C (2014) Social research into public attitudes towards new technologies, Journal für Verbraucherschutz und Lebensmittelsicherheit 9 (Supplement 1), 39–45.

[12] Cormick C, Romanach LM (2014) Segmentation studies provide insights to better understanding attitudes towards science and technology, Trends in Biotechnology 32(3), 114–116.

[13] McCrindle Research (2018) <www.mccrindle.com.au>.

第 7 章

[1] De Broglie L (1962) New Perspectives in Physics. Basic Books, New York.

[2] National Academies of Sciences, Engineering, and Medicine (2017) Communicating Science Effectively: A Research Agenda. The National Academies Press, Washington DC.

[3] Fischhoff B, Brewer NT, Downs JS (2011) Communicating Risks and Benefits: An Evidence-Based User's Guide. FDA, Department of Health and Human Services, Silver Spring.

[4] Committee on Public Understanding of Engineering Messages (2008) Changing the Conversation: Messages for Improving Public Understanding of Engineering. The National Academies Press, Washington DC.

[5] Huertas A (2016) Developing Effective Messages in Science Communication, Science Communication Media, 30 June. <https://medium.com/science-communication-media/developingeffective-messages-in-science-communication-9b658df3e672>

[6] COMPASS Science Communication, Inc. (2017) The Message Box Workbook. <https://

www.compassscicomm.org/>

[7] Andrei M (2016) Alan Alda's important message for science communication. ZMEScience, 15 March. <https://www.zmescience.com/science/alan-aldas-important-message-for-sciencecommunication/>

[8] Shaha A (2008) Credit where credit is due. Lablit, 30 March. <http://www.lablit.com/article/365>

[9] Scharf CA (2013) In defence of metaphors in science writing. Scientific American, 9 July. <https://blogs.scientificamerican.com/life-unbounded/in-defense-of-metaphors-in-sciencewriting/>

[10] Pauwels E (2013) Communication: Mind the metaphor, Nature 500(7464), 523–524.

[11] Khakhar A (2017) Analogies and metaphors in science communication: the good and the bad. Engage, 19 January. <https://courses.washington.edu/engageuw/analogies-and-metaphors-inscience-communication-the-good-and-the-bad/>

[12] Kueffer C, Larson BMH (2014) Responsible use of language in scientific writing and science communication. BioScience 64(8), 719–724.

[13] Goodenough U (2010) Gravity is love, and other astounding metaphors, Cosmos and Culture, National Public Radio, 21 October.<https://www.npr.org/sections/13.7/2010/10/21/130724690/gravity-is-love>

[14] Costandi M (2013) Mo Costandi on science writing: a good story conveys wonderment. The Guardian, 22 April. <https://www.theguardian.com/science/2013/apr/22/mo-costandi-sciencewriting>

[15] Thibodeau PH, Boroditsky L (2011) Metaphors we think with: the role of metaphors in reasoning. PLoS ONE 6(2), e16782.

[16] Flushberg S, Matlock T, Thibodeau PH (2016) Metaphors for the war (or race) against climate change. Journal of Environmental Communication 11(6), 769–783.

[17] Aurbach E, Prater KE, Patterson B, Zikmund-Fisher BJ (2018) Half-life your message: a quick, flexible tool for message discovery, Science Communication 40(5), 669–677.

第 8 章

[1] Dennison B (2016) Evolution's hero vs. a historical footnote: A new narrative Index sheds light on Darwin vs. Wallace. Integration and Application Network, 24 February. <http://ian.umces.edu/blog/2016/02/24/evolutions-hero-vs-a-historical-footnote-a-new-narrative-index-sheds-light-on-darwin-vs-wallace/>

[2] Olson R (2015) Houston, We Have a Narrative. University of Chicago Press, Chicago.

[3] Huertas A (2015) Book review: Houston, We Have a Narrative by Randy Olson. Union of Concerned Scientists, 14 October. <https://blog.ucsusa.org/aaron-huertas/book-review-houstonwe-have-a-narrative-by-randy-olson-923>

[4] Reagan AJ, Mitchel L, Kiley D, Danforth CM, Dods PS (2016) The emotional arcs of stories

are dominated by six basic shapes. EPJ Data Science 5:31.

[5] Fischhoff B, Brewer NT, Downs JS (2011) Communicating Risks and Benefits: An Evidence-Based User's Guide. FDA, Department of Health and Human Services, Silver Spring.

[6] Montgomery S L (2003) The Chicago Guide to Communicating Science. University of Chicago Press, Chicago.

[7] Sheehan M, Christiano A, Neimand A (2018) Science of story building: true stories also have to feel true — verisimilitude. The Science of Story Building, 7 May. <https://medium.com/science-of-story-building/identifying-verisimilitude-258eaab15ee>

[8] Niemand A (2018) How to tell stories about complex issues. Stanford Social Innovation Review, 7 May. <https://ssir.org/articles/entry/how_to_tell_stories_about_complex_issues>

[9] Dahlstrom M (2014) Using narratives and storytelling to communicate science with non-expert audiences. Proceedings of the National Academies of Science, September 16.

[10] Downs JS (2014) Prescriptive scientific narratives for communicating usable science. Proceedings of the National Academies of Science, 111 (Supplement 4), 13614–13620.

[11] National Academies of Sciences, Engineering, and Medicine (2017) Communicating Science Effectively: A Research Agenda. The National Academies Press, Washington DC.

[12] Krauss LM (2016) Finding beauty in the darkness. The New York Times, Section Sunday Review, 11 February.

[13] Forster EM (1927) Aspects of the Novel. Harcourt, Brace & Company, New York.

[14] Winterbottom A, Bekker HL, Conner M, Mooney A (2008) Does narrative information bias individual's decision making? A systematic review. Social Science & Medicine 67(12), 2079–2088.

[15] Munshi D, Kurian P (2018) Framing futures through fiction and folklore: weaving past and prospective narratives of public understanding of climate science, Public Communication of Science and Technology, University of Dunedin. (conference presentation)

[16] Kaplan M (2013) The narratives of science communication. In Science of Science Communication II, 23–25 September, National Academy of Sciences, Washington DC.

[17] Graesser AC, Hauft-Smith K, Cohen AD, Pyles LD (2015) Advanced outlines, familiarity, and text genre on retention of prose. The Journal of Experimental Education 48(4), 281–290.

[18] Green MC, Brock TC (2000) The role of transportation in the persuasiveness of public narratives. Journal of Personality and Social Psychology.79(5), 701–721.

第 9 章

[1] Roy Morgan (2017) Images of Professions Survey 2017. <http://www.roymorgan.com/findings/7244-roy-morgan-image-of-professions-may-2017-201706051543>

[2] Brenan M (2017) Nurses keep healthy lead as most honest, ethical profession. Gallup, 26 December. <https://news.gallup.com/poll/224639/nurses-keep-healthy-lead-honest-

ethicalprofession.aspx

[3]   Korn Group (2017) The Trust Edition, Korn Group. <http://thekorngroup.com.au/>

[4]   Smith C (2013) The 100 most trusted people in America. Readers Digest, <https://www.rd.com/culture/readers-digest-trust-poll-the-100-most-trusted-people-in-america/1/>

[5]   Hoffman S, Tan C (2013) Following celebrities' medical advice: meta-narrative analysis, British Medical Journal 347, f7151.

[6]   Bellhuz J, Hoffman S (2013) Katie Couric and the celebrity medicine syndrome, Los Angeles Times, 18 December.

[7]   Waxman O (2015) This is the world's hottest accent. Time, 10 February. <http://time.com/3702961/worlds-hottest-accent/>

[8]   McClatchy-Marist (2017) <https://www.documentcloud.org/documents/3532285-McClatchyMarist-Poll-National-Nature-of-the.html>

[9]   Fahy D (2015) The New Celebrity Scientists. Out of the Lab and Into the Limelight. Rowman & Littlefield Publishers, London.

[10] Ipsos-Mori (2017) Trust in Professions. Ipsos-Mori. <https://www.ipsos.com/sites/default/files/ct/news/documents/2017-11/trust-in-professions-veracity-index-2017-slides.pdf>

[11] Searle SD (2014) How do Australians engage with science? Preliminary results from a national survey. Australian National Centre for the Public Awareness of Science (CPAS), The Australian National University, Canberra.

[12] National Science Board (2016) Science and Engineering Indicators 2016. National Science Foundation, Arlington, Virginia.

[13] Pew Research Center (2016) Public opinion about genetically modified foods and trust in scientists connected with these foods. <http://www.pewinternet.org/2016/12/01/public-opinionabout-genetically-modified-foods-and-trust-in-scientists-connected-with-these-foods/>

[14] Pew Research Center (2015) 'Americans, politics and science issues.' Pew Research Center, Washington DC.

[15] Dastagir A (2017) People trust science. So why don't they believe it? USA Today, 2 June.

[16] Brewer PR, Ley BL (2013) Whose science do you believe? Explaining trust in sources of scientific information about the environment. Science Communication 35(1), 147–173.

[17] Edelman (2018) 2018 Edelman Trust Barometer. Edelman. <https://www.edelman.com/research/2018-edelman-trust-barometer>

[18] Resnick HE, Sawyer K, Huddleston N (2015) Trust and Confidence at the Interfaces of the Life Sciences and Society: Does the Public Trust Science? A Workshop Summary. The National Academies Press, Washington DC.

[19] Rabinovich A, Morton TA (2012) Unquestioned answers or unanswered questions: Beliefs about science guide responses to uncertainty in climate change risk communication. Risk Analysis 32(6), 992–1002.

[20] Slovic P (1999) Trust, emotion, and sex. Risk Analysis 19(4), 689–701.

[21] Hon LC, Grunig JE (1999) Guidelines for Measuring Relationships in Public Relations, Institute for Public Relations, Florida.

[22] Czerski H (2017) A crisis of trust is looming between scientists and society – it's time to talk. The Guardian, 27 January. <https://www.theguardian.com/science/blog/2017/jan/27/a-crisisof-trust-is-looming-between-scientists-and-society-its-time-to-talk>

[23] Kipnis D (1996) Trust and technology. In Trust in Organizations: Frontiers of Theory and Research. (Eds R Kramer and T Tyler) Sage Publications, California.

[24] Willinghame D (2011) Trust me I'm a scientist. Scientific American, 1 May. <https://www.scientificamerican.com/article/trust-me-im-a-scientist/>

[25] Greenfield S (2010) Trust me, I'm a scientist. ABC Science, 16 June. <http://www.abc.net.au/science/articles/2010/06/16/2928357.htm>

第 10 章

[1] Eliott S (2018) email communication, 10 October.

[2] O'Connell A, Greene CM (2016) Not strange but not true: self-reported interest in a topic increases false memory. Memory, 25(8), 969–977.

[3] Williams R (2018) Turmoil: Letters from the Brink. New South Publishing, Sydney.

[4] Porter E (2015) Science communication: Science in the media. Nature Jobs Blog, 8 July. <http://blogs.nature.com/naturejobs/2015/07/08/science-communication-science-in-the-media/>

[5] Nisbet MC, Mooney C (2007) Framing science. Science 316, 56.

[6] Sumner P, Vivian-Griffiths S, Boivin J, Williams A, Venetis CA, Davies A, Ogden J, Whelan L, Hughes B, Daltonm B, Boy F, Chambers CD (2014) The association between exaggeration in health related science news and academic press releases: retrospective observational study. British Medical Journal 349, g7015.

[7] Woloshin S, Schwartz LM, Casella SL (2009) Press releases by academic medical centers: Not so academic? Annals of Internal Medicine 150(9), 613–618.

[8] Nisbet MC (2009) Framing science: A new paradigm in public engagement. In New Agendas in Science Communication. (Eds LeeAnne Kahlor and Patricia Stout) Taylor & Francis Publishers.

[9] Ellerton P (2014) The problem of false balance when reporting on science. The Conversation, 17 July.

[10] Mitchell A, Funk C, Gottfried J (2017) 'Science news and information today'. Pew Research Centre, 20 September. <http://www.journalism.org/2017/09/20/science-news-and-informationtoday/>

[11] Sandman P (2001) Explaining environmental risk. The Peter M. Sandman Risk Communication Website. <http://www.psandman.com/articles/explain3.htm>

[12] Castell S, Charlton A, Clemence M, Pettigrew N, Pope S, Quigley A, Shah JN, Silman T

(2014) 'Public attitudes to science'. Ipsos-Mori Social Research Unit for Department for Business, Innovation & Skills, UK.

[13] Pew Research Center (2017) 'Science news and information today'. Pew Research Centre, Washington DC.

[14] Cormick C (2014) 'Community attitudes towards science and technology in Australia'. CSIRO, Canberrra.

[15] Yeo SK, Brossard D (2017) The (changing) nature of scientist-media interactions: a cross-national analysis. In The Oxford Handbook of the Science of Science Communication. (Eds KH Jamieson, D Kahan and D Scheufele) Oxford University Press, Oxford.

[16] Cormick C, Mercer R (2017) 'Community attitudes to gene technology'. Report prepared for the Office of the Gene Technology Regulator. Instinct and Reason, Sydney Australia.

[17] Gluckman P (2017) Can science and science advice be effective bastions against the post-truth dynamic? STS series, University College London, 18 October.

[18] Peters HP, Brossard D, de Cheveigne S, Dunwoody S, Kallfass M, Miller S, Tsuchida S (2008) Science media interface: It's time to reconsider, Science Communication, 30(2), 266–276.

[19] Science Media Centre (2002) 'MMR: Learning lessons. A report on the meeting hosted by the Science Media Centre, 2 May 2002.' Science Media Centre, London.

[20] Li N, Lull RB (2017) A recap: The role, power and peril of media for the communication of science. In The Oxford Handbook of the Science of Science Communication. (Eds KH Jamieson, D Kahan and D Scheufele) Oxford University Press, Oxford.

[21] Jackson JK, Mahar I, Gaultois M, Altosaar J (2016) Accurate science or accessible science in the media – why not both? The Conversation, 2 June.

[22] Guidelines for scientists on communicating with the media, Social Issues Research Centre and Amsterdam School of Communications Research. <http://www.sirc.org/messenger/>

[23] Porter E (2015) Science communication: Science in the media. Nature Jobs Blog, 8 July. <http://blogs.nature.com/naturejobs/2015/07/08/science-communication-science-in-the-media/>

[24] Press release guidelines for scientists. Hubble Space Telescope, The Hubble European Space Agency Information Centre (undated). <https://www.spacetelescope.org/about_us/scientist_guidelines/>

[25] Bearup G (2017) Of mice and men. The Weekend Australian Magazine, 25–26 November.

[26] Young E (2013) A guide for scientists on giving comments to journalists, National Geographic, 22 May.

[27] Eliott S (2009) Controversy: Silence is a scientist's worst enemy. Issues 87, June.

第 11 章

[1] Harris S (2018) Sam Harris discusses Donald Trump's rewriting of reality and how social media drives us insane. ABC Online, 1 June. <https://www.abc.net.au/news/programs/

theworld/ 2018-05-31/sam-harris-discusses-donald-trumps-rewriting-of/9822642>

[2] Booth M (2016) Science communication vital in post-truth world. The Australian, 30 November.

[3] Yeo SK, Brossard D (2017) The (changing) nature of scientist-media interactions: a cross-national analysis. In The Oxford Handbook of The Science of Science Communication. (Eds KH Jamieson, D Kahan and D Scheufele) Oxford University Press, Oxford.

[4] Smith A, Anderson M (2018) 'Social media use in 2018.' Pew Research Center, Washington DC.

[5] Cowling D (2018) Social Media Statistics Australia – April 2018. SocialMediaNews.com.au, 1 May. <https://www.socialmedianews.com.au/social-media-statistics-australia-april-2018/>

[6] Kemp S (2018) Digital in 2018: World's internet users pass the 4 billion mark. We are social. 30 January. <https://wearesocial.com/blog/2018/01/global-digital-report-2018>

[7] Chaffey D (2019) Global social media research summary 2019. Smart Insights, 12 February. <https://www.smartinsights.com/social-media-marketing/social-media-strategy/new-globalsocial-media-research/>

[8] Dwivedi S (2017) Communicating science through social media. Technical Today, 18 November. <http://technicaltoday.in/communicating-science-through-social-media/>

[9] Kenkel B (2017) Social media as a scientist: a very quick guide. Nature Jobs Blog, 23 August. <http://blogs.nature.com/naturejobs/2017/08/23/social-media-as-a-scientist-a-very-quickguide/>

[10] Gluckman P (2017) Can science and science advice be effective bastions against the post-truth dynamic? STS series, University College London, 18 October.

[11] Sloman S, Fernback P (2017) The Knowledge Illusion: Why we Never Think Alone, Penguin-Random House.

[12] Scheufele D A (2014) Science communication as political communication. Proceedings of the National Academy of Sciences, 111 (Supplement 4), 13585–13592.

[13] Bik HM, Goldstein MC (2013) An introduction to social media for scientists. PLoS Biology 11(4), e1001535.

[14] Terras M (2012) Is blogging and tweeting about research papers worth it? The verdict. Melissa Terras' Blog. 3 April. <http://melissaterras.blogspot.com/2012/04/is-blogging-and-tweetingabout-research.html>

[15] Eysenbach G (2011) Can tweets predict citations? Metrics of social impact based on twitter and correlation with traditional metrics of scientific impact. Journal of Media Internet Research, 13(4), e123.

[16] Australian Science Media Centre, Tips for scientists using social media, Science Media Savvy. <http://sciencemediasavvy.org/using-social-media/>

[17] Brown JP (2017) 3 secrets to social media for science communication. From the Lab Bench, 15 January. <http://www.fromthelabbench.com/from-the-lab-bench-science-blog/2017/1/15/3-secrets-to-social-media-for-science-communication>

[18] National Academy of Sciences (2018) The Science of Science Communication III: Inspiring Novel Collaborations and Building Capacity: Proceedings of a Colloquium. The National Academies Press, Washington DC.

[19] Rubel S (2018) Truth is not self-evident, we must make it so. Edelman, 21 January. <https://www.edelman.com/post/truth-is-not-self-evident>

[20] Mollett A, Brumley, Gilso C, Williams S (2017) Communicating Your Research with Social Media: A Practical Guide to Using Blogs, Podcasts, Data Visualisations and Video, Blackwells.

[21] Mollett A, Brumley C, Gilson C, Williams S (2018) Social media and the research lifestyle. Sage Publishing. <https://study.sagepub.com/mollett2/student-resources/chapter-1/social-mediaand-the-research-lifestyle>

[22] Lunt I (2015) Live tweeting at academic conferences: time to move on? Ian Lunt Ecology, 17 December. <https://ianluntecology.com/2015/12/17/live-tweeting-at-academic-conferences/>

[23] Mangoo F (2013) You won't finish this article: Why people online don't read to the end. Slate, 6 June. <https://slate.com/technology/2013/06/how-people-read-online-why-you-wont-finishthis-article.html>

[24] Lunt I (2014) Never blog in your PJs, and other tips for science and ecology bloggers. Ian Lunt Ecology, 27 October. <https://ianluntecology.com/2014/10/27/never-blog-in-pjs/>

[25] AFM Radio (2018) Zambia, 4 April.

[26] Schulson M (2018) Are Google and Facebook responsible for the medical quackery they host? Undark, 6 June.

[27] Chigwedere P, Seage GR, Gruskin S, Lee TH, Essex M (2008) Estimating the lost benefits of antiretroviral drug use in South Africa. Journal of Acquired Immune Deficiency Syndrome 49(4), 410–415.

[28] MacInnes P (2018) What's up PewdiePie? The troubling content of YouTube's biggest star, The Guardian, 5 April. <https://www.theguardian.com/tv-and-radio/2018/apr/05/whats-uppewdiepie-the-troubling-content-of-youtubes-biggest-star>

[29] Ballance A (2018) Science film-maker a winner. Our Changing World, Radio New Zealand, 15 February.

[30] Amarasekara I, Grant W (2018) Exploring the YouTube science communication gender gap: a sentiment analysis, Public Understanding of Science, 28(1), 68–84.

[31] Tsou A, Thelwall M, Mongeon P, Sugimoto CR (2014) A community of curious souls: an analysis of commenting behaviour on TED talks videos. PLoS ONE, 9(4), e93609.

[32] Jeffries A (2018) Women making science videos on YouTube face hostile comments. The New York Times, 13 July.

[33] Welbourne D, Grant W (2015) What makes a popular science video on YouTube. The Conversation, 25 February.

第 12 章

[1] Druckman JN, Bolsen T (2011) Framing, motivated reasoning, and opinions about emergent technologies. Journal of Communication 61(4), 659–688.

[2] Lakoff G (2004) Don't Think of an Elephant! Know your Values and Frame the Debate, Chelsea Green Publishing, Vermont.

[3] Cormick C (2012) Ten big questions on public engagement on science and technology: observations from a rocky boat in the upstream and downstream of engagement. International Journal of Deliberative Mechanisms in Science 1(1), 35–50.

[4] Nisbet MC, Scheufele DA (2009) What's next for science communication? Promising directions and lingering distractions. American Journal of Botany 96(10), 1767–1778.

[5] Van der Linden S, Maibach E, Leiserowitz A (2015) Improving public engagement with climate change: five 'Best Practice' insights from psychological science. Perspectives on Psychological Science 10(6), 758–763.

[6] Lakoff G (2010) Why it matters how we frame the environment. Environmental Communication 4(1), 70–81.

[7] Nisbet MC (2009) Framing science: a new paradigm in public engagement. In New Agendas in Science Communication. (Eds LeeAnne Kahlor and Patricia Stout) Taylor & Francis Publishers.

[8] McCright AM, Dunlap RE (2003) Defeating Kyoto: The conservative movement's impact on US climate change policy. Social Problems 50(3), 348–373.

[9] Boykoff M, Boykoff J (2004) Balance as bias: global warming and the US prestige press. Global Environmental Change 14, 125–136

[10] Tversky A, Kahneman D (1986) Rational choice and the framing of decisions. The Journal of Business, 59(4), Part 2: The Behavioral Foundations of Economic Theory, S251–S278.

[11] Nisbet MC (2009) Communicating climate change: why frames matter for public engagement. Environment: Science and Policy for Sustainable Development 51(2), 12–23.

[12] National Academies of Sciences, Engineering, and Medicine (2017) Communicating Science Effectively: A Research Agenda. The National Academies Press, Washington DC.

[13] Bruine de Bruin W, Wong-Parodi G (2014) The role of initial affective impressions in responses to educational communications: The case of carbon capture and sequestration (CCS). Journal of Experimental Psychology: Applied 20(2), 126–135.

[14] Nisbet MC, Mooney C (2007) Framing science. Science and Society 316(5821), 56.

[15] Nisbet MC, Kotcher J (2009) A two step flow of influence? Opinion-leader campaigns on climate change. Science Communication 30(3), 328–354.

[16] Druckman J, Lupia A (2017) Using frames to make scientific communication more effective. In The Oxford Handbook of the Science of Science Communication (Eds KH Jamieson KH, D Kahan and D Scheufele) Oxford University Press, Oxford.

第 13 章

[1] Brewer G (2001) Snakes top list of Americans' fears. Gallup, 19 March. <https://news.gallup.com/poll/1891/snakes-top-list-americans-fears.aspx>

[2] Chapman University Survey of American Fears (2018) America's top fears 2018. Chapman University, 11 October. <https://blogs.chapman.edu/wilkinson/2018/10/16/americas-top-fears-2018/>

[3] Kangas Dwyer K, Davidson MM (2012) Is public speaking really more feared than death? Communication Research Reports 29(2), 99–107.

[4] Croston G (2012) The thing we fear more than death: why predators are responsible for our fear of public speaking. Psychology Today, 29 November. <https://www.psychologytoday.com/au/blog/the-real-story-risk/201211/the-thing-we-fear-more-death>

[5] Treise D, Weigold MF (2002) Advancing science communication: a survey of science communicators. Science Communication 23(3), 310–322.

[6] Flaxington B (2015) Overcoming fear of public speaking. Psychology Today, 16 March. <https://www.psychologytoday.com/au/blog/understand-other-people/201503/overcoming-fearpublic-speaking>

[7] Jackson B, Compton J, Thornton AL, Dimmock JA (2017) Re-thinking anxiety: using inoculation messages to reduce and reinterpret public speaking fears. PLoS ONE 12(1), e0169972

[8] Sawchuk CN (2017) Fear of public speaking: How can I overcome it? Mayo Clinic, 17 May. <https://www.mayoclinic.org/diseases-conditions/specific-phobias/expert-answers/fear-ofpublic-speaking/faq-20058416>

[9] Kim S (2016) 7 public speaking tips from researchers who studied 100,000 presentations. ABC News, 19 April. <https://abcnews.go.com/Business/public-speaking-tips-researchers-studied-100000-presentations/story?id=38514076>

[10] Johnson R, Johnson N (2016) How to overcome your fear of public speaking. British Council, 10 October. <https://www.britishcouncil.org/voices-magazine/how-overcome-fear-publicspeaking>

[11] Antonakis J, Fenley M, Liechti S (2012) Learning charisma. Harvard Business Review, June.

[12] Olson R (2018) Don't Be Such a Scientist: Talking Substance in an Age of Style. Island Press, Centre for Resource Economics, Washington DC.

[13] Duarte N (2010) Resonate: Present Visual Stories that Transform Audiences. John Wiley & Sons Inc.

[14] Van Edwards V (2017) Captivate: The Science of Succeeding with People. Random House.

[15] Kelly S (2012) Gestures fulfil a big role in language. Science Daily, 8 May. <https://www.sciencedaily.com/releases/2012/05/120508152000.htm>

[16] 9 simple and effective public speaking tips for scientists. Scientifica NeuroWire. <https://

www.scientifica.uk.com/neurowire/9-simple-and-effective-public-speaking-tips-for-scientists>

[17] Orzel C (2013) The quirks of scientific public speaking. chadorzel.com, 11 June. <http://chadorzel.com/principles/2013/06/11/the-quirks-of-scientific-public-speaking/>

[18] Berkun S (2013) Why do people make bad slides? www.scottberkun.com, 6 June. <https://scottberkun.com/2009/why-do-people-make-bad-slides/>

[19] Atherton C (2009) Visual attention: a psychologist's perspective. www.slideshare.net, 29 September. <https://www.slideshare.net/CJAtherton/chris-atherton-at-tcuk09>

[20] Rogers S (2013) John Snow's data journalism: the cholera map that changed the world. The Guardian, 15 March. <https://www.theguardian.com/news/datablog/2013/mar/15/john-snowcholera-map>

[21] Brasseur L (2005) Florence Nightingale's visual rhetoric in the rose diagrams, Technical Communication Quarterly 14(2), 161–182.

[22] Couron A (2017) The 9 worst data visualisations ever created. Living QlikView, 2 May. <http://livingqlikview.com/the-9-worst-data-visualizations-ever-created/>

[23] Sharma N (2015) 7 most common data visualisation mistakes. thenextweb.com, 16 May. <https://thenextweb.com/dd/2015/05/15/7-most-common-data-visualization-mistakes/>

第 14 章

[1] Centers for Disease Control and Prevention (2011) Principles of Community Engagement. 2nd edn. Department of Health and Human Services, USA.

[2] Chappell B (2008) Community Engagement Handbook: A Model Framework for leading practice In Local Government in South Australia. Government of South Australia and Local Government Association of South Australia, Adelaide.

[3] Lane T, Hicks J (2014) Best Practice Community Engagement in Wind Development. Commissioned by the ACT Government Environment and Planning Directorate, Canberra.

[4] The IAP2 Spectrum of Public Participation, IAP2. <https://www.iap2.org.au/About-Us/About-IAP2-Australasia-/Spectrum>

[5] Select Committee on Science and Technology (2001) Science and Society. Third Report of the Session 1999–2000. House of Lords, UK Parliament.

[6] Von Schomberg R, Davies S (2010) Understanding Public Debate on Nanotechnologies: Options for Framing Public Policy. European Commission Services, Belgium.

[7] Gilbert J (2007) 'Community education, awareness and engagement programs for bushfire: an initial assessment of practices across Australia'. Technical report C0701, Bushfire CRC, Melbourne.

[8] Paton D (2009) Witness statement of Douglas Paton to the Victorian Bushfires Royal Commission. Issued 16 February 2009. <http://www.royalcommission.vic.gov.au/getdoc/5bcf161b-93c2-4a63-bd1d-f3f99ba42648/WIT.031.001.0001.pdf>

[9] Cormick C (2012) Ten big questions on public engagement on science and technology: observations from a rocky boat in the upstream and downstream of engagement. International Journal of Deliberative Mechanisms in Science 1(1), 35–50.

[10] Department of Fire and Emergency Services (2014) Community engagement framework. Western Australian Government, Perth.

[11] Russell AW (2013) Improving legitimacy in nanotechnology policy development through stakeholder and community engagement: forging new pathways. Review of Policy Research 30(5),566–587.

[12] Rowe G, Frewer L (2000) Public participation methods: A framework for evaluation. Science and Technology of Human Values 25(1), 3–29.

[13] Abels G (2006) Forms and functions of participatory technology assessment – Or: Why should we be more sceptical about public participation? In Proceedings of Participatory Approaches in Science and Technology Conference, 4–7 June, Edinburgh, Scotland.

[14] <https://scistarter.com/citizenscience.html>

[15] Davis J, Ritchie E, Martin J, Maclagan S (2016) The rise of citizen science is great news for our native wildlife. The Conversation, 17 August.

[16] Norris R (2017) Exoplanet discovery by an amateur astronomer shows the power of citizen science. The Conversation, 7 April.

[17] Aceves-Bueno E, Adeleye A, Feraud M, Huang Y, Tao M, Yang Y, Anderson S (2017) The accuracy of citizen science data: a quantitative review. Bulletin of the Ecological Society of America 98(4), 278–290.

[18] Golumbic YN (2015) What makes citizen science projects successful, and what can we learn from them for future projects? A literature review of citizen science projects. Technion Citizen Science Project, Israel.

[19] Clyde ME (2015) 'Tips for working with Cctizen science volunteers'. NH Cooperative Extension Specialist, Community Volunteer Development, University of New Hampshire.

[20] Australian Institute for Disaster Resilience (2010) Guidelines for the Development of Communication Education, Awareness and Engagement Programs. Manual 45. Australian Institute for Disaster Resilience, Melbourne.

第 15 章

[1] Dahlstrom MF, Ho SS (2012) Ethical considerations of using narrative to communicate science. Science Communication 34(5), 592–617.

[2] Scheufele DA (2014) Science communication as political communication. Proceedings of the National Academy of Sciences, 111 (Supplement 4), 13585–13592.

[3] Axelrod A (2009) The Real History of the Cold War: A New Look at the Past. Sterling, New York.

[4] Diamond J (2005) Collapse: How Societies Choose to Fail or Succeed. Viking Press.

[5] National Academies of Sciences, Engineering, and Medicine (2017) Communicating Science Effectively: A Research Agenda. The National Academies Press, Washington DC.

[6] Maynard A, Scheufele D (2016) What does research say about how to effectively communicate about science? The Conversation, 14 December.

[7] Hillman N (2016) The 10 commandments for influencing policymakers, Times Higher Education, 26 May.

[8] Cairney P, Kwiatkowski R (2017) How to communicate effectively with policymakers: combine insights from psychology and policy studies, Palgrave Communications 3, article number 37.

[9] Chubb I (2018) Panel comment at Canberra Writers Festival, 26 August.

[10] D'Agostino J (2015) Policy briefs. Centre for the Implementation of Public Policies Promoting Equity and Growth, Global Development Network.

[11] Arkeny R (2018) Science meets Parliament doesn't let the rest of us off the hook. The Conversation, 12 February.

[12] Science and Technology Australia (2018) Science meets Parliament: creating vision beyond party and policy. scienceandtechnologyaustralia.org.au, 2 February. <https:// scienceandtechnologyaustralia.org.au/science-meets-parliament-creating-vision-beyond-party-and-policy/>

[13] Weyrauch V, Echt L, Arrieta D (2013) How to communicate research for policy influence. Toolkit No.1: First approach to research communication. Buenos Aires. CIPPEC.

[14] Anderson S (2017) Victorian brumbies: invasive pest, or majestic part of our heritage? ABC News. 29 January.

[15] Office of Environment and Heritage (2016) 'Draft wild horse management plan, Kosciuszko National Park'. NSW Government Office of Environment and Heritage, Sydney.

[16] Hull C (2017) New info networks v old political hierarchy. The Canberra Times, 30 December.

[17] Nisbet MC, Scheufele DA (2009) What's next for science communication? Promising directions and lingering distractions. American Journal of Botany 96(10), 1767–1778.

第 16 章

[1] Jensen E (2014) The problems with science communication evaluation. Journal of Science Communication 13(01), C04.

[2] Robinson TN, Patrick K, Eng TR, Gustafson D (1998) An evidence-based approach to interactive health communication: A challenge to medicine in the information age. Journal of the American Medical Association 280(14), 1264–1269.

[3] M Davies, Heath C (2013) Evaluating evaluation: increasing the impact of summative evaluation in museums and galleries. King's College London.

[4] Edwards C (2004) Evaluating European public awareness of science initiatives. Science

Communication 25(3), 260–271.

[5] Jensen EA (2015) Evaluating impact and quality of experience in the 21st century: using technology to narrow the gap between science communication research and practice. Journal of Science Communication 14(03), C05

[6] Elliott J, Longnecker N (2013) Inspiring Australia Evaluation Resources. Inspiring Australia, Canberra.

[7] Joubert M (2007) Evaluating science communication projects. SciDevNet, 1 August. <https://www.scidev.net/global/communication/practical-guide/evaluating-science-communicationprojects-1.html>

[8] Jensen EA (2015) Highlighting the value of impact evaluation: enhancing informal science learning and public engagement theory and practice. Journal of Science Communication 14(03),Y05.

[9] Gardiner HR (2017) Learnings From #uwescu17 #2: Evaluating science communication, Heidi R Gardner blog, 21 December. <https://heidirgardner.com/2017/12/21/learnings-fromuwescu17-1-evaluating-science-communication/>

[10] Negrete A, Lartigue C (2010) The science of telling stories: evaluating science communication via narratives (RIRC method). Journal Media and Communication Studies 2(4), 98–110.

[11] Cole S (2018) Evaluation: expensive, undervalued, ethereal? Econnect newsletter, February. <http://www.econnect.com.au/02/2018/february-2018-questions-science-communicationpractitioners-want-answered-by-people-researching-science-communication/>

[12] Falk J, Needham M, Dierking L, Prendergast L (2014) 'International Science Centre impact study'. John H. Falk Research, Oregon, USA.

[13] Modified from Tyler Vigen, based on data from U.S. Office of Management and Budget and Centers for Disease Control & Prevention, CC BY 4.0. <http://www.tylervigen.com/spuriouscorrelations>

第 17 章

[1] Newell B (2012) Science alone won't change climate opinions, but it matters. The Conversation, 28 November.

[2] Spring J (1999) Jackson Pollock, Superstar. New England Review. Middlebury College Publications. 20(1).

[3] Browning S (2016) All bad poetry is sincere. The Odyssey Online, 18 April. <https://www.theodysseyonline.com/all-bad-poetry-is-sincere>

[4] Kreuger JI (2016) How not to believe. Psychology Today, 13 November. <https://www.psychologytoday.com/us/blog/one-among-many/201611/how-not-believe>

[5] Sathyanarayana Rao TS, Andrade C (2011) The MMR vaccine and autism: sensation, refutation, retraction, and fraud. Indian Journal of Psychiatry 53(2), 95–96.

[6] Dastagir AE (2017) People trust science. So why don't they believe it? USA Today, 20 April.

[7] National Science Board (2002) Science and Engineering Indicators 2002. Division of Science Resource Statistics, National Science Foundation.

[8] Field CD (2010) A pot-pourri of beliefs. British Religion in Numbers, 2 October. <http://www.brin.ac.uk/a-pot-pourri-of-beliefs/>

[9] MacLennan A, Myers S, Taylor A (2006) The continuing use of complementary and alternative medicine in South Australia: costs and beliefs in 2004, Medical Journal of Australia 184(1), 27–31.

[10] Isaacson W (2011) Steve Jobs. Vintage Books, USA.

[11] Ronald P (2011) Why parents fear the needle (and the gene). Tomorrow's Table, Science Blogs, 22 January. <https://scienceblogs.com/tomorrowstable/2011/01/22/op-ed-contributor-whyparents>

[12] Hull B, Lawrence G, MacIntrye CR, McIntyre P (2002) 'Immunisation coverage Australia 2001'. National Centre for Immunisation Research and Surveillance, University of Sydney.

[13] Kahneman D (2011) Thinking, Fast and Slow. Penguin, USA.

[14] Kahan D (2008) Cultural cognition as a conception of the cultural theory of risk. Cultural Cognition Project Working Paper No. 73.

[15] Frazer C (2003) Bridging the gap between the science of childhood immunisation and parents, Vols. 1 & 2. PhD thesis, Australian National University.

[16] Nyhan B, Reifler J (2010) When corrections fail: the persistence of political misperceptions. Political Behavior 32(2), 303–330.

[17] Binder A, Scheufele D, Brossard D, Gunther AC (2010) Interpersonal amplification of risk? Citizen discussions and their impact on perceptions of risks and benefits of a biological research facility. Risk Analysis 31(2), 324–334.

[18] Ropeik D (2011) Risk perception in toxicology – Part I: Moving beyond scientific instincts to understand risk perception. Toxicological Sciences 121(1), 1–6.

[19] Parsons J (2018) Latest outrageous 'Flat Earth' theory says Australia is FAKE – and if you think you've been there, you're wrong. The Mirror, 3 May.

[20] Hafford M (2017) This conspiracy theory proves that Australia isn't real. Refinery29, 24 March. <https://www.refinery29.com/en-us/2017/03/146852/australia-fake-conspiracy-theory>

[21] Ronson J (2001) Them: Adventures with Extremists. Picador, London.

[22] Losh SC (2007) Age, generation and American adult support for pseudoscience. Meetings of the American Association for the Advancement of Science, San Francisco, 18 February.

[23] Bridgstock M (2007) Critical thinking: making it popular at university. <www.undeceivingourselves.org>

[24] McCrindle Research (2011) <www.mcrindle.com>

[25] Sagan C (1996) The Demon Haunted World: Science as a Candle in the Dark. Random House, New York.

[26] Damisch L, Stoberock B, Mussweiler T (2010) Keep your fingers crossed! How superstition improves performance. Psychological Science 21(7), 1014–1020.

[27] McRae M (2011) Tribal Science: Brains, Beliefs and Bad Ideas. University of Queensland Press, Brisbane.

[28] Jones A (2011) 2GB, 15 March. Cited in Brown MJI (2012) Straw man science: keeping climate simple, The Conversation, 27 November.

[29] Brown MJI (2012) Straw man science: keeping climate simple. The Conversation, 27 November.

[30] ABC (2016) Pauline Hanson visits healthy reef to dispute the effects of climate change. ABC News, 25 November.

[31] Cook J (2017) What do gorilla suits and blow fish fallacies have to do with climate change? The Conversation, 10 February.

第 18 章

[1] Hooker C, Capon A, Leask J (2017) Communicating about risk: strategies for situations where public concern is high but the risk is low. Public Health Research Practice 27(1), e2711709.

[2] Covello V, Sandman P (2001) Risk communication: evolution and revolution. In Solutions to an Environment in Peril. (Ed. A Wolbarst) John Hopkins University Press, Baltimore, Maryland.

[3] Bennett P, Calman K (Eds) (2010) Risk Communication and Public Health. Oxford University Press, Oxford and New York.

[4] Sandman P (2001) Explaining environmental risk. The Peter M. Sandman Risk Communication Website. <http://www.psandman.com/articles/explain3.htm>

[5] Sandman P (2012) 'Responding to community outrage: strategies for effective risk communication.' American Industrial Hygiene Association, USA.

[6] Sandman P (2002) Four kinds of risk communication, The Synergist, April.

[7] Benson B (2016), Cognitive bias cheat sheet <https://betterhumans.coach.me/cognitive-bias-cheat-sheet-55a472476b18>

[8] Covello VT, Milligan PA (2010) 'Risk communication: principles, tools, & techniques.' United States Nuclear Regulatory Commission, Rockville, Maryland.

[9] Fischhoff B, Brewer NT, Downs JS (2011) Communicating Risks and Benefits: An Evidence-Based User's Guide. FDA, Department of Health and Human Services, Silver Spring.

[10] Sandman P (2010) Empathetic risk communications in high stress situations. The Peter M. Sandman Risk Communication Website. <http://www.psandman.com/col/empathy2.htm>

[11] Kortenkamp KV, Basten B (2015) Environmental science in the media: effects of opposing viewpoints on risk and uncertainty perceptions. Science Communication 37(3), 287–313.

[12] Centers for Disease Control and Prevention (2014) 'Working with the media'. Crisis and Emergency Risk Communication, Centers for Disease Control and Prevention, US Department of Health and Human Services.

[13] Cormick C (2011) Risk communication, Issues Magazine, December.

[14] Gluckman P (2016) Making decisions in the face of uncertainty: understanding risk. Office of the Prime Minister's Chief Science Advisor, New Zealand.

第 19 章

[1] Thaler A (undated) When I talk about climate change, I don't talk about science. SouthernFriedScience, <http://www.southernfriedscience.com/when-i-talk-about-climate-change-i-donttalk-about-science/>

[2] National Academies of Sciences, Engineering, and Medicine (2017) Communicating Science Effectively: A Research Agenda. The National Academies Press, Washington DC. p. 56.

[3] Douglas M, Wildavsky A (1982) Risk and Culture, University of California Press, California.

[4] Kahan D (2012) Cultural cognition as a conception of the cultural theory of risk. In Handbook of Risk Theory: Epistemology, Decision Theory, Ethics and Social Implications of Risk (Eds R Hillerbrand, P Sandin, S Roeser and M Peterson) Springer.

[5] Kahan D (2018) Cultural cognition dictionary. Cultural Cognition Blog <http://www.culturalcognition.net/cultural-cognition-dictionaryg/>

第 20 章

[1] EUFIC (2014) Motivating behaviour change European Food Information Council Review, 1 July. <https://www.eufic.org/en/healthy-living/article/motivating-behaviour-change>

[2] Ferrier A, Fleming J (2014) The Advertising Effect: How to Change Behaviour. Oxford University Press, Oxford.

[3] Solof M (2010) Travelers behaving badly: behavioral economics offers insights and strategies for improving transportation. Intransition magazine, Spring/Summer.

[4] Moore J (2018) 10 amazing examples of nudge theory. Clickworks, 29 January. <https://clickworks.ie/10-examples-nudge-theory/>

[5] Halpern D (2015) Inside the Nudge Unit: How Small Changes Can Make a Big Difference. Random House.

[6] Cobern MK, Porter BE, Leeming FC, Dwyer WO (1995) The effect of commitment on adoption and diffusion of grass cycling. Environment and Behaviour 27(2), 213–232.

[7] Heimlich J, Ardoin N (2008) Understanding behaviour to understand behaviour change: a literature review. Environmental Education Research 14(3), 215–237.

[8] Monroe M (2003) Two avenues for encouraging conservation behaviours. Human Ecology Review 10(2), 113–125.

[9] Wittig AF, Belkin G (1990) Introduction to Psychology. McGraw-Hill, New York.

[10] Willis R, Stewart RA, Panuwatwanich K, Williams PR, Hollingsworth AL (2011) Quantifying the influence of environmental and water conservation attitudes on household end use water consumption. Journal of Environmental Management 92(8), 1996–2009.

[11] Dolnicar S, Hurlimann A (2009) Drinking water from alternative water sources: differences in beliefs, social norms and factors of perceived behavioural control across eight Australian locations, Water Science and Technology 60(6), 1433–1444.

[12] Bell PA, Greene TC, Fisher J, Baum A (1996) Environmental Psychology. Harcourt Brace, Fort Worth, Texas.

[13] Ariely D (2009) Irrationality is the real invisible hand. Psychology Today, 8 May. <https://www.psychologytoday.com/au/blog/predictably-irrational/200905/irrationality-is-the-realinvisible-hand>

[14] Thaler RH (2008) Nudge. Yale University Press, New Haven, Conneticut.

[15] Kahneman D (2011) Thinking, Fast and Slow, Penguin, USA.

[16] Office of the Press Secretary (2015) Executive Order – Using behavioral science insights to better serve the American people. The White House, 15 September.

[17] Frederiks ER, Stenner K, Hobman EV (2015) Household energy use: applying behavioural economics to understand consumer decision-making and behaviour. Renewable and Sustainable Energy Reviews 41, 1385–1394.

[18] Corner A, Randall A (2011) Selling climate change? The limitations of social marketing as a strategy in climate change public engagement. Global Environment Change 21(3), 1005–1014.

[19] Jain P (2013) 5 Behavioural economics that marketers can't afford to ignore, Forbes Tech, 1 March.

[20] Spiegler MD, Guevremont DC (2003) Contemporary Behaviour Therapy, 4th edn. Wadsworth Publishing Company, Belomont, California.

[21] Eriksen C (2010) Playing with fire? Bushfire and everyday life in changing rural landscapes. PhD thesis, School of Earth and Environmental Sciences, Faculty of Science, University of Wollongong.

第 21 章

[1] Davies L (2012) Jailing of Italian seismologists leaves scientific community in shock, The Guardian, 24 October. <https://www.theguardian.com/world/2012/oct/23/jailing-italianseismologists-scientific-community>

[2] National Academies of Sciences, Engineering, and Medicine (2017) Communicating Science Effectively: A Research Agenda. The National Academies Press, Washington DC.

[3] Nelkin D (Ed.) (1991) Controversy: Politics of Technical Decisions, SAGE.

[4] Easterbrook C, Maddern G (2008) Porcine and bovine surgical products: Jewish, Muslim, and Hindu perspectives. Archives of Surgery 143(4), 366–370.

[5] Pew Research Center (2015) 'Religion and science'. Pew Research Center, Washington DC.

[6] Harker D (2015) Creating Scientific Controversies. Cambridge University Press, UK.

[7] Armitage C (2013) Sunscreen fear 'a risk to health', Sydney Morning Herald, 1 April.

[8] Prothero D (2014) The holocaust denier's playbook and the tobacco smokescreen common threads in the thinking and tactics of denialists and pseudoscientists. In Philosophy of Pseudoscience: Reconsidering the Demarcation Problem (Eds M Pigliucci and M Boudry), Chicago Scholarship Online.

[9] Black C, Fielding-Smith A (2017) Astroturfing, Twitter bots, amplification: Inside the online influence industry, New Statesman Tech, 7 December.

[10] Tapper J, Culhane M (2006) Al Gore YouTube spoof not so amateurish. ABC News, 4 August. <https://abcnews.go.com/GMA/story?id=2273111&page=1>

[11] Oreskes N, Conway E (2010) Merchants of Doubt: How a Handful of Scientists Obscured the Truth on Issues from Tobacco Smoke to Global Warming. Bloomsbury Press.

[12] Madgrigal A (2009) 7 (Crazy) civilian uses for nuclear bombs. Wired, 10 April.

[13] Boutron I, Altman DG, Hopewell S, Vera-Badillo F, Tannock I, Ravaud P (2014) Impact of spin in the abstracts of articles reporting results of randomized controlled trials in the field of cancer: The SPIIN randomized controlled trial. Journal of Clinical Oncology 32(36), 4120–4126.

[14] Blake M (2018) Why bullshit hurts democracy more than lies. The Conversation, 14 May.

[15] Ding D, Maibach EW, Zhao X, Roser-Renouf C, Leiserowitz A (2011) Support for climate policy and societal action are linked to perceptions about scientific agreement. Nature Climate Change 1(9), 462–466.

[16] Engelhardt HT Jr, Caplan A (Eds) (1987) Scientific Controversies: Case Studies in the Resolution and Closure of Disputes in Science and Technology. Cambridge University Press, Cambridge UK.

第 22 章

[1] Handwerk B (2017) Friday the 13th is back. Here's why it scares us. National Geographic, 10 October.

[2] Statista (2018) Superstition: Do you believe the following, or not? statista.com.

[3] Garrett BM, Cutting RL (2017) Magical beliefs and discriminating science from pseudoscience in undergraduate professional students. Heliyon, 11 November.

[4] <https://www.casino.org/superstitious-states/>

[5] Damisch L, Stoberock B, Mussweiler T (2010) Keep your fingers crossed! How superstition improves performance. Psychological Science 21(7), 1014–1020.

[6] Griffiths BM (2018) pers.comm., 8 May.

[7] Hansson SO (2017) Science denial as a form of pseudoscience. Studies in History and Philosophy of Science Part A 63, 39–47.

[8] Schultz EN (2015) Pseudoscience and conspiracy theory are not victimless crimes against science. The Conversation, 4 June.

[9] Campbell H (2014) The food babe took down her goofy microwave oven post – science win. Science 2.0. 20 July.

[10] dÉntremont Y (2015) The 'Food Babe' blogger is full of shit, 6 April. Gawker.com.

[11] Gorksi D (2015) The Wellness Warrior, Jess Ainscough, has passed away. Respectful Insolence, 27 February.

[12] Townson S (2016) Why people fall for pseudoscience (and how academics can fight back). The Guardian, 26 January.

[13] Cook J, Lewandowsky S (2012) The Debunking Handbook. University of Queensland, St Lucia, Australia.

[14] Lewandowsky S, Ecker UK, Seifert CM, Schwarz N, Cook J (2012) Misinformation and its correction continued influence and successful debiasing. Psychological Science in the Public Interest 13(3), 106–131.

[15] Lewandowsky S (2017) Claiming that Listerine alleviates cold symptoms is false: To repeat or not to repeat the myth during debunking? Skeptical Science, 22 June.

[16] Bolsen T, Druckman JN (2015) Counteracting the politicization of science. Journal of Communication 65(5), 745–769.

第 23 章

[1] Oreskes N, Conway E (2010) Merchants of Doubt: How a Handful of Scientists Obscured the Truth on Issues from Tobacco Smoke to Global Warming. Bloomsbury Press.

[2] Keohane RO, Lane M, Oppenheimer M (2014) The ethics of scientific communication under uncertainty. Politics, Philosophy & Economics 13(4), 343–368.

[3] National Academies of Sciences, Engineering, and Medicine (2017) Communicating Science Effectively: A Research Agenda. The National Academies Press, Washington DC.

[4] Nisbet MC, Scheufele DA (2009) What's next for science communication? Promising directions and lingering distractions. American Journal of Botany 96(10), 1767–1778.

[5] Bronson K (2018) Excluding 'Anti-biotech' activists from Canadian agri-food policy making: ethical implications of the deficit model of science communication. In Ethics and Practice in Science Communication (Eds S Priest, J Goodwin and MF Dahlstrom) University of Chicago Press.

[6] Priest S, Goodwin J, Dahlstrom MF (Eds) (2018) Ethics and Practice in Science Communication, University of Chicago Press.

[7] Nisbet MC (2009) The ethics of framing science. In Communicating Biological Sciences: Ethical and Metaphorical Dimensions (Eds B Nerlich, B Larson and R Elliott) Ashgate, London, England.

[8] Mak IW, Evaniew N, Ghert M (2014) Lost in translation: animal models and clinical trials in

cancer treatment. American Journal of Translational Research 6(2), 114–118.

[9]   Ioannidis JPA (2005) Why most published research findings are false. PLoS Medicine 2(8), e124.

[10] Baker M (2016) 1500 scientists lift the lid on reproducibility. Nature 533, 452–454.

[11] Lariviere V, Gingras Y, Archambault E (2009) The decline in the concentration of citations, 1900–2007. Journal of the Association for Information Science and Technology 60(4), 858–862.

[12] Sumner P, Vivian-Griffiths S, Boivin J, Williams A, Bott L, Adams R, Venetis CA, Whelan L, Hughes, B Chambers CD (2016) Exaggerations and caveats in press releases and healthrelated science News. PLoS ONE 11(12), e016217.

[13] Sumner P, Vivian-Griffiths S, Boivin J, Williams A, Venetis CA, Davies A, Ogden J, Whelan L, Hughes B, Daltonm B, Boy F, Chambers CD (2014) The association between exaggeration in health related science news and academic press releases: retrospective observational study. British Medical Journal 349, g7015.

[14] Horton R (2015) Offline: What is medicine's 5 sigma? The Lancet 385(9976), 1380.

[15] Flam F (2013) How science {writing} goes wrong: an overreaching critique of the whole of science, Undark, 23 October.

[16] Gasparyan AY, Yessirkepov M, Diyanova SN, Kitas GD (2015) Publishing ethics and predatory practices: a dilemma for all stakeholders of science communication. Journal of Korean Medical Science 30(8), 1010–1016.

[17] Weisberger M (2017) #DoesItFart: database answers your burning questions about animal gas. LiveScience, 20 January. <https://www.livescience.com/57565-animal-fart-database.html>

[18] Battley P (2018) Kill or cure? <http://kill-or-cure.herokuapp.com/>

[19] Fox F, Lethbridge F (2018) A new labelling system for medical research press releases. Science Media Centre, 7 June. <http://www.sciencemediacentre.org/a-new-labelling-system-formedical-research-press-releases/>

[20] Emery D (2017) Did a study show that staring at breasts is good for men's health? ThoughtCo, 16 May. <https://www.thoughtco.com/staring-at-breasts-is-good-for-mens-health-3299606>

[21] <www.snopes.com>

[22] Vosoughi S, Roy D, Aral S (2018) The spread of true and false news online. Science 359(6380), 1146–1151.

[23] Bornmann L, Mutz R, Daniel HD (2007) Gender differences in grant peer review: a meta-analysis. Journal of Infometrics 1(3), 226–238.

[24] Knobloch-Westerwick S, Glynn CJ (2013) The Matilda effect – role congruity effects on scholarly communication: A citation analysis of communication research and Journal of Communication articles. Communication Research 40(1), 3–26.

[25] Lincoln AE, Pincus S, Koster JB, Leboy PS (2012) The Matilda effect in science: Awards

and prizes in the US, 1990s and 2000s. Social Studies of Science 42(2), 307–320.

[26] Trix F, Psenka C (2003) Exploring the color of glass: Letters of recommendation for female and male medical faculty. Discourse & Society 14(2), 191–220.

[27] Ledin A, Bornmann L, Gannon F, Wallon GA (2007) A persistent problem: Traditional gender roles hold back female scientists. EMBO Reports 8(11), 982–987.

[28] Ramšak A (2014) 'Guidelines for gender sensitive reporting.' Ministry of Foreign Affairs, Republic of Slovenia.

[29] Grizzle A (Ed.) (2012) Gender-Sensitive Indicators for Media Communication and Information Sector. UNESCO, Paris.

[30] Cegnar T, Benestad RE, Billard C (2010) Is there a need for a code of ethics in science communication and communicating uncertainties on climate change? In 10th EMS Annual Meeting, 10th European Conference on Applications of Meteorology (ECAM). 13–17 September, Zurich, Switzerland.

[31] Medvecky F, Leach J (2017) The ethics of science communication. Journal of Science Communication 16(04).

[32] Medvecky F (2018) Should we talk about the monster? Reconsidering the ethics of science Communication. Lecture, Australian National University, 5 June.

[33] Beauchamp T, Childress J (2013) Principles of Biomedical Ethics. Oxford University Press, New York.

[34] Stauber JC, Rampton S. (1995) Toxic Sludge Is Good for You! Lies, Damn Lies and the Public Relations Industry. Common Courage Press, Monroe, Maine.

第 24 章

[1] Kruglinksi S (2006) Whatever happened to cold fusion? Discover Magazine, 3 March.

[2] Open Science Collaboration (2015) Estimating the reproducibility of psychological science. Science 349, aac4716.

[3] Shih M, Pittinsky TL, Ambady N (1999) Stereotype susceptibility: Identity salience and shifts in performance. Psychological Science 10(1), 80–83.

[4] Gibson CE, Lose, J, Vitiello C (2014) A replication attempt of stereotype susceptibility: Identity salience and shifts in quantitative performance. Social Psychology 45(3), 194–198.

[5] Moon A, Roeder SS (2014) A secondary replication attempt of stereotype susceptibility. Social Psychology, 45(3), 199–201.

[6] Vedentam S, Penman M (2016) When great minds think unalike: Inside science's 'Replication Crisis'. Hidden Brain, 24 May.

[7] Van Bavel JJ, Mende-Siedlecki P, Brady WJ, Reinero D A (2016) Reply to Inbar: Contextual sensitivity helps explain the reproducibility gap between social and cognitive psychology. Proceedings of the National Academy of Sciences of the United States of America. 113(34), E4935–E4936.

[8] Van Bavel JJ (2016) Why do so many studies fail to replicate? New York Times, 27 May.

[9] Watters E (2013) We aren't the world. Pacific Standard Magazine, 25 February.

[10] Henrich J, Heine SJ, Norenzayan A (2010) The weirdest people in the world? Behavioral and Brain Sciences 33(2–3): 61–83.

[11] Stafford T (2018) The backfire effect is elusive. Mind Hacks, 3 January. <https://mindhacks.com/2018/01/03/the-backfire-effect-is-elusive/>

[12] Nyhan B, Reifler J (2010) When corrections fail: The persistence of political misperceptions. Political Behavior, 32(2), 303–330.

[13] Engber D (2018) LOL something matters. Slate, 3 January. <https://slate.com/health-andscience/2018/01/weve-been-told-were-living-in-a-post-truth-age-dont-believe-it.html

[14] Van Heuvelen B (2007) The Internet is making us stupider. Salon, 7 November. <https://www.salon.com/2007/11/07/sunstein/>

[15] Wood T, Porter E (2019) The elusive backfire effect: Mass attitudes' steadfast factual adherence. Political Behavior 41, 135–163.

[16] Guess AM (2016) Media choice and moderation: Evidence from online tracking data. New York University, 7 October. (unpublished)

[17] Nelson JL, Webster JG (2017) The myth of partisan selective exposure: A portrait of the online political news audience. Social Media and Society 3(3), 1–13.

[18] Oremus W (2017) The filter bubble revisited. Slate, 5 April. <https://slate.com/technology/2017/04/filter-bubbles-revisited-the-internet-may-not-be-driving-political-polarization.html>

后记

[1] Riedlinger M (2017) The world of the science communication practitioner (conference presentation), Rockefeller Science Communication Conference, 20 December.

后记：最后的布道

"那是什么？"

"我想那是'奶酪制作者有福了'。"

——巨蟒组，《万世魔星》（1979）

我在本书的开头说，要想成为一名有效的科学传播者，你需要做到三件事：

- 了解你的受众
- 在一个好故事中说出你的关键信息
- 有明确的目标

当然，这本书面向各种各样的读者，也包含了许多故事。然而，目标依然十分简单：我想把广泛的优秀研究成果凝练成一种容易理解的形式。本书里有很多信息，虽然并不是所有的信息都与每个人相关，但我仍希望你能找到与你最相关的那些关键信息。因为科学传播是极其复杂的，但是你越了解已经开展了哪些研究，你就将越能了解那些帮助你更好地传播科学的数据和工具的使用范围。

我参加过很多会议和研讨会，甚至还包括座谈会。讨论的主题主要是对科学进行传播以及与之相关的问题、挑战和影响式微，当然也包括科学传播实践界与科学传播理论界之间的鸿沟。很少有人可以在科学传播的研究和实践两个领域间游刃有余且切换自如，因为通常来说大多数人更倾向于选择其中之一。

如果研究者和从业者之间有更好的信息流动，这并不是一件坏事。但坦诚地讲，很多科学传播理论的终局就是发表在科学期刊上，而那些科学实践派并不总是能很容易地获得这些理论（很多实践者也并不会去收集那些研究者在他们的工作中可能会用到的有用数据）。我遇到过许多实践者，他们说想知道更多发表在学术期刊上的研究成果，但在忙碌的生活中，他们没有时间跟进所有这些研究成果。还有一些人虽然也浏览了这些研究，但他们觉得这些研究在改善实践方面没有什么帮助。还有一些人仍然坚持认为，关键问题是科学传播研究人员没有接触到那些正认真地试图传播科学的科学家。这真的是一个很大的遗憾，因为学术期刊中有可以通过很多方式提高实践的大量数据。

但前提是它必须易于获取。

有一些出版物很好地把握了学术研究的广度，并以一种更容易理解的形式呈现出来。但我不相信它们中有哪一种真的成功做到了这一点。因为在出版期刊的价值和广泛地分享研究和实践的价值这二者之间也存在着一个鸿沟。对很多人来说，学术出版物在获取个人尊重和提供潜在的晋升机会方面很有价值，但是从另一方面看，其他的东西实际上并不是关于对科学传播进行有效传播的。

不要误会我的意思，学术论文在世界上有它自己的位置，但它们不是整个世界。我在很多有很高影响因子的学术期刊上发表过研究论文，包括那些隶属于《自然》和《细胞》这两个最受尊重的期刊的子刊。但是实话告诉你，天空并没有因此变得更蓝。当我和孩子们交谈的时候，他们也并没有因此停止看手机，我的妻子也并没有因此特别崇拜我。事实上，在我把研究成果发表在《对话》(The Conversation) 这个平台之前，我甚至没有注意到人们会更多地关注到它们。

所以，教训是什么呢？

为了写这本书，我阅读了数百篇论文，也阅读并查看了博客、文章、在线帖子和油管视频，还与很多人进行过交谈。他们的见解都很有价值。我认为真正的教训是，如果你正在做一些真的非常棒的研究，那就不要等着像我这样的人出来把它翻译成通俗语言。你要写一些通俗易懂的文章、博客和推特，以及其他任何科学传播从业者以及任何关心更好地对科学进行传播的人能够阅读和理解的东西。

还有很多形式的科学传播并没有在本书中真正地涉及，而实践和理论的信徒也能从这些形式中学有所获，比如：

- 数据可视化和图形化
- 摄影
- 视频和动画
- 新兴数码技术
- 数据挖掘
- 戏剧和表演
- 舞台展演
- 基于游戏的学习

去干出一片新天地！

- 教育

- 博物馆及科学中心

如果这些是你所想要的，你需要去做一些数据挖掘的工作，以找到你能更好地完成任务所需要的数据和证据。但我希望本书各章节的结构和内容会在你需要去发现什么以及去何处发现这些方面给你带来一些见解。

好了，布道到此结束！去干出一片新天地吧！